ちくま学芸文庫

近代日本の中国認識

徳川期儒学から東亜協同体論まで

松本三之介

筑摩書房

目次

近代日本の中国認識——徳川期儒学から東亜協同体論まで

第一章　「中華」帝国と「皇国」

これから取り上げようとするのは、近代日本を中心に、日本の知識人たちによる中国についてのとらえ方すなわち中国認識が、思想史的にどのような意味をもち、またどのようなインパクトを日本の思想に与えたかという問題を主題とするものです。近代日本を対象にして考察する場合、一般には明治維新あるいは幕末（一八三〇―四〇年代、天保期前後）から始めるのが通例ですが、ここでは近代日本の中国認識を理解するための前提という意味で、もう少し時代をさかのぼらせて、二つのことを取り上げることから始めたいと思います。一つは、日本と中国との関係を論ずる場合、しばしばそれと結びついて登場するアジアあるいは東洋ということばについて、まずその歴史的な由来や本来の意味などを明らかにしておこうということです。もう一つは、江戸時代の代表的な学問である儒学およびそれと対抗して登場する国学を取り上げ、当時の中国イメージについて概略を述べておきたいと思います。いうまでもなく江戸時代の中国観は、近代日本の中国認識の歴史的背景をなすと同時に、それをどのように——つまり肯定的と否定的の両面で——引き継ぐかというかたちで維新以降の中国認識が展開して行くからです。

I 「亜細亜《アジア》」および「東洋」という呼称について

アジアということばは、維新以降、たとえば福沢諭吉の有名な「脱亜論」とか、岡倉天心の「アジアは一つ」とか、大正期に盛んに唱えられた「大アジア主義」、さらに昭和期に入ると「東亜協同体論」そして「大東亜共栄圏」というように、近代日本の中国認識を形づくる重要なカギになる概念として——しかも大なり小なり政治的な色彩をおびた概念として——頻繁に登場してきます。この「アジア」ということばは、もちろん外来語ですが、いつごろ日本に入ってきたのでしょうか。

これまでの研究によると、アジアということばは、イタリアの宣教師マテオ・リッチ(一五五二—一六一〇)の作成した「坤輿《こんよ》万国全図」(一六〇二年、北京刊)を通して、一六〇六(慶長一一)年にはじめて日本に伝えられたとされています。リッチは、イエズス会士として中国に渡り、布教にたずさわるかたわら西洋の学問を伝えた人です。日本の書物では、長崎の人で天文地理学者の西川如見(一六四八—一七二四)の『日本水土考』(一七〇〇年自序)や『増補華夷通商考』(一七〇八年)のなかに「亜細亜」という呼称が登場しています。たとえば前者では、「亜細亜大州図」と記した地図が掲載され、そこに「亜細亜州の中央を辰旦と為し、辰旦の西を天竺と為す。その西辺に戎蛮の諸種あり。辰旦の東頭に日本国あり。日本の東は溟海遠濶世界第一の処にして、地勢相絶す」（『日本水土考・水土解弁・増補華夷通商考』〔岩波文庫〕、一九四四年、一九頁）との説明があります。また後者では、「地球万国一覧之図」（同上、一一〇—一一頁）が記載され、そのなかに「亜細亜《アサイヤ》諸国」の文字が見えます。また新井白石（一六五七—一七二五）も、リッチの書物やイタリアの宣教師シドッティ（一六六八—一七一五）から得た知識などを利用して、その著『采覧異言《さいらんいげん》』（一七一三年序）や『西洋紀聞』（一七一五年ころ）で、「アジア」を五大州の一つを指す地域として挙げています。

このようにアジアということばは、ヨーロッパの東に広がる地球上の地域を指す語としてしだいに日本の知識人にも理解されるようになります。したがってアジアは、もともとヨーロッパでヨーロッパの東方にある地域を意味する語として用いられたものであり、地理的には一般にウラル山脈・カスピ海・黒海・地中海・紅海より東の地域を指すものとされています。言いかえれば、アジアという呼び名は、その地域に暮らす人びとによって作り出されたものでなく、それとは無関係に、ヨーロッパの人たちによって、自分たちの地域から区別するために、ヨーロッパの東方につらなる地域を指す呼称として生まれたということです。「アジア」の他称性と言われるのはその意味です。

そのことは、アジアという地域は、本来、歴史的にも文化的にもまた風土的にも、一つのことばで呼ばれるようなまとまりを持った世界ではない、強いて言えば非ヨーロッパという点で共通するだけというわけなのです。したがってアジアの人たちが、みずからを「アジア」の人間として自覚し、「アジア」ということばをみずから主体的に受けとめるときがあるとすれば、それは、アジアがヨーロッパ勢力の進出に遭遇し、植民地化という形で、アジアがヨーロッパ化されようとするときである、というアジア観の逆説的な構造が指摘されるのも、まさにそのためなのです。

こうしたアジア観の代表的な提唱者として竹内好がいます。竹内は、ヨーロッパが東に向かって自己拡大の運動を進める過程（いわゆる「西力東漸」）で、ヨーロッパ化に直面した非ヨーロッパが自己を自覚化し主体化していくとき、そこに成立する自己意識がアジアという観念をつくると理解しました。「この［ヨーロッパの］運動がおこる以前には、自足的な生活圏が随所にあるだけで、アジアという包括的な名称はなかったし、その実体もなかった」と竹内は述べています。そしてヨーロッパの自己拡大運動によってこの「自足的な生活圏」が否定され排除されようとするのを危機＝侵略の危機と自覚したとき、そこに「アジア」が生まれるとしたのです。

だから彼はこうも言っています。「アジアとは、ヨーロッパを成立させるために排除されたものの総和、すなわち非ヨーロッパの総和といってもいい。これを逆にいって、アジアが成立するためには、アジアすなわち非ヨーロッパからヨーロッパ的なものが排除されなくてはならない。これは当然に、侵略というヨーロッパ拡大の運動に対する反動、すなわち抵抗の過程からでないと出てこない」(「アジアの中の日本」、『竹内好全集』第五巻、一七六―七七頁)と。このように竹内は、もともと他称であったアジアという呼称が、そこに住む人びとによって自覚的に受けとめられ、主体的な呼称に転化するには、ヨーロッパの侵略に対する抵抗という運動の契機が重要であったとしたのです。この竹内のアジア観は、先に述べたアジアという呼び名の逆説的な構造を、ヨーロッパの自己拡大(アジア侵略)に対するアジアの抵抗(ヨーロッパの排除)という運動の文脈として理解したものと言えましょう。こうしたアジアということばおよびそのことばにまつわる観念の特質について留意することは、近代日本の中国認識を取り上げるにあたっても大切な点だと思います。

つぎに「東洋」ということばを取り上げてみましょう。このことばも、日本の中国認識を考える場合に見落とすことのできない重要な意味を持っています。日本の近代に道を開くうえで重要な役割を果たした幕末の思想家佐久間象山(一八一一―六四)には、「東洋道徳、西洋芸術」という有名なことばがあります。それから明治初期の自由民権時代ですが、民権哲学を説いた中江兆民が主筆をつとめた新聞は、『東洋自由新聞』と名づけられました。また日露戦争後には大隈重信によって「東西文明調和論」が唱えられ、話題となりました。このように「東洋」ということばも、近代日本の思想のなかで中国が取り上げられる場合に、しばしば登場してきます。そこで「東洋」という言い方の由来、またそれが日本で使われるときの意味などについて、簡単にふれておきましょう。

「東洋」という語は、もともと中国(一四世紀半ば、元の末期から明の初期)で生まれたものと言われています。つまりそれは、船で中国の南の海から東に向かう場合、その航路にあたる海洋を指すことばで、それが次第にその洋上に位置する地域も東洋と呼ぶようになったのではないかとされています。そして同じく西に向かう海洋および地域は、西洋と呼んだというわけです。このように本来は、中国からみて東の海洋あるいは土地を意味したことばが、日本に入ってきて江戸時代になると、それがOccident(西洋)に対するOrientの訳語として「東方」とともに用いられるようになったと説かれています(津田左右吉「東洋文化とは何か」、『支那思想と日本』(岩波新書)、一九三八年、一〇五―一八頁参照)。

つまり「東洋」の語も、日本ではやはり西洋(ヨーロッパ)との対抗関係のなかで用いられるようになり、しかも「東洋」の場合には、東洋道徳とか東洋哲学とか東洋文化というように、地理的な名辞としてよりは価値的な名辞として、しかも西欧的な文化価値に対してインドや中国や日本の独自の文化を主張するにあたって用いられることが多いように思われます。その場合、西洋は科学技術を中心とするのに対して東洋は精神性や道徳性を重視する、という対比がしばしば説かれることになります。こうした考え方は、西洋の文化について新井白石が『西洋紀聞』上巻(一八世紀初期稿)で述べている有名なことば、

「こゝに知りぬ、彼方の学のごときは、たゞ其形と器とに精《くわ》しき事を。所謂《いわゆる》形而下《けいじか》なるもののみを知りて、形而上《けいじじょう》なるものはいまだあづかり聞かず」（『新井白石』〔日本思想大系35〕一九頁）や、佐久間象山の「東洋道徳、西洋芸術」（「省諐録《せいけんろく》」一八五四年稿、『渡辺崋山　高野長英　佐久間象山　横井小楠　橋本左内』〔日本思想大系55〕二四四頁）などに由来するところが大きいと思われます。

こうした「東洋」の用い方について、津田左右吉はつぎのように述べています。「東洋といふ称呼のあてはめられる地域をどれだけのものとするにせよ、文化的意義に於いてはそれが一つの世界として昔から成立つてゐたことが無く、東洋史といふ一つの歴史も存在せず、従つて東洋文化といふ一つの文化があるといふことは、本来、考へられないことである」（「東洋文化とは何か」、前掲『支那思想と日本』一七八頁）と。*それにもかかわらず、幕末の思想家が西洋文化に対抗して日本の文化を擁護したり主張したりするにあたって「東洋」の語を用いる場合がみられたのは何故でしょうか。それについて津田は、「西洋の文化に対立するものを日本みづからのみには求めかね、彼等が崇敬してゐた支那の文物、特に儒教、を味方とし、むしろそれに依頼しようとしたところから生じたものである、といつても甚しき過言ではあるまい」（同上、一一〇―一一一頁）と説明しています。

＊　長谷川如是《にょぜ》閑《かん》も、西洋の場合と違って「東洋に至っては、インドやシナ大陸の諸国家や日本は、いづれもそれ〲文明の性格を異にしてゐるので、唯一つの「東洋文明」に概括するのは妥当でない」と

し、つぎのように述べています。「いままで「東洋的」と云つてゐたものは、主としてインドに起つた波羅門《バラモン》文明と仏教文明とを指したもので、その後者がシナ大陸に影響し、日本に影響した、その点だけを捉へて、共通的の東洋的なる性格と認めてゐるに過ぎないので、実はさうして伝播された文明が、シナ大陸でも日本でも、それ〴〵それらの国々の固有の性格によりて作り変へられてゐることは、あまりよく見てゐないのである」(「東洋的性格の多元性」、『我観中国―その政治と哲学―』東方書局、一九四七年、三九―四〇頁)と。

いずれにせよ東洋ということばも、西洋の対《つい》概念として近代日本においては用いられ、「東洋文化」「東洋哲学」「東洋の理想」などが中国認識の問題と関連してしばしば取り上げられるようになります。

Ⅱ　近世日本の儒学と中国

中国で生まれた儒学が日本に伝えられたのは、四、五世紀の昔にさかのぼることができると言われています。中国の学問が日本に導入されて、それがそれぞれの時代にどのように受け入れられたかは、日本と中国との文化の違いを考える場合の大切な手がかりとなるでしょうし、それを通してまた、日本の中国についての考え方や評価の問題にも連なって行くと考えることができるでしょう。とくに徳川時代も一七世紀の末、将軍綱吉のころになると、儒学（あるいは儒教）が学問や文化の面で存在感を増すようになります。そこで、まず徳川日本の儒学の思想的な特色を代表的な儒者について概説し、つぎに当時の思想家たちに見られた中国認識とその裏返しともいうべき日本の自意識について検討することとしましょう。

1　徳川幕府と朱子学

儒学が徳川時代に有力な学問としての地位を占めるようになるきっかけは、徳川初期の朱子学という儒学の一派の導入でした。朱子学は、中国の北宋の時代に程明道《ていめいどう》（名は顥《こう》、一〇三二―八五）・程伊川《いせん》（名は頤《い》、一〇三三―一一〇七）兄弟により基礎が築かれ、南宋の朱子（名は熹《き》、一一三〇―一二〇〇）によって大成された学問ですが、従来の儒学――それは道徳の学あるいは訓詁の学を重視したものでした――に哲学的な思索を加えることによって、人間界と自然界を体系的理論にもとづいて統一的に説明する一種の形而上学を形成したところにその特質がありました。この朱子学が、たまたま徳川時代の初めに受け入れられるようになったのには、いくつかの事情を挙げることができます。

その一つは、豊臣秀吉の朝鮮出兵（文禄慶長の役）によって朝鮮から朱子学が日本にもたらされたことです。つまり李《り》朝下の朝鮮では純粋な朱子学が受容されて強い力を持っていましたが、秀吉の出兵を通して朱子学の書籍が大量に日本に持ち込まれ、また朝鮮の朱子学者が日本に連れてこられるということがありました。

第二には、そのころ日本の国内でも藤原惺窩《せいか》(一五六一―一六一九)や林羅山(一五八三―一六五七)らによって伝統的学問からの脱皮が追求され、仏教の世界に取り込まれていた儒教の純化と自立を志向する新しい動きが生まれつつあったことです。つまりそれまでの儒教は、多く禅林の僧侶を担い手とし儒仏不二の立場から仏教と結びついて受け入れられていました。惺窩ももとは京都五山の一つである相国寺の禅僧でした。中国での朱子学の成立も、もともと仏教との対抗という経緯があり、したがって排仏的な傾向を強くしていましたから、仏教の世界を脱して儒教の自立を追求しようとしていた惺窩が朱子学に接近するに至ったのは、それなりの理由があったわけです。こうして惺窩は、たまたま朝鮮から日本に連れて来られた儒者と会い、また朝鮮からもたらされた朱子学の書籍と接することによって、徳川日本における朱子学の導入に途を拓くこととなります。

第三には、徳川家康が学問を好み、儒学について関心を抱いていたということも一つの理由に考えられます。家康は、『論語』、『貞観政要』(唐の太宗《たいそう》が群臣と政治を論じた問答書)、『史記』、『漢書』などに関心を持ち、いく度か惺窩を招いて講義をさせています。とくに家康は、自己の天下統一の事業を意味づけるものとして儒学の王道論に興味をおぼえたようでした。そのような意味で、とくに朱子学ということではなかったけれども、惺窩や羅山を儒者として重く用いることがあったのは事実でした。

このようないくつかの事情がかさなって、とくに林羅山は、家康の知遇を得、将軍の学問や幕府の文書をつかさどる（それは、従来、主として僧侶が担っていた）こととなり、家康没後も秀忠・家光・家綱と歴代の将軍に用いられます。そして羅山の没後、一六九〇〔元禄三〕年に湯島聖堂（孔子廟）が造営されると、羅山の孫の鳳岡《ほうこう》は幕府から大学頭《のかみ》の称を与えられて聖堂を主宰するというように、その後も林家は朱子学を奉じて代々幕府と密接な関係を保つこととなります。ちなみに湯島の昌平坂学問所も、もとは林家の家塾であったものを、のち寛政異学の禁（一七九〇年）により幕府直轄の教育機関としてそのまま聖堂に付置したことに由来しています。

また徳川初期における朱子学の発達に力を尽くした人として山崎闇斎（一六一八―八二）の名も忘れることはできません。闇斎も朝鮮の朱子学、とくに偉大な儒者として朝鮮で絶大な尊敬を得ていた李退渓《たいけい》（一五〇一―七〇）から強い影響を受けることによって、朱子に対する深い尊崇の念を抱くに至り、その思想を明らかにすることに力を注いだ人です。彼は朱子学とともに神道を研究し、神儒合一説の立場から垂加神道を唱えたことでも知られていますが、六千人とも言われる多くの門人を擁してその門流（いわゆる崎門学派）は盛大を極めたと伝えられています。このように朝鮮から移入された朱子学に触発された藤原惺窩や林羅山および山崎闇斎らの学問的活動によって、朱子学はともかく徳川時代の儒学の先頭を切るかたちで採り入れられるわけです。

ところで中国宋代の朱子学という儒学の一派は、前述のように、本来の実践的な道徳の学としての課題を受けつぎながらも、これまでのような単なる道徳的教説にとどまることに甘んじず、道徳の教説を人間・社会・自然のすべての領域を包摂する壮大な形而上学的な形態にまで仕立て上げたところにその特徴がありました。一方、実践的な道徳学としての朱子学は、『大学』『中庸』『論語』『孟子』という「四書」の註解（いわゆる新注）を通して身分的な道徳を明らかにし、「五倫」すなわち「君臣の義、父子の親《しん》、夫婦の別、長幼の序、朋友の信」（『孟子』）という徳目を人間の行為規範の基本として重視しますが、そういう点では一般の儒教ととくに異なることはありません。では朱子学を特色づけた形而上学的な理論の形成とは何かと言うと、それはしばしば「性理学」と呼ばれる点に見ることができます。

「性理学」とは、義理の学あるいは理学とも呼ばれ、天地万物の存在やあり方を「理」と「気」という二つの範疇によって体系的に説明することをめざす哲学を意味しました。すなわち「理」は天地間の万物を存在せしめている本体としての根源的な原理＝天理で、「誠は天の道なり」（『中庸』）と言われるように、それは誠とか仁とか義とか言うような道徳的な規範観念を内実とするものとされています。そして、この「理」は、人間をはじめ天地間の一木一草に至るまで、あらゆる物に内在し、万物をあるべきようにあらしめている本体と考えます。たとえば春夏秋冬という四季が規則正しくめぐるのは、偽りのない誠を意味し、日が照り雨が降って万物が成長するのは、天の仁慈を示すと説かれるわけです。このように自然界の秩序も人間界の社会秩序も同じように一元的な天理によって支えられた道徳的な空間として観念されます。

また人間について言えば、「理」はまさに人間を人間たらしめている本体で、すべての人が生まれながらにして与えられている道徳的資質＝「本然の性」は、この「理」を前提として形づくられているというわけです。このように人間の本性は「理」であるとするこの考え、すなわち「性即理」という命題は、朱子学の倫理説の特質を形づくるものとされています（島田虔次『朱子学と陽明学』〔岩波新書〕、一九六七年、六〇頁）。そしてこのような人間観を取ることから朱子学では、すべての人は修養を積んで欲望や感情をコントロールし、「本然の性」に立ちかえることを通して、聖人のような理想的な道徳的人格にまで行きつくことが可能であるとの主張が生まれ、その結果、一切の欲望を敵視するような厳格で禁欲的な道徳が人間の道として強調されることとなります。このように朱子学では、「理」を天地間の万物に等しく内在する道徳的原理とすることによって、千差万別の事象や個物を貫く普遍的な道徳性の存在を説くわけです。

朱子学ではまた「理《り》一分殊《いっぷんしゅ》」（理は一にして分は殊なり）ということが言われます。「理一」は天地間の万物を秩序づける唯一つの普遍的な道徳原理の支配を意味するのに対して、「分殊」は個々の事物が本来的にもつ特殊性や個別性を意味します。この天地間の万物の多様性とその絶えざる運動や変化という動態を表象するのが「気」です。今でも「気」という言葉は、「元気」「天気」「気象」「気分」など自然界や人間の精神的・肉体的な変化や動きと関連する語として使われています。この「気」は、人間について見るならば「気質の性」と言われるものがそれです。人間それぞれが持っているさまざまな気質や性格、感情や欲求のはたらき、また活力などは、「気」にもとづくものとされます。この「理」と「気」とをどのように関係づけるか、あるいは両者のうちいずれを重視するかによって、同じ儒学の世界でもいろいろな立場の相違が生まれます。「性即理」を説いた朱子学は「理」を中心にする哲学であり、他方、一切の存在を「気」の自己運動の過程と捉えた張《ちょう》横渠《おうきょ》（名は載《さい》、一〇二〇―七七）は、しばしば「気」の哲学と呼ばれています（同上、六四―六七頁）。

徳川時代の初期に受け入れられた朱子学は、以上のような特徴をもった学問でした。しかし、中国の朱子学では重要な部分を成していた宇宙論や自然学のような壮大な世界観、あるいは高度に抽象化された思弁は日本ではむしろ敬遠され、日本の儒者の主たる関心は身近な道徳論の分野に向けられました。しかし朱子学の道徳論は、「性即理」の言葉が示すように、人間の本性を「理」すなわち道徳性とし、現実の人間が生まれながらに持っている欲望や本能はむしろ人間にとって非本質的なものとする考えをとりましたから、前述のように実践的にはきわめて厳しい禁欲主義的な道徳論の立場を取ることになりました。

そしてとくに日本の朱子学ではその面が強調される傾向を強くしました。「仁者ト云モノハ、礼儀ト私欲トヲ、二ツワガムネノウチニタ、カハセテミテ、ヲノレガ私欲ヲセメノケテ、タ、カヒカチテ、礼義ニカヘルトコロヲ仁トスルゾ、ヲノレガ欲ヲハナレズンバ、仁デハアルマイゾ」(林羅山『春鑑抄』(『続々群書類従 第十 教育部』) 四八頁) という羅山のことばはそれを物語っていると言えましょう。ここでは、「私欲」の存在そのものが、仁とは両立し得ないものとして敵視の対象とされています。

こうした考えは、「天理の公」と「人欲の私」とを峻別し、前者がつねに後者を支配するところに人間のあるべき姿があるとした朱子の考え方(『中庸章句』序) を受けついだものと思われます。しかし生きた人間の現実の姿を考えるとき、このような厳格主義は日常的な道徳論としてはあまりにも苛酷で非人間的なものと言わざるを得ません。儒教道徳が広く人びとに受け入れられ、日常生活の生きた規範として有効にはたらくものとなるためには、現実の人間についての正しい認識から出発すべきではないかという批判が、朱子学に対して向けられるようになるのは当然の成り行きと言えましょう。徳川時代も半世紀あまり経過したころ、古学派と言われる儒学の一派が登場するのは、そのような事情を背景にしたものでした。

2　古学派の台頭と徂徠学

朱子学は思弁や観想に深入りするあまり、机の上の観念論に堕して、日常的な現実から遠ざかってしまったとする批判が、徳川期の日本では、一七世紀の後半になると語られ始めます。山鹿素行（一六二二―八五）の『聖教要録』（一六六五年序）はその代表的な例でしょう。彼も、もとは朱子学から儒学の道に進んだ人ですが、この書物のなかで、儒学も宋の時代になるといたずらに高遠な理論や空疎な観念を取り入れて論ずるようになったとし、「聖人の学、此《ここ》に至つて大いに変じ、学者儒を陽《おもて》にして異端を陰《うら》にす。道統の伝、宋に至つて竟《つい》に泯没《びんぼつ》す」（『山鹿素行』〈日本思想大系32〉一五頁）と述べています。つまり宋学は、口では儒学を説きながら、実際には仏教や老荘の学のような異端の学問と変わらないものになってしまったというのです。そして素行は、道をきわめるためには日常の世界とかけ離れないことが大切であると説き、「学と日用と扞格《かんかく》するは、これただ書を読みて、その道を致《きわ》めざるなり」（同上、一四頁）とか、「日用以て由《よ》り行なふべからざれば、則ち道にあらず」（同上、一七頁）と述べています。こうした宋学批判を展開した素行は、当時、山崎闇斎の朱子学を信奉していた幕府の実力者保科《ほしな》正之（一六一一―七二、会津藩主、将軍家綱の補佐として幕政を担当）の忌諱にふれたこともあって処罰され、赤穂に配流される憂き目にあうこととなります。

さて、山鹿素行によって説かれた宋学批判、つまり朱子学は現実から遊離して机上の観念をもてあそぶ学問になっているとし、むしろ実践道徳にふさわしい日用性や日常性を重んずべきだとする主張は、伊藤仁斎（一六二七―一七〇五、京都の商家の出身、彼も朱子学から出発しながら、やがてそれに批判的な立場を取るに至ります）になると、さらに明確になります。仁斎は、「道とは、人倫《じんりん》日用《にちよう》当《まさ》に行くべきの路、教えを待って後《のち》有るにあらず」（『語孟字義』、『伊藤仁斎・伊藤東涯』（日本思想大系33）二七頁）と述べて、儒教の道というのは、高遠な「教え」のなかにあるのではなく、日常生活において踏み行うべき道とされているものから出発しているのだと説いています。また「卑《ひく》きときは則自《おのづから》実《じつ》なり。高きときは則必《かならず》虚《きよ》なり。故に学問は卑近を厭《いと》ふこと無し。卑近を忽《ゆるがせ》にする者は、道を識《し》る者に非ず」（『童子問』、『近世思想家文集』（日本古典文学大系97）七三頁）と述べているように、真実というのは、高遠なものにではなくて卑近なものにあるという考えを仁斎は重視し、学問にとって卑近ということの大切さを強調しています。

このように、卑近で日常的な事実に向けられた視線を通して儒学を捉え直すことが大切だとした素行や仁斎は、人間についても現実により即した見方を採り入れ、朱子学派の極度に禁欲主義的な道徳の非現実性を批判することになります。まず彼等は人間の本性について、それは生まれたままの姿をいう――「性《せい》は生《せい》なり。人その生《しょう》ずるところのままにして加損《かそん》すること無し」（伊藤仁斎『語孟字義』、『伊藤仁斎・伊藤東涯』四八頁）、つまり人間の生まれついた性質それ自体は、善とか悪とか論ずべき性格のものではない。善とか悪とかいうのは、それが外的な行為として現れたときに初めて問題となるのであると。このように述べて仁斎は、人間の本性を善なる道徳性と見る朱子学の「本然の性」あるいは「性即理」という考え方を批判しています。

こうした人間の本性についての考え方は、人間が生まれながらに持っている生存の欲望とか本能とか感情とかも人間自然のものであって、朱子学のようにこれを頭から否定しようとするのは行き過ぎであるとする、人間の欲望に対する寛容な態度につながって行きます。素行は、「人物の情欲おのおの已《や》むことを得ざるなり」（『山鹿語類』、前掲『山鹿素行』二一六頁）と言っていますし、仁斎も、「蓋《けだし》天理の極《きはみ》を尽《つく》すは、人人《ひとびと》の能《よく》する所に非ず。一毫人欲《いちがうじんよく》の私《わたくし》無きは、亦形骸《けいがい》を具《そな》へ人情《にんじやう》有る者の能く為《す》る所に非ず」（『童子問』、前掲『近世思想家文集』一〇三頁）と朱子学の禁欲主義を非現実的な考えと批判しています。

人間の欲望についてのこうした寛容な見方は、先入観にとらわれることなく人間にとっての事実を事実として認めるという点で、そこには独断主義《ドグマチズム》的な思考態度から経験主義的なそれへの転換、つまり近代的な思考への接近を見てとることができるでしょう。そしてこの独断主義からの脱却は、素行にせよ仁斎にせよ、儒教の理解にあたって中国の宋代の解釈（朱子の新注）をそのまま受け入れることに満足せず、みずから経典とくに『論語』『孟子』に直接当たって儒教の真の姿を明らかにしたいという、学問の方法や姿勢と根底において相通ずるものであることは言うまでもありません。仁斎は、「学問の家法」、つまり仁斎派独特の研究法は何かについて、「吾に家法《かはふ》無し。論語孟子の正文《せいぶん》に就て理会《りくわい》す。是れ吾が家法のみ」（同上、一九一頁）と述べています。彼らが古学派と呼ばれ、仁斎が「古学先生」と敬称されたのも、じつは儒学の革新を目指して原典主義にもとづく経典の研究に力を尽くしたからでした。

この仁斎の学問の方向をさらに徹底させたのが、荻生徂徠（一六六六―一七二八）です。徂徠は、仁斎らが『論語』『孟子』を中心とした四書をテキストとして重視したのに対して、さらに古い時代の経典である六経《りくけい》（『詩経』『書経』『易経』『春秋』『礼記《らいき》』『楽経《がくけい》』――「五経」という場合は『楽経』を除く）を重視する立場を取ります。そしてこれら中国古代の経典を正確に理解するためには、その時代のことばについての正しい知識が不可欠として中国明代末期の古文辞学を採り入れ、客観的で実証的な研究方法を主張した点でも注目される人です。

このように徂徠は、儒教をその源流にまでさかのぼることによって徂徠学といわれた独自の儒学を展開することとなります。朱子学では、前述のように、「天理」と結びついた道徳の教えに則って人間性を規律することが実践的な課題とされましたが、徂徠学ではむしろ「気質は天の性なり」という立場が取られ、「気質は変ずべからず」ということが言われます。そして人間は一人ひとり持って生まれた性質を異にするものであり、それをみな同じく聖人のような人間に仕立て上げようとするのは、もともと無理な話であるとして、人間の多様な個性を尊重する考えを説いています。「気質を変化すると申候事は宋儒の妄説にて、ならぬ事を人に責《せめ》候無理の至に候。気質は何としても変化はならぬ物にて候、米はいつ迄《まで》も米、豆はいつまでも豆にて候。只《ただ》気質を養ひ候て、其生れ得たる通りを成就いたし候が学問にて候」（『徂徠先生答問書』〔日本倫理彙《い》編《へん》巻之6〕一七五―七六頁）という徂徠のことばは、こうした彼の考え方をよく示していると言えましょう。

このように徂徠は、道徳が社会の秩序を形成する力を持つということについて、多くを期待しませんでした。ですから儒教における「治国安民」という秩序形成の問題も、「修身」という人間の内面の問題としてでなく、各人の外に現れた行為を問題にし、行為を外から規制の対象にする客観的な制度の確立こそが基本でなければならないと主張したのでした。「後世ノ儒者、仁ト云ヘバ至誠惻怛《そくだつ》〔心から悲しみ心配する〕ナド、釈スレドモ、タトヒ至誠惻怛ノ心アリトモ、民ヲ安ンズルコト能ハズンバ、仁ニ非ズ。何ホド慈悲心アリトモ、皆徒《と》仁《じん》ナリ」（『太平策』、『荻生徂徠』〔日本思想大系36〕四六六頁）。儒教の基本的な政治理念である仁政について彼は、そこで問題とされるべきは為政者の慈悲心という主観的な心構えの有無ではなくて、あくまでも安民という客観的な結果の問題であるとしました。この徂徠の主張は、これまで儒教の政治論の特質とされてきた徳の支配という考えからの決別を示すものであり、政治と道徳の区別、つまり政治という独自の社会的機能を新たに認める点で、近代的な考え方に道をひらくものと言ってよいでしょう。

3　儒者たちの中国

近世日本の儒学は、藤原惺窩や林羅山による朱子学の導入を先駆としますが、その当時はまだ儒学の広がりという点でも、あるいは社会における学問の力という意味でも、きわめて限られたものでしかなかったと言わざるを得ませんでした。その後、古学派が台頭する一七世紀後半ころから、ようやく儒学も社会的な学問としての存在感を持ちはじめるようになります。それには五代将軍綱吉（一六八〇—一七〇九在職）が学問を好み、その奨励につとめたということも背景をなしていたようです。徂徠の『政談』（巻之四）にも、「御先々前御代［綱吉の代をさす］ニ学文ヲサバカリ御好ミ遊バサレタリ。依《リ》レ之《ニ》学問モ流行《はや》ル様ニ成シカドモ」云々（前掲『荻生徂徠』四四二頁）という記述が見られます。したがって惺窩や羅山の世代とはちがって、素行や仁斎たちによる朱子学批判は、最初、朱子学を勉強してみたけれども、日本の学問としてこれを社会に活かそうとすると、どうもあまりにも思弁的で現実ばなれしていて役に立ちそうにないという疑念に発していた面もあったと思われます。

島田虔次『朱子学と陽明学』は、その冒頭で中国の朱子学の特色を示すものとして朱子学の先駆者の一人である張横渠のことばを紹介しています。それは、「天地ノタメニ心ヲ立テ、生民ノタメニ命ヲ立テ、往聖ノタメニ絶学ヲ継ギ、万世ノタメニ太平ヲ開ク」（『近思録』二）ということばです。そして島田はこのことばを掲げた理由として、「宋学の根本精神というか、根本的気分というか、そのようなものを表現したことばとして、これほどみごとなものはないように思われるからである」とし、さらに日本の朱子学を顧みつつ、「わが国の朱子学には、天地のために、人類のために、学の伝統のために、また万世のために、というような規模雄大な精神、そういうものがはなはだ欠けていたように思われる」（同上、一―二頁）と、日本と中国との朱子学の違いについて述べています。

ことに徳川初期に中国からもたらされ、また和刻本として翻刻刊行された朱子学関係の漢籍は、じつは朱子の学説についての末流諸家の注解を明代になって編集した『大全』などが中心でした（阿部隆一「崎門学派諸家の略伝と学風」、『山崎闇斎学派』解説〔日本思想大系31〕五六六―六七頁）。したがって徳川初期に導入された朱子学は些末な注釈や空疎な観念に装われた朱子末流のものであったわけですから、ますます朱子学の「規模雄大な精神」などを感得するような学的環境にはほど遠かったに違いありません。そのため一七世紀後半になって、このような注解書にもとづく朱子学理解に反撥して、朱子の著書そのものに直接あたってその真の思想・学説を明らかにしようと試みたのが山崎闇斎でした。その意味で闇斎学は、まさに「程朱学原典主義」とも評すべきところにその学問的特色がありました。それはまた立場を変えれば、仁斎や徂徠の朱子学批判が『論語』『孟子』や六経に回帰するという儒学原典主義によって展開されたことと、方法的な態度において相通ずるものを見ることができます（丸山眞男「闇斎学と闇斎学派」、『山﨑闇斎学派』解説、同上、六〇一頁および六六四頁「注一」参照）。こうした原典重視の実証的態度を身につけることを通して、外来の学問であった儒学は、徳川日本の現実に受け入れやすい学問へと転回して行くのでした。

ところでこのように徳川期の日本にあって儒学に懸命に取り組んだ儒者たちが、みずからの学問としての儒学へコミットすればするほど、儒学を生みその伝統を長きにわたって守り伝えた中国に特別の感情を持ったとしても不思議ではありますまい。とくに儒学が追い求める道なるものが、単に中国にのみ妥当する一国かぎりのものではなく、すべての人間が人間であるかぎり踏みおこなうべき普遍的な規範と考えられていたのですから、その儒学の発祥地である中国が他国とは異なる特別の地位を占めるものと映ずるのも、儒教世界を前提とするかぎり当然のことと言わざるを得ません。中華の観念、あるいは中華と夷《い》狄《てき》という自他差別の観念は、まさにこうした儒教的文化のなかで生まれた価値意識でした。すなわち儒教の「礼楽」的規範と価値を人間にとって普遍的なものとして受け入れ、それを伝統的な文化として尊重する国（つまり中国）を中華とし、それとは異なった文化の支配する国を夷狄として、両者を価値的に区別し、それぞれを優劣上下の関係に位置づけることにあるべき世界の秩序を見出す考え方がそれでした。

日本の儒者たちも、儒教を受け入れている以上、唐《から》の国中国を中華の国として特別視することを否定することはできませんでした。その結果、「吾国ニ有テ儒書サカンニ行ハレ、儒書ヲ読《ム》ホドノ者、唐ヲ以《て》中国トシ、吾国ヲ夷狄トシ、甚シキ者ハ、吾夷狄ニ《れ》生レタリトテクヤミナゲクノ徒有レ之」（浅見絅斎《けいさい》「中国辨」、前掲『山﨑闇斎学派』四一六頁）というような風潮すら日本の儒学生のあいだに生じたと指摘されています。また、日本橋から品川に引っ越した儒者が、なぜ賑やかな日本橋を離れたのですかといぶかる弟子どもに向かって、まじめな顔で「唐へ二里近い」と答えたという江戸小ばなし*は、こうした儒学者たちの中華コンプレックスを巧みに皮肉っているというところでしょう。

* 「儒者、品川へ引越、弟子ども家見の祝儀に行き、「先生は繁華の日本橋を御見すて被成《なされ》、何の能思召《よきおぼしめし》御座候哉、儒者まじめな顔にて、「唐《から》へ二里近い。」（珍話楽牽頭《がくだいこ》）」（吉田精一「「小ばなし」のおもしろさ」、前掲『近世思想家文集』月報、一一頁）。なお学者の中華崇拝を風刺した同じような戯作として、風来山人（平賀源内の戯号）「寝惚《ねぼけ》先生初稿の序」（大田南畝《なんぽ》の初期の狂詩集『寝惚先生文集』一七六七年刊に寄せた序文）にも、「味噌の味噌臭きは上味噌に非ず。学者の学者臭きは真《まこと》の学者に非ず。方今《いまどき》の学者、居を品川に移しては、漢土の裏店に浜《ちかよ》らんことを思ひ、云々」（『寝惚先生文集他』（新 日本古典文学大系84）四頁）というのがあります。

これに対して一方では、唐の国を文化的に優越した中華とすることは認めるとしても、日本をただの夷狄の国とみずからおとしめることは、日本の自意識が許さないということも当然ありました。日本の天皇を呉の泰伯《たいはく》（周の太王の長男で、孔子により「至徳」の人とたたえられた。この泰伯については、後に海外に去ったとの伝説が生まれたため、この伝説をもとにして泰伯は日本に渡って天皇家の祖となったという説が語られた）の後裔とする説などは、日本を中国と特別な関係とすることによって日本の自意識を満足させようとした極端な例と言えましょう。*

＊　泰伯を日本の天皇の祖とする説については、林羅山「神武天皇論」（京都史蹟会編纂『林羅山文集』二八〇頁）、同「太伯」（同上、四〇八頁）、および中江藤樹『翁問答』（『続々群書類従　第十　教育部』一八三頁などで言及されています。

このように呉の泰伯を引き合いに出すことによって日本を夷狄の蔑称から免れさせようとする例は別として、日本の自意識から聖人の国＝中国の優位性に何とか対抗しようとする試みは、たとえば林羅山のように、日本古来の神道について、「是れ王道也、儒道也、聖賢の道也」（前掲『林羅山文集』五六〇頁）として、日本固有の神道も儒道と理において変わるところがないと主張し、日本も古来より中国と劣らない道徳の国であると説く事例にみることができます。このような考え方をさらに進めたものに、山鹿素行の著『中朝事実』（一六六九年自序）があります。ここでは、日本の建国神話に依拠しながら日本こそが天地の「中」を得た国＝「中国」であることを熱心に説いています。また素行は、「聖人の道」という観点から「本朝」〔日本を指す〕と「異朝」〔中国を指す〕とを比べてみても、日本のほうが中国よりもはるかに優れているとして、つぎのように述べるのです。「知仁勇之三は聖人之三徳也。此三徳一つもかけては聖人之道にあらず。今此三徳を以て　本朝と異朝とを、一々其しるしを立て校量《こうりょう》せしむるに、本朝はるかにまされり。誠にまさしく中国といふべき所分明なり」（『配所残筆』、前掲『山鹿素行』三三三―三四頁）と。

山崎闇斎も大変な朱子の信奉者であったことは先に述べました。闇斎の号も晦庵《かいあん》［晦は暗いの意で闇に通じる］と号した朱子を慕ってのことと言われています。また彼は朱子の「朱」にこだわって、「平生朱の三尺手拭を腰にさげ、冬なども、布のかき［柿色の意］羽織をきられ、……自分のてにせる朱子派の書にも又は自分の述べる書にても、表紙はみな丹がらとてみな朱なり」（伊藤梅宇《ばいう》『見聞談叢』一七三八年序、石田一良『伊藤仁斎』〔人物叢書39〕吉川弘文館、五一頁所引）と伝えられているほどに、朱子に対する深い心酔者でした。

その闇斎においても、有名な逸話の伝えるところによると、闇斎が弟子どもに向かって、もし今、唐の国から「孔子を以て大将と為し、孟子を副将と為し、騎数万を率ゐ、来りて我が邦を攻めば、則ち吾党《わがたう》孔孟の道を学ぶ者、之を如何と為す」と問うたところ、弟子は答えに窮して闇斎に教えを請うと闇斎いわく、「不幸にして若し此の危《やく》に逢はば、則ち吾党身に堅［甲冑］を被《かうむ》り手に鋭［鋭利な刃物］を執り、之と一戦して孔孟を擒《とりこ》にし、以て国恩に報ぜん。此れ即ち孔孟の道なり」（『先哲叢談』〔塚本哲三編、有朋堂文庫〕一二四―一二五頁）という答えだったという。闇斎も「孔孟の道」を学ぶ精神の根底に自国への帰属意識を当然のこととして措定し、その意味で「孔孟の国」中国に対しても対抗心を捨て去ってはならないことを儒学生たちに説いたのでした。

荻生徂徠も、自分の出自が物部氏であるとして、みずから中国風に物徂徠と称したほどに、大変な中国崇拝者と受け取られていました。明治の史論家として有名な山路愛山（一八六四―一九一七）は、その著『荻生徂徠』（一八九三年）でつぎのように書いています。

「彼れは支那癖を有せり、唐紙唐筆にあらざれば用ゐず。すべての物成るべく中華の如くならんことを欲せり。彼れは応永十八年（足利氏の時）の暦を得て其支那暦の如きを喜び「是れ儼然たる中華の物、蚯蚓《みみず》の如き近世の暦書と同じからず」といたく之を賞讃せり。孔子の画像に題して日本国夷人物茂卿拝手稽首敬題と書けり」（『史論集』みすず書房、一九五八年、四五―四六頁）と。ことに日本国を夷狄と蔑《さげす》んで自分を「日本国夷人」と呼び、中国風に「物茂卿」と署名したという逸話は、多くの日本主義者たちから批判の的とされたところでした。たとえば幕末の代表的水戸学者である会沢正志斎《あいざわせいしさい》（名は安《やすし》、一七八二―一八六三）は、徂徠の時務論や兵学については評価を惜しまなかったにもかかわらず、「日本国夷人」と自称したことについては、「称謂《しょうゐ》名分に於いては、則ち君臣・内外の弁を知らず。惑ひも亦甚だし」（『下学邇言《かがくじげん》』〔水戸学大系二　会沢正志斎集〕三〇四頁）ときびしく批判しています。また維新後も、たとえば井上哲次郎『日本古学派之哲学』（一九〇二年）では、「己れを卑下して夷人といふに至りては、抑ゝ又自ら侮るの甚しきものといふべきなり、此の如き醜態を呈して、曾て其醜態なるを知らざるは、蓋し拝外の余に出づるものにて、其弊の已に極度に達せるを知るべきなり」（五二四頁）と、徂徠の態度を「醜態」と評し、これを極度の「拝外」主義の弊害と非難しています。

しかし徂徠の実像は、必ずしも中国崇拝の一辺倒ではありませんでした。吉川幸次郎「民族主義者としての徂徠」（一九七四年）、同「日本的思想家としての徂徠」（一九七五年）の二つの論文が指摘するように、徂徠もまた日本主義者としての一面を持っていました。たしかに徂徠はその『学則』を「東海、聖人を出《いだ》さず、西海、聖人を出さず」（前掲『荻生徂徠』一八八頁）という言葉で書き起こしています。「東海」とは日本を指し、「西海」とは中国の西方の国々のことです。要するに日本も西方諸国も聖人の生まれた国ではない、夷狄なのである。その意味では中国こそが「聖人の国」であり、夷狄である日本に対する中国の優越を認めなければならない。しかしこの中国も秦漢より後は郡県制の時代となり、「先王の道」は形骸化してしまったと徂徠は考えたのです。*これに対して徳川時代の日本は、徂徠学の台頭によって「先王の道」の再生が行われた。「先王の道」の伝統が衰退した中国と、その再生をなし遂げた日本と、この両者を現在のレベルで比較すれば、日本の中国に対する優位は明らかではないかというのが徂徠の思いでした。だから徂徠の中国崇拝とこの日本優越の思いとは、矛盾するようにも見えるがそうではなかった、と吉川は説いています。「中国の優越、それは古代の「先王の道」の時代にあった。しかし秦の始皇以後の中国は、「先王の道」を失うことによって、その優越を喪失し、今やそれを再獲得した日本の徳川王朝は、中国に優越するというのが、彼の認識であったからである」（吉川幸次郎「民族主義者としての徂徠」、『仁斎・徂徠・宣長』岩波書店、一九七五年、二三五頁）というわけです。

＊　徂徠は「徂徠集」のなかの「水神童ニ復ス」（第二書）で、郡県制後の中国につき、つぎのように述べています。「蓋シ古ノ学者ハ、皆礼楽ヲ以テ其ノ徳ヲ成ス。之ヲ均シクスルニ君子人也。而シテ其ノ政事文章ハ、皆詩書繇《よ》リ出ヅ。聖人ノ道ニ悖ラザル所以也。秦漢ヨリシテ下リ、郡県ヲ以テ封建ニ代ヘ、法律ヲ以テ礼楽ニ代フ。其ノ吏治ヲ言フ者、亦孰カ経術ヲ援《ひ》カザラン。而ルニ郡県ノ治ハ、凡百ノ制度、古ト同ジカラズシテ、先王ノ道ハ用フ可カラズ。故ニ亦僅カニ用ヒテ以テ吏術ヲ縁飾スルノミ。豈能ク先王ニ法ランヤ」（前掲『荻生徂徠』五一一―一二頁。原漢文、句読点・ルビ引用者）。

また「徂徠集」に収められた彼の詩文や書簡には、富士山の秀麗さに言及しこれを称えることばが目につきます。吉川によれば「なぜかくも徂徠はこの山に執着し、賞讃するのか。そこには徂徠の思念が托せられている。日本は諸外国に超越した国であり、その象徴が富士であるとする思念である。そうしてこの国に生まれたおのれこそ、三国一の学者であり、その象徴も富士であるとする自負である」（前掲『仁斎・徂徠・宣長』二三三頁）と解説しています。たしかに「徂徠集」には、富士の姿を自分になぞらえる例が少なからず見られます。そういえば中国が失った「先王の道」を徳川の日本が獲得したという前述の日本優越論も、日本を優位に導いた主役は徂徠自身ということであり、日本の優越とはほかならぬ徂徠の中国儒学の現状に対する優位宣言とでも言うべき趣さえあったと言えるのではないでしょうか。

このように徳川時代の儒学者たちは、朱子学を支持する側に立った者も、朱子学を批判する側に立った者も、「聖人の国」中国という重さに耐えて、何とか自国日本の存在感を高めたいと苦闘したことがわかります。しかしその苦闘も、中華と夷狄という儒教的秩序観念のワクのなかでのものでした。そのことは、当時における儒教的秩序観念の壁がいかに堅くまた厚いものであったかを物語るものと言えましょう。

Ⅲ　国学者たちの中国観

儒教の中華観念そのものを克服するため、それに真っ向から挑戦したのは、徳川時代に登場する国学者たちでした。近世の国学は、契沖（一六四〇―一七〇一）を先駆として本居宣長（一七三〇―一八〇一）により大成された学問ですが、その特色は、道徳重視の儒教的規範主義に対して人間自然の感情を重視する立場を取ったこと、また儒学が有徳者の支配（徳治主義・王道論）という公的性格の教戒を本質としたのに対して、国学は歌物語という私的な文学をめぐる言説にその源を発していたところにありました。

契沖は文学のあり方を説いて、「詩歌は心のよりくるまゝにいかにもいふ事なり」（『古《こ》今余材抄《きん》』、『契沖全集』第五巻、朝日新聞社、一四五頁）と述べています。これまでは歌や物語についても、儒教や仏教の教えにもとづく道徳的な評価が中心であったのに対して、契沖はそのような考えを否定し、感じたこと思ったことをそのまま素直に、つまり「心のよりくるまゝに」表現するところに文学の本質があるとしたのです。それは儒仏的な道徳の支配から歌物語の世界を解放する、いわば文学の自立と革新のための運動としての意味をもったわけです。近世の国学は、こうした契沖の文学運動を受けつぐかたちで成長していきます。

たとえば宣長の師にあたる賀茂真淵（一六九七―一七六九）にも、「夫歌は心におもふ事をうたひ出す也」（『国歌論臆説』、山本饒編『校本賀茂真淵全集』「思想篇」上、二五頁）ということばがありますが、これも和歌について契沖と同じ考えを述べたものと言えましょう。こうした人間の飾らない自然の心情を真淵は「をさな子のひとへ心」とか「天地の心」とも表現していますが、「人は教に随ふものと思へるは天地の心をさとらぬ故也」（『国意考』、同上『全集』「思想篇」下、一〇九八頁）とあるように、この人間自然の心情は儒教のような教えによって抑制することのできない、人間にとって真実なものと真淵は主張するのでした。

このように契沖や真淵によって注目された人間自然の感情とその重視は、言うまでもなく儒教的な道――仁義礼智信というような道徳規範――を虚偽として否定する立場と表裏一体の関係にありましたが、こうした流れを受けてその思想をさらに精緻なものに結晶させたのが本居宣長でした。宣長も文学論から出発しますが、のち『古事記』の研究をとおして復古神道に到達します。宣長は和歌について「歌ノ本体、政治ヲタスクルタメニモアラズ、身ヲオサムル為ニモアラズ、タ、心ニ思フ事ヲイフヨリ外ナシ」（『あしわけをぶね』、『本居宣長全集』第二巻、筑摩書房、三頁）と言っています。つまり歌とは、「治国平天下」というような政治をめざすべきものでなく、また「修身」というような道徳的修養に資するものでもない。ただ心に思うことを述べ、折々の感動を表して自分の鬱情をはらすものだとしているのです。

こうした人間の自然で有りのままの心情を重視する国学者たちの立場は、言うまでもなく、道徳的な規範によって人間の心を規律し抑制することを目標とし理想とした儒教の立場との対決のなかで形づくられたものでした。したがってそこでは、儒教文化によって象徴される中国について、当時の儒者たちとは対照的な見方が当然のこととして提示されました。たとえば人間自然の心こそが「天地の心」と賛美した賀茂真淵は、「凡ものは理りにきとかゝる事は、いはゞ死したるが如し。天地と共に行はるゝ、おのづからの事こそ、生てはたらく物なれ」（『国意考』、前掲『全集』一〇八七頁。濁点引用者）と述べています。つまり現実に生きてはたらく力、尊重すべき価値は天地自然のなかにあるのであって、理屈めいたものはいわば死物にすぎないと、中国の儒教的な「理り《ことわ》」の世界を否定したわけです。「から国にては此ことわりにて治りたるやうに説くはみなそら言也」（同上、一〇八六頁）と、堯舜など古代聖人の徳治を賛美する中国は虚偽の国とされます。

真淵によれば、四季の移ろいは、寒い冬が少しずつ暖かくなって春となり、また徐々に暑さが増して夏となるように、なだらかで穏やかな動きを常とする。この天地自然の運行のあり方こそが人間の営みのあるべき姿でなければならない。ところが中国では善悪の区別をやかましく言い立て、きびしく教え強いる。「天地の行はまろくやうやくにして至るを、唐人のいふごとくならば、はる［春］たてば即暖に、夏たてば急に暑かるべし。是唐国の教は天地にそむひて急速に佶屈なりけり」（同上、一〇九四頁。濁点一部引用者）というわけです。つまり中国は、理屈っぽく窮屈で、人為的な形式を押しつけ、うわべばかりを装う虚偽にみちた国というのが真淵の目に映った中国イメージでした。

つぎに本居宣長の場合はどうでしょうか。和歌の本質は「タ、心ニ思フ事ヲイフヨリ外ナシ」とした彼は、この歌物語の本質である「心ニ思フ事」を、やがて有名な「もののあはれ」という観念に見出すこととなります。「もののあはれ」とは、宣長自身のことばによると、「何事にも心のうごきて、うれしともかなし共深く思ふは。みな感《カン》ずるなれば。是が即もののあはれをしる也」（『石上私淑言《いそのかみのささめごと》』、前掲『全集』第二巻、一〇〇頁）とあります。つまり、身辺のさまざまなものを見たり聞いたりして感動し、心を揺り動かされること、それが「もののあはれ」ということなのです。そしてこの「もののあはれ」は、和歌をはじめとする文学の本質をなすものとされ、文学を道徳や政治とは切りはなされた独自の価値の世界へと導くこととなります。それればかりではありません。「もののあはれ」というこの観念は、これこそがまさに「人の真心」――「事しあればうれしかなしと時々に動く心ぞ人の真心」（『玉鉾《たまほこ》百首』、『全集』第一八巻、三三六頁）――とされることによって、主情的な新しい人間像の形成にまで行きつきます。

ところで宣長によるこの新しい人間像の発見は、日本の儒者たちによってこれまでしばしば理想化された中国認識とは逆に、儒教的価値観に支えられた中国像についての厳しい批判を生みだすこととなります。儒教が目標にかかげる規範的で禁欲的な人間像について宣長は、これを「人情に背き、まことの道理にかなはぬこと」と頭から切って捨て、「すべて喜ぶべき事をも、さのみ喜ばず、哀《カナシ》むべきことをも、さのみ哀まず、驚くべき事にも驚かず、とかく物に動ぜぬを、よき事にして尚《タット》ぶは、みな異国風の虚偽《イツハリカザリ》にして、人の実情にはあらず」（『玉くしげ』、『全集』第八巻、三一六頁）と、規範主義そのものを「異国風の虚偽」と断罪している点が注目されます。

また宣長は、『古事記』を中心とした日本の古典の研究に全力を傾注し、儒教や仏教の先入観を一切排除して古典の記述をそのまま正確に認識する課題に取り組みます。およそ三〇年の歳月をかけて完成（一七九八年）した有名な彼の『古事記伝』は、その結晶にほかなりません。その結果、神話の世界に登場する神々の不可思議な言動を、今日の立場からいろいろと推測したり、つじつまの合うように解釈したり理屈づけたりすることを、宣長はすべてしりぞけ、それを古代日本の「事実」としてそのまま受け入れるよう主張することとなります。こうして彼の厳密な文献学的な研究方法は、まったく逆説的なことですが、日本を神の国とし、神の子孫である天皇が永遠に統治する「皇国」、すなわち「四海万国を照し坐ます天照大御神の生坐《アレマセ》る本つ御国」（『鉗狂人《けんきょうじん》』、同上、二七四頁）とする神国思想に道を開くこととなったのです。

　この宣長の神国思想＝復古神道論は、また「もののあはれ」的人間像とも無関係ではありません。というのは、彼が『記』『紀』に記述された神々の世界をそのまま受け入れることができたのも、じつは不可思議を不可思議として、不合理を不合理として、おどろき、おそれるこころを重んずる精神態度を必要としたからです。宣長は神という観念について、つぎのように述べています。「凡て迦微《カミ》とは、古《イニシヘノミ》　御典等《フミドモ》に見えたる天地の諸《モロモロ》の神たちを始めて、其《ソ》を祀れる社に坐御霊《スミタマ》をも申し、又人はさらにも云《ハ》ず、鳥獣木草のたぐひ海山など、其余何《ソノホカ》にまれ、尋常《ヨノツネ》ならずすぐれたる徳《コト》のありて、可畏《カシコ》き物を迦微《カミ》とは云なり」（『古事記伝』、『全集』第九巻、一二五頁）と。つまり宣長における神の観念もまた、外界の事象に接して感動し、こころを揺り動かされるところに生まれたものであったからです。人間をはじめ海や山、巨大な樹木や滝や巌石、それに怪しい鳥獣など、すべて尋常でなく、善悪をこえて感動を呼び起こす対象＝「可畏き物」に神の存在が感じとられたのもそのことを示しています。したがって驚くべきことにも動ぜず、不可思議や不合理なことに接すれば何とかこれを理屈づけようとする態度を、彼は「漢意《からごころ》」として強く排撃することとなります。「抑奇異なるによりて信せさるは例の漢意にて、凡人の小智を以て大神の妙業を測らむとする物なり」（『呵刈葭《かかいか》』、前掲『全集』第八巻、四一二頁）。

以上のように宣長においても真淵の場合と同様に、中国（「唐国」「漢国」）という国の特徴は、善悪をきびしく論じたてる、万事にわたって理屈づけを好む、人情を押し殺して道徳でうわべを装う、などの点に求められました。いわゆる「漢流の議論理屈」とか「さかしら」というのがそれです。「漢意とは、漢国のふりを好み、かの国をたふとぶのみをいふにあらず、大かた世の人の、万の事の善悪是非《ヨサアシサ》を論ひ、物の理をさだめいふたぐひ、すべてみな漢籍《カラブミ》の趣なるをいふ也」（『玉かつま』、『全集』第一巻、四八頁）と宣長は言っています。

このような「漢流の議論理屈」は、政治の世界では、有徳者の支配つまり徳治主義とか王道論という主張を生みだしますが、この政治原理は、歴代王朝の栄枯盛衰の歴史が物語るように、他面では易姓革命の根拠となり、権力の変動や不安定化という結果をもたらすにすぎない。つまり宣長によれば、この「漢流の議論理屈」は、主君の国を乗っ取った権力簒奪《さんだつ》者がその行為を正当化するためのものという側面が隠されていることに注意をうながしています。彼はこう言います。「君の国を奪ひとりて、己レ天の御心に合《カナ》へりといひて、民を欺くは、漢国聖人の姦智邪術也」（『くず花』、前掲『全集』第八巻、一四六頁）と。このように宣長は、中国の「聖人の道」のもつ虚偽性を指摘し、「いはゆる聖人も、たゞ賊の為《シ》とげたる者にぞ有《リ》ける」（『直毘霊《なおびのみたま》』、前掲『全集』第九巻、五五頁）と厳しいことばを投げかけるのです。

こうして、ありのままの人間自然の情を尊重し、不可思議な事象もそのまま不可思議として、そこに人智を超えた神の妙《たえ》なる業《わざ》を見るおおらかな国学的思惟からすると、中国という国は、「漢流の議論理屈」のゆえに、口に道徳を説きながら人びとのこころをますます荒れすさんだものとし、治国を論じながら国をますます治まり難くしているように思われるのでした。宣長はこう述べています。「すべて彼《ノ》国は、事毎にあまりこまかに心を着《ツケ》て、かにかくに論《アゲツラ》ひさだむる故に、なべて人の心さかしだち悪《ワロ》くなりて、中々に事をしゝこらかし［こじらせるの意］つゝ、いよゝ国は治まりがたくのみなりゆくめり」（同上、五二頁）と。これに対して日本はどうか。「皇御《すめらみ》国《くに》は、天壌無窮の神勅のまゝに、いく万代を経《フ》れども、君は君、臣は臣にして、御位の動くことなし」（『くず花』、前掲『全集』第八巻、一四六頁）というわけで、善悪を超えた天皇という絶対的人格の統治を政治原理とする日本の、中国に対する国家的な優位を説く立場と結びついていきます。*

＊ ちなみに、日本を「皇国」ということばで呼ぶ例は、幕末よりはるか以前の一八世紀末、寛政のころから儒者や蘭学者のあいだでも普及し始めているとし、それは、これまでの中華崇拝の風潮に対して、

むしろ日本こそ中国をはじめ諸外国にくらべて優れた国であるとする自負の念が顕著になったことを物語る、という指摘も見られます（渡辺浩『東アジアの王権と思想』東京大学出版会、一九九七年、一五〇—五三頁参照）。また中国に比べて日本のほうがむしろすぐれているとする議論は、湯浅常山《じょうざん》（名は元禎《げんてい》、一七〇八—八一）の『文会雑記《ぶんかいざっき》』にも見られます。そこには、たとえば、家康いらい百年にわたり泰平の世を保ちつづけた徳川支配のこの事績は、中国の夏殷周三代の聖人の治をもしのぐもの、つまり「神祖ノ海内ヲ治メ玉ヘル治平百年、コレハ三代ニモ勝ルベキナリ」（『日本随筆大成』巻7、一九二七年、五六二頁）という松崎君修の論が記されています。そのほか徂徠の弟子の服部南郭《なんかく》（名は元喬《げんきょう》、一六八三—一七五九）の説として、中国につき「人柄ノ甚ワルキ国ト覚ユ。ソレユヘ礼楽ニテ聖人治メタマヘリ。日本ハ礼楽ナシニ治マルヲ見レバ、華人ヨリハ人柄ヨキナリ」（同上、五七六頁）ということばも紹介されています。これらは、徳川中期の儒学者のあいだに見られた中国認識——とくに日本の優越についての想念を示す事例と言えましょう。

こうした統治原理＝君臣的名分関係の視点から日本の中国に対する優位を強調する言説は、幕末の尊王論のなかで広く受け入れられて行きます。たとえば水戸学の会沢正志斎も、「余謂へらく、神州は万国の元首にして、皇統二あるを得ず。万民を以て一君を奉ず、其の義は君臣の分を尽すにあり。而して漢土は則ち神州の弐《つぎ》にして、其の君臣一定不変なるあたはざること、猶ほ武将の下士を鎮撫し、代り興りて遞《たが》ひに替るが如きなり」（前掲『下学邇言』二〇一頁）と述べています。いうまでもなくそれは、明治以降、天皇制国家の国体論というかたちを取った日本優位論に受けつがれるものにほかなりません。

Ⅳ　華夷思想からの離脱

華夷思想が提示する秩序の観念は、儒教的な徳の有無にもとづいて国内的には治者と被治者とを区別し、対外的には自国と他国を区別して、それぞれを上下優劣の関係に位置づけることを特質としていました。礼とか義という儒教の道徳規範は、基本的にはそのような上下優劣の名分的差異を明確にし、確認するためのものでした。したがってそこでは、外国とは文字どおり儒教の想定する道徳的理の支配する領域の外に位置する国であり、異国とは異教の国以外の何ものでもなかったわけです。

儒教的な価値尺度のもとで西洋諸国を夷狄とし、道徳的に劣った存在と蔑視する考え方——いわゆる華夷思想——から離脱するためには、儒教的な価値観とは異質な価値を前提とする考え方の成長を必要としました。それは、道徳的な善悪の区別や評価の前に、まず事実の正確な認識を何よりも重視するリアリスティックな思考態度であり、具体的には西洋近代の学問が前提とした実証的・科学的な考え方の導入でした。ところで、そのような新しい考え方のうえに成り立った西洋の学問の大切さを理解し、その意義を世に問うた記念碑的な事件として、杉田玄白・前野良沢《りょうたく》らによるオランダ医学書の翻訳、すなわち『解体新書』の完成（一七七四年）があったことは広く知られているところです。

このことは、今日、いわゆる「蘭学事始」と呼ばれ、また日本における近代科学の夜明けを告げるものと意義づけられています。しかしそれは、単に西洋近代の新しい科学技術についての本格的な知識や情報がはじめて日本に導入されたことを意味するだけでなく、同時にその前提となる新しいものの見方＝視座構造の受容という方法的な意味をも持っていた点を見落としてはならないと思います。つまり、四年にわたる苦心の積みかさねの上に『解体新書』の翻訳を達成したその膨大なエネルギーは、人間の身体の構造・組織・機能についての正確な知識＝事実を把握することが医学の力を蓄える上に不可欠であると考える、日本の蘭学者たちの現実認識の重要性に注がれた知的な情熱の現れにほかなりませんでした。

杉田玄白（名は翼《たすく》、一七三三―一八一七）ら当時の蘭学者たちの現実把握に向けられたこの熱い思いは、じつは徳川時代の思想の世界でその百年ほど前から、徐々にではありますが現実から思考を組み上げることの大切さを感じはじめ、そのための思想的営為を積みかさねてきた背景があったればこそ可能となったのでした。それは、一七世紀の後半、朱子学に対して古学派という儒学の新しい動きが登場したことと関係していました。前述のように、古学派の台頭が提起したひとつの大きな意味は、真の学問は現実を直視し、現実から出発しなければならないというメッセージにありました。

たとえば古学派の台頭に道を開いた山鹿素行は、学問にとって日用性の大切なことを説き、単なる机上の学問に堕することを戒めました。先に紹介しましたように、「学と日用と扞格《かんかく》するは、これただ書を読みて、その道を致《きわ》めざるなり」（『聖教要録』）と、彼は言っています。また古学派を代表する儒者伊藤仁斎も「学問は卑近を厭ふこと無し。卑近を忽《ゆるがせ》にする者は、道を識る者に非ず」（『童子問』）と述べて、身近な現実に目を注ぐ学問的姿勢の大切さを主張しました。彼らが人間の欲望に眼をふさぐことなく、それを前提として道徳のあり方を考えたのもその現れでした。

この儒学の世界の内部で、しかも道徳のあり方をめぐって感じとられた現実という存在の重さは、古学派の立場を徹底させた荻生徂徠になるとさらに顕著となります。前にも述べたように徂徠は、社会の秩序の形成を道徳という人間の内面の規律に求めることを断念し、人びとの外的な行為を規制する制度の作成によって達成するほかないと考えました。それは、人間が持って生まれた気質を教えによって道徳的な人格に変化させるようなことは不可能だ（「気質は変ずべからず」）とする、現実の人間性に対する突き放した認識にもとづくものでした。また彼は、「凡ソ人タル者ノ生レ附、其器量・才智、人々各別ナル者ニテ、一様ナル人ハ天地ノ間ニ無《キ》レ之事」（『政談』、前掲『荻生徂徠』三七五頁）と述べているように、人間のもつ個性的な多様性についてもきめの細かい理解を示すまでになっていました。したがって制度が有効に機能するためには、規制の対象となる人間の性格や社会の実状などにかんする透徹した現実認識が不可欠であることを、彼は説いたのです。

杉田玄白たちが、伝統的な医学に疑問を感じ、新しい医学を模索するなかで、まず人間の身体についての正確な事実の把握を医学という学問にとっての新しい価値とすることに気づいたのは、以上のような既存の学問世界の内部で少しずつ進行していた現実理解の必要性に対する新しい認識と無関係とは言えないでしょう。事実、玄白は、自分が西洋医学に眼を開かされるに至ったきっかけとして、たまたま徂徠の兵学書を手にし、兵術においても具体的な状況の把握が必要であることが説かれているのに接したことを挙げています。その点につき玄白はつぎのように回顧しています。

> 幸に瘍医［外科医］の家に生れし身なれば、是業を以て一家を起すべしと、勃然《ぼつぜん》と志は立たれど、何を目当、何を力に事を謀るべき事を弁へず、徒《いたずら》に思慮を労するまでなりし。斯くて日月を過すうち、不レ図《はからずも》徂来先生の鈐録外書《けんろくがいしょ》［徂徠の兵書］といふものを見たり。其中に、真の戦といふものは今の軍学者流の人に教る所の如くにはあらず、地に嶮易あり、兵に強弱あり、何れの時、何れの所にても、同じ様に備を立、予め勝敗を定めて論ずるものにてはなし、……常に軍理を学び得て、大将の量［器量、その地位にふさわしい才能］に従ひ、勝敗は時に臨で定るものなり、と記し置給ひたり。是を読て初て発明する事あり。是実に然るべき事なるべし、我医も旧染を洗ひ、面目を改めざれば、大業は立べからずと悟れり。かくありて後、初て真の医理は遠西阿蘭《（おらんだ）》にあることを知りたり。

夫医術の本源は、人身平素の形体、内外の機会《ようす》を精細に知り究るを以て、此道の大要となす、とかの国に立ればなり。凡そ病を療するに、此に精しからざれば、決て的中の治療はならざるの理なり。（『形影夜話』、『洋学 上』〔日本思想大系64〕二五六―五七頁）

このように『解体新書』の翻訳における西洋近代科学への開眼は、同時に玄白らの身辺をとりまく現実の世界への開眼を意味したのでした。したがって同書の翻訳に従事した蘭学者たちは、単に医学の世界にとどまらず、当時の日本が必要とした、日本列島をとりまく海外の現実の姿を、既成の価値観に捉われることなく、澄んだ眼で見きわめることにも変わらぬ情熱をもやし、その正しい知識を世間に広める上でもまた先駆的な役割を果たしました。あたかも『解体新書』の翻訳が完成した年の四年後、一七七八〔安永七〕年には、ロシア船が蝦夷《えぞ》地に来航して松前藩に通商を求める事件が起こりますが、その後もロシアは一七九二〔寛政四〕年と一八〇四〔文化元〕年に、日本の漂流民を護送した船を根室そしてつぎには長崎に向かわせて、通商を要求する動きを強めます。このように日本列島をとりまく周辺の事態は、まず北方からというかたちで、しだいに慌ただしさを増す時期に当たっていたのでした。

とくに『解体新書』の翻訳に協力した桂川甫周《ほしゆう》（名は国瑞《くにあきら》、一七五一―一八〇九）は、幕府の医官を代々つとめる家の出身で、自分も身につけたオランダ医学で幕府の医官となりますが、このような海外の新しい動きが注目されるなかで、世界地理についての新知識としても知られるようになります。たとえば工藤平助（名は球卿《きゅうけい》、一七三四―一八〇〇）の『赤蝦夷風説考』（一七八三年）なども、必要な資料や知識を得るにあたっては甫周らの力に負うところ少なくなかったと言われています（佐藤昌介『洋学史研究序説』岩波書店、一九六四年、八三頁以下）。そのほか林子平（名は友直、一七三八―九三）の『三国通覧図説』（地図書一七八五年、解説書一七八六年）の刊行にあたっても、甫周はその解説書に序文を寄せ紹介の労を取っています。また漂流民大黒屋光太夫がロシアから帰国した際には、幕命をうけて甫周が光太夫からロシアの国制・地理・風俗などもろもろのことがらにつき尋問することも行っています。『北槎聞略《ほくさぶんりやく》』（一七九四年）は、その記録を彼が一書にまとめて刊行したものです。

このように一八世紀七〇年代以降からは、外国船の日本への来航などもあって、海外の事情を先入観にとらわれることなく事実に即して把握しようとする方向が顕著になって行きます。先にふれた林子平の『三国通覧図説』も朝鮮・琉球・蝦夷三国の地理や風俗その他の解説を記した書であり、海外事情についての新しい関心を物語るものと言うことができましょう。それにつづいて刊行された子平の『海国兵談』（一七九一年）も、外からの脅威に対して海国としての日本の防備を説いたものですが、そこでは従来の道徳的な視点は一掃されて、もっぱら軍事的な視点からする異国観が開示されることになります。

この書物の「自序」を見ると、戦闘の仕方について日本は「血戦」を主とするから、謀略や計画の面は軽視され、「自然の勇気に任せ、命を捨て敵を砕ク事を第一の戦法」とする短期決戦型と特徴づける。これに対して中国はどうかというと、「唐山ハ理ト法トを重して、謀計多ク、持重を第一義とするゆへ、其軍立ハ堂々たれとも血戦に至てハ甚鈍《ニブシ》」（住田正一編『日本海防史料叢書』第二巻、八頁）と述べています。前述のように近世の国学者たちは、中国の儒教文化を批判するなかでこの国は理屈っぽく窮屈で人為的な形式を押しつける「さかしら」の国とし、「漢流の議論理屈」「異国風の虚偽」と非難しましたが、子平においてはそれが軍事的な視点から「理と法」を重視するとか、「謀計」を多用するとか、陣容が堂々とし、戦い方も持久性が強いとか、良かれ悪しかれ日本とは対照的な特徴を示すと捉えている点が注目されます。

　したがってここでは、「聖人の国」「中華の国」という中国イメージは、もはや後景にしりぞき、むしろ軍事的な脅威の対象として注意が喚起されています。「まづ今の清を以て古の唐山に競れバ、土地も古の唐山に一倍し、武芸も北風［北方民族の風習］を伝へて能《よく》修練シ、情慾も北習を承て剛強に移り行《ゆく》故、終に北狄貪賂《とんろ》［わいろをむさぼる］の心根次第に唐山に推移りて、其仁厚の風儀も漸々に消滅シ、……」（同上、六―七頁）と、清朝下の中国は明までの中国とは様相を異にしていることを指摘します。したがってこの中国が、ひとたび無分別な野望を日本に対して抱くようなことになれば、「其時に至てハ貪慾《トンヨク》を本トすれバ、日本の仁政にも不レ可レ懐《ナツク》、又兵馬億万の多キを恃《たの》めバ、日本の武威にも不レ可レ畏、是明迄の唐山と同シからさるわけ也」（同上、七頁）と、中国の脅威を強調しています。かつて、山崎闇斎が弟子どもに向かって、「［もし中国が］孔子を以て大将と為し、孟子を副将と為し、騎数万を率ゐ」て我が国を攻撃してきたらどうするか、という奇問を呈して弟子たちを困らせたころの中国イメージとは、まさに雲泥の違いというところでしょう。

　このような儒教的な中華観念からの脱却は、当然、西洋諸国を夷狄（「西戎」）として蔑視する伝統的な西欧観念からの脱却をも意味しました。ふたたび『海国兵談』を見てみますと、西欧諸国についてはつぎのような捉え方が行われています。「欧羅巴の諸国は大小の火器を専として、其外の飛道具甚多シ、尤《もっとも》艦船の制、妙に精《くわし》クして、船軍に長したり、殊に其国、妙法にて能《よく》治メて和親するゆへ、同国攻討事なく、只相互に他州を侵掠して己レガ有トする事を世々の勉として、同国中にて同士軍《いくさ》をせざる也、是日本、唐山等の企及ざる所也」（同上、八―九頁）。道徳をわきまえない劣悪な存在と軽蔑された西欧諸国は、いまやここでは「妙法にて能治メて和親する」政治的優者であるばかりか、同時に海軍を主体とする軍事力にぬきんでた強者として、日本や中国の遥か先を行く存在と認められています。

　夷狄のはずの西欧諸国が中国よりも優れた国であるという華夷観念からの逆転現象は、

林子平のころより半世紀あまり時代が下がった渡辺崋山（名は定静《さだやす》、一七九三―一八四一）や高野長英（一八〇四―五〇）になると一層明確になります。たとえば崋山は、自国を中華と独りよがりになっているような国で読まれている昔からの書物など、今の時代ではもはやとるに足らない虚妄の説ばかりであるとし、近年における海外情勢の変化は大変なものであるから既成の観念も根本から見直す必要があることを強調して、つぎのように説いています。「実に天地一変 仕《つかまつり》 候間《あいだ》、古《いにしえ》を以て今を見候而《て》者《は》、所謂杓子条規《しゃくしじょうぎ》と中ものに御座候。……偏見を去り、旧習を一洗 致《いたし》 不レ申《もうす》候而は、中も無益に御座候」（「再稿西洋事情書」一八三九年、前掲『渡辺崋山 高野長英 佐久間象山 横井小楠 橋本左内』四五頁）と。そして対外問題の対処にあたっても、昔ながらの観念にとらわれずにまず西洋諸国の実態について、正確な知識を身につけることが急務であると説くのでした。

では、こうした崋山の冷静に見すえた眼に映った西洋諸国の姿はどうでしたでしょうか。それは、人材育成のために教育に力を入れる点では、西洋は中国をはるかにしのぐという強烈な印象でした。彼は、西洋における政治と教育について「身を治《おさめ》、人を治《おさむる》を第一之任と仕《つかまつり》、造士開物［教育と研究の意］之学校、尤《もっとも》政事之根本と心得候間《あいだ》、学校之盛《さかん》なる事、唐土などの及ぶ所には無《これなく》レ之」（同上、四七頁）と、教育重視の国ということでは中国以上であるとしています。教育ばかりではありません。「理」を究めるという点でも「万事議論、皆究理を専務と仕候」（「初稿西洋事情書」一八三九年、同上、六二頁）という具合ですし、「功利」といっても「四方ヲ審《つまびらか》ニ致候者共故、了簡《りようけん》ハ小々ナラズ」（「外国事情書」一八三九年、同上、二四頁）と、視野の広い識見に支えられている点はなかなかのものと感心しています。こうして崋山は、西洋についての伝統的な蔑視観をいましめ、つぎのように述べています。「右之通《とおり》、天地を一視致《いたし》、表《おもて》に同仁之教《おしえ》を布《し》き、漫《みだり》に兵力を加へ不レ申《もうさざる》致《いた》方《しかた》、夷《い》狄《てき》など、軽じ候ては、誠に妄人《ぼうじん》［考えのない人］之想象《そうぞう》にて御座候」（「再稿西洋事情書」、同上、五一頁）と。

このように世界の現実の急激な変化に眼を開いた崋山は、西洋諸国の学問と教育の先進性に感嘆し、それにひき替え昔ながらの偏見と古い価値観から抜け出ることのできない中国の旧態依然たる姿に厳しい批判を投げかけることとなります。ここにはすでに、維新以降にしきりと口にされた「固陋の国」中国というイメージの原型が形づくられていることを知るのです。

V　アヘン戦争の思想的意味

華夷思想からの離脱を一層促進する上で画期的な意味を持ったのはアヘン戦争（一八四〇―四二）でした。清朝のアヘン輸入禁止措置をめぐって清国とイギリスとのあいだで勃発したこの戦争は、イギリスの強力な近代的軍事力のまえに清国が惨めな敗北を喫することで終わりました。世界の中心に位置する中華帝国の自負を保ちつづけた中国が、夷狄と軽蔑してきたイギリスに惨敗するというこの事態は、儒教的な徳の支配する秩序の観念が人間にとってすべてであり、また普遍的であるとした華夷思想が、もはや世界の現実には通用しない虚妄の思想であることを日本の先覚的な人びとに思い知らせるきっかけとなりました。

この戦争の勃発と初戦における清国の大敗を知らせる情報は、約六カ月後には長崎に入港したオランダ船によって日本にもたらされました。長崎町年寄の高島秋帆《しゅうはん》（名は舜臣《きみおみ》、一七九八―一八六六）が、西洋砲術の採用による武備の強化を幕府に訴える「天保上書」を提出するのは、このような事態を踏まえてのことです。そしてそのなかで彼は、今回の戦争を見るとイギリス側に道理があるとは思えず、その点からすれば「イギリス方、戦勝の利御座無き筈」にもかかわらず、「唐国大いに敗亡に及び、イギリス方には一人も死亡もこれ無き趣は、全く平生所持の武備に由り候義と愚按仕り候」（勝海舟『陸軍歴史』、『勝海舟全集』15、勁草書房、六頁）と述べて、今回の事態を道徳的な優劣とか道理というような観点からばかり論ずるのでなく、軍事的な力の強弱という国際社会の現実を支配している要因に眼を注ぐ必要を説くのでした。

アヘン戦争の衝撃を契機として大胆な視座の転換をとげた思想家として佐久間象山がいます。象山は朱子学の熱心な信奉者でしたが、アヘン戦争で清国が大敗を喫しているとの報に接して、「天理」とされた儒教的な理＝道徳の支配する世界とは異質な現実の世界——それは力の法則が支配する世界ですが——の存在に眼を開かされます。まず彼は、アヘン戦争のニュースをはじめて知ったときの驚きをつぎのように書き送っています。

時に、清国、英吉利《いぎりす》と戦争の様子は、近頃御伝聞候や。慥《たしか》に承候とも申かね候事に候へども、近来の風聞にては、実に容易ならぬ事に被レ存候。事勢に依り候ては、唐虞《とうぐ》以来礼楽《れいがく》之区、欧羅巴《よーろっぱ》洲の腥穢《せいわい》［けがらわしい夷狄の意］に、変じ申されまじきとも申難き様子に聞え、扠々《さてさて》嘆はしき義に有レ之候。（加藤氷谷宛書簡、一八四二年一〇月九日、前掲『渡辺崋山　高野長英　佐久間象山　横井小楠　橋本左内』三二六—二七頁）

彼の驚きは、「唐虞以来礼楽之区」すなわち堯舜いらい道徳の具わった中華の国が、けもののような夷狄と軽蔑してきた西洋の国に取って代わられるかもしれないという信じられない事態の進行を耳にしたからにほかなりません。言いかえれば、中華と夷狄という価値基準の普遍性にかんする確信が大きく揺らぎはじめたというわけです。しかし象山はこの驚きをとおして眼を開かされた現実の世界そのものに、新しい人間の営為とそれを支える価値基準の存在を見出すこととなります。「実用」ということばによって彼が集約的に表現しているものが、まさにそれであると言ってよいでしょう。これは、ものの価値を現実の世界における働きとそれが生みだす結果によって測定するという価値態度を意味します。そうした価値態度をとおして改めてアヘン戦争をとらえると、そこで進行している事態が何を意味するか、象山なりにひとつの結論にたどりつくことができたのでした。彼はつぎのように述べています。

清儒、学問考証精密など申候へ共、畢竟《ひっきょう》は紙上の空談多く実用は甚乏しき様に被存候。その実用に乏しき所より推論候時は、近頃、英夷の為に大敗を致し全世界の咲《わらい》を貽《のこ》し候も、いはれなきにあらずと被存候。（山寺源太夫宛書簡、一八四二年一一月三〇日、信濃教育会編『象山全集』巻3、二二一頁。句読点引用者）

清朝の下での儒学は、考証学といって文献の精密な考証を特質とし誇りとしていました。しかし象山は、この清朝の学問も、結局のところは書斎のなかの学問であり、現実の世界と相渉《あいわた》るものでなく、事実による検証を経ていないという意味で机上の空論にすぎない。このように「実用」の意味も価値も理解しようとしない中国が、実戦のなかで工夫に工夫をかさねてきたイギリスの軍事力の前に惨敗を喫して全世界の物笑いの的になったのも、思えば当然のことだと彼は考えたのです。これ以後、彼は西洋の科学（彼のいわゆる「詳証術」）の研鑽と洋式砲術の導入に努め、幕末における軍事力の改良強化に向けて先導的な役割を果たすこととなります。

佐久間象山の場合がそうであったように、アヘン戦争は近世日本の中国像に重大な修正を迫る事件でした。世界の頂点に位置する中華の国として日本の知識人たちの畏敬と憧憬の対象とされた中国が、新しく注目を集めた国際社会の現実の舞台で惨めな姿をさらすに至った結果、時代の動きに疎《うと》い固陋の国と軽侮されるまでになったのです。象山のほかにも、この事態に直面して伝統的な中国認識からの離脱に向かった例として、仙台出身の儒者斎藤竹堂（名は馨《かおる》、一八一五―五二）の『鴉片《あへん》始末』（一八四三年稿）を挙げることができましょう。この書物は、当時の人びとにアヘン戦争についての知識を弘める上に大きな力となった書で、竹堂の名声もこれにより一挙にあがったと言われています。

この書のなかで竹堂はアヘン戦争について、そもそも人の健康を損なう有害なアヘンの輸入を禁ずる措置をとった清朝に対して、英国が軍事力を背景にそれを強行したところにこの戦争の直接の原因があったのであるから、普通の人間の道理からすれば、非は明らかに英国側にあると言わなければならない。したがって本来ならば英国は進んで矛《ほこ》をおさめ謝罪すべきであるのに、実際には逆に清朝がこのように惨めな事態に陥ったのは何故なのか、彼はその理由を清朝があまりにも独善的で他国とのあいだの問題を処理する仕方に無知で適正さを欠いたからだと断じたのです。彼はつぎのように述べています。

〔英国は〕無礼無義の醜虜を以て、堂堂たる仁義の大邦を挫衄《ざじく》する〔打ち破る〕に至る。是れ亦《また》何ぞや。吾、反覆《はんぷく》之を考へ、而《しか》る後、清英の勝敗利鈍は平日に在りて、鴉片の事に在らざるを知るなり。何となれば、宇宙万国は風土自ら異なり。孰《いず》れか夷か、孰れか夏《か》〔中華〕か。而るに漢土は常に中夏を以て自ら居り、海外の諸国を侮視すること、犬《けん》彘《てい》〔犬や豚〕猫鼠、冥頑不霊の物の如くし、其の機智の敏、器械の精、或は中夏の未だ曾《かつ》て識らざる所に出づるもの有るを知らずして、之を防ぐの術を茫乎《ぼうこ》として講ぜず、口を開けば輒《すなわ》ち、曰く夷、曰く蛮と。（『鴉片始末』（抄）、『歴史認識』〔日本近代思想大系13〕一九九一年、三―四頁。原漢文の全文は、『日本海防史料叢書』第三巻に収録、引用文は同書二〇九頁）

世界の国々はそれぞれ固有の風俗や文化や歴史をもって成り立っているのであるから、どの国が本来的に優れているとか、劣っているとかと断定すべき性格のものではない。それなのに中国はつねに自国を世界の中心に位置する国と自負し、海外の諸国を夷とか蛮とか呼んで蔑んできた。こうした中国の驕慢《きょうまん》さや独善性が、利益追求の機会をねらっていた英国に格好の口実を与え、今回のような惨めな結果を招くに至ったのだというのが、竹堂のアヘン戦争観であり、また中国についての認識でした。こうして中華の観念は、清朝にいたって時代の動きを理解しない頑冥固陋の表現として、日本の識者から厳しい批判の対象とされました。

このように清朝下の中国は、アヘン戦争での敗北以降、日本の識者たちから冷たい視線を浴びることが多くなりましたが、中国の現状はともあれ、堯舜はじめ孔子にいたる中国古来の聖人の存在は、依然として深い畏敬の念をもって思いつづけられていました。さきに徂徠のところでもふれましたが、彼も郡県制を採用した秦漢以降の中国については「先王の道」の形骸化を指摘し批判的態度を示したものの、中国は先王による理想的な治国安民の伝統をもつ「聖人の国」として、心からの敬意を払うべきものとする点では変わりがありませんでした。佐久間象山が、アヘン戦争以後、西欧の科学技術（彼のいわゆる「西洋芸術」）の習得に深く踏み込みながら、最後まで「東洋道徳」に日本の存在理由を求めようとしたのも中国古来の聖人の存在ゆえのことでしょう。そのことは、象山にかぎらず幕末の先覚的な人びとにしばしば見られたところでした。

象山の有名な「東洋道徳、西洋芸術」——彼は、この両者をきわめつくし、兼ねそなえることによって、人民をめぐみ国恩に報いることこそが、君子たるものの「楽しみ」であるとした（前掲「省諐録」）のですが——象山のこのことばと類似するものとして、横井小楠《しょうなん》（一八〇九—六九）の「堯舜孔子ノ道ヲ明ニシ、西洋器械ノ術ヲ尽ス」——彼はそれにつづけて「何ゾ富国ニ止マラン。何ゾ強兵ニ止マラン。大義ヲ四海ニ布カン而已《のみ》」と述べています——（「送二左・大二姪洋行一」、山崎正董編『横井小楠遺稿』七二六頁。原漢文）があります。

この小楠もまた対外問題と直面するなかで伝統的な西洋観の克服へと向います。たとえば外国との関係についても、「華夷彼此の差別なく皆同じ人類にて候えば、互に交通致[し]交易の大利を通じ候が、今日自然の理勢と被レ存候」(「沼山対話」一八六四年稿、同上、九〇六―〇七頁。句読点引用者、以下同じ)と述べているように、「華夷内外の弁」を説く儒教的な名分的秩序の観念を打ち破って、異国の人も「皆同じ人類」という現実的な醒めた見方に行きつきます。そしてこうした開いた思考への転換をとおして小楠は、堯舜ら中国古代聖人の道こそ普遍的な人類の原理(「天理」)に符合するものという確信を持つに至るのです。「堯舜三代は位に居て天下を治められし故、其道正大にて、天に継ぎ教を立てられたり」(同上、九〇一頁)。つまり小楠によれば、堯舜の道は天にもとづいて立てられた「正大」なものであり、時勢の変化に応じてつねにあるべき正しい理をもって人びとを教え導く。だから「堯舜をして当世に生ぜしめば、西洋の砲艦器械、百工の精、技術の功、疾《と》く其の功用を尽して、当世を経綸し天工を広め玉ふこと、西洋の及ぶ可《べき》に非ず」(「沼山閑話」一八六五年稿、同上、九二三頁。句読点引用者、以下同じ)と、彼は確信に満ちたことばを残しています。

さきに紹介した小楠の「堯舜孔子ノ道ヲ明ニシ、西洋器械ノ術ヲ尽ス」という語は、したがって、東洋の「道」と西洋の「術」という異なるものの併用――いわんや使い分け

――を説いたものではなく、小楠において「堯舜孔子ノ道」を明らかにすることと、「西洋器械ノ術」を究めることとは別々のことではなく、一体のものと考えられていたわけです。小楠が「唐虞三代の大道を明にし、推《おし》て西洋芸業の課に及ぼす」(「国是十二条」一八六七年、同上、八九頁)とか、「三代の道に本《もとづ》き、西洋技芸の課に及ぶ」(同上、九一頁)という言い方をしているのも、そのためです。このように西洋の科学技術を「堯舜三代の道」の延長線上にとらえることを知らないで、西洋の新しい学問に傾倒する者たちは、必ず「邪教」に陥り、西洋に「流溺《るでき》」する弊をまぬがれないだろうと、小楠は考えました。「三代之道に明ならず三代治道に熟せざる人は、必ず西洋に流溺するは必然之勢」(村田巳三郎〈氏寿〉宛書簡、「小楠書簡」一八五六年、同上、四八一―二頁)として、彼は佐久間象山をその例にあげて批判しています。

ところでこのアヘン戦争は、近代日本の思想を準備するものとして、きわめて大きな意味を日本の思想史に残しました。とくに日本の中国認識との関連で注目すべき問題として、ここではつぎの三つの点をあげておきたいと思います。

第一は、この戦争の勃発に遭遇した日本の知的エリートたちは、いち早く国際社会の現実に眼を開き、既成の価値観にとらわれることなくその現実に対応する状況適応能力の高さを示したことです。すなわち伝統的な夷狄観をのりこえて西洋諸国の実態に着目することによって、彼らはあらたに国際関係のあり方を決定づける要素としての力――軍事力・

経済力・政治力などの国家的力――のもつ重要性を学びとることになります。普遍的な道理の支配を信じた横井小楠でさえ「夫《それ》方今の勢、道理明なりと雖も、兵力強からざれば不逞を制すること能はず。兵力強しと雖も、道理明かならざれば人心を服すること能はず」（「海軍問答書」、同上、一二三頁。句読点・ルビ引用者）と述べているように、「道理」とならんで「兵力」の必要を指摘しているのは、当時の日本にとって新しく認識させられた「現実」――力の支配という現実世界――の重さを物語るものにほかなりません。佐久間象山をはじめ幕末の多くの思想家が強調した「実用」という新しい価値観の登場も、また同様の意味を示すものといえましょう。

このように日本は、アジアの諸国にさきがけて国際社会の実態にめざめ、その結果、みずからの国家の欧米諸国に対する後進性とその克服の必要性を理解することができました。アジアにあって自国の後進性を真っ先に自覚したことが、まさに日本のアジア諸国に対する優越性と「盟主」的使命観を生む要因となります。西洋に対しては低姿勢で弱く、アジアには高姿勢で強い近代日本の対外的スタンスは、こうして生まれます。

第二は、ヨーロッパ列強の暴虐性についての強い印象を日本の人びとに植えつける意味を持ったということです。アヘン戦争後まもない一八四九〔嘉永二〕年に刊行された嶺田《みねた》楓江《ふうこう》の『海外新話』という書物があります。ここではイギリス将兵の乱行・暴虐ぶりが語り明かされるとともに、中国の勇将・烈女の美談・悲話がまるで京劇の舞台を観るように描かれています。たとえばイギリス兵の乱行については、「黒白の夷人百千隊をなし、処々の台場に拠て陣営を布き、公然として市中を徘徊し、十人二十人づつ剣付鉄砲を手にして近郷の民家に犯《おし》入り、金銭米穀は勿論、その余畜類を奪去《うばいさり》て食料となす、或日《あるひ》、婦女三十人ばかり相伴ひ、舟に打乗り川を渡らんとしたるに、夷人等これを見て悉《ことごと》く捕へ、其年よりていと醜き者をば直《ただち》に水中に投込《なげこみ》、年少《わか》くして容貌美麗なる者はこれを沖合に泊する軍船へ携去《たずさえさつ》て返さず」(巻之二、七二丁)という具合です。このような西洋諸国の暴虐性についてのイメージは、力の支配する現実世界の認識と表裏の関係にあるものでしょうが、同時にあの礼儀道徳をわきまえない夷狄という伝統的な異国観によっても増幅されているように思われます。というのも、幕末の日本を風靡する攘夷論では、「利を知って義を知らず」という儒教の冷たく見下した伝統的な夷狄観が、アヘン戦争から学んだ西洋諸国の暴虐性のイメージと結びつくことによって、あの強烈な排外主義的主張と憎悪を生み出したと考えられるからです。

第三は、この戦争が、「徳」の帝国という過去の権威と栄光を引きずった中国の時代錯誤的な独善と頑迷さを映し出すことによって、「固陋の国」というイメージを日本に強く印象づけたということです。この点については、すでにくわしく述べたところですから、くりかえすことは避けたいと思います。このイメージは、これから述べるように明治前半期を通じて日本の中国認識の主要な流れとなって引き継がれて行きます。

第二章 「文明」の影で

I 明治前半期の中国認識——その三つの類型

アヘン戦争後の中国にかんする日本の認識に、固陋の国という軽侮の感情と、古代聖人の母国という畏敬の感情とがかさなり合った、一種の両義性が見られたことはすでに前章で述べました。こうした相矛盾する側面を含んだ中国認識は、明治維新以降も引き継がれたばかりでなく、さらに複雑さを加えることとなります。それは、清朝があらたに西洋の軍事力を導入することによって、日本にとり軍事的脅威の対象となり始めたからです。いわば中国は、日本にとって軽侮と畏敬と脅威というまことにややこしい存在性を持った国としてイメージされることとなります。このような明治前半期に見られた中国認識について、分かりやすくするため、便宜上それを三つの類型に分けて説明してみたいと思います。

1　政治の視点から

「固陋の国」というイメージは、主として政治の視点から捉えられた場合の中国像です。つまり日本は近代国家の建設に向けて、維新後、西洋文明を積極的に取り入れる文明開化政策を採用し、おおくの知識人もこれと歩調を合わせることによって朝野を問わず文明開化の風潮が高まりますが、「固陋の国」とする中国イメージはそれとともに一層強められます。新文明を代表する知識人の一人である福沢諭吉（一八三五―一九〇一）は、その著『世界国尽《くにづくし》　巻二』（一八六九年）のなかで、中国につき七五調の文体でつぎのように記しています。「往古《ムカシ》陶虞《とうぐ》の時代〔堯舜ら古代聖人の時代〕より年を経《ふ》ること四千歳《しせんざい》、仁義五常を重じて人情厚き風なりとその名も高かく聞えしが、文明開化後退去《アトズサリ》、風俗次第に衰て徳を修めず知をみがゝず我より外に人なしと世間知らずの高枕《たかまくら》、暴君汚吏の意にまかせ下《しも》を抑へし悪政の天罰遁《のが》るゝところなく……今のすがたに成行《なりゆき》しその有様ぞ憐《あわれ》なり」（『福沢諭吉全集』第二巻、五九四―九五頁。）と。

ここでは、かつて道徳の国として慕われた中国も、文明は後退し風俗は衰え、知徳をないがしろにしながら、自分以外は人でないかのごとく高慢で独り善《よ》がりの態度を改めようともしないから、いまでは手のつけられない悪政のはびこる憐れな姿をさらしていると、軽蔑とも憐憫ともつかぬまなざしで清朝下の中国を見つめています。また、のちに「憲政の神様」とまでいわれた尾崎行雄（号・咢堂《がくどう》、一八五八―一九五四）は、慶応義塾に学び、明治初期には大隈重信の立憲改進党創立に参加するなど民権運動にも活躍しますが、彼が当時草した「外交策」と題する論策（一八八二年八月）を見ると、中国について「蓋し支那は固陋の国也、旧物に泥んで移るを知らざるの国也」（『尾崎咢堂全集』第一巻、三三三頁）とし、日本が「盟主」となって中国・朝鮮を指導し誘導する必要を力説しています。

ところで清国の「固陋」ぶりを示す伝統的な中華意識の固執については、維新直後の日本政府も苦労した経験があります。それは、一八七四（明治七）年のことですが、琉球の船が台湾に漂着したところ、乗っていた琉球の島民五四人が台湾の原住民によって殺害されるという事件が起こりました。日本政府は台湾征討を決定、同年五月には派兵を断行する事態にまでなります。この台湾征討問題の解決のため、日本は参議の大久保利通を清国に派遣し、両国間の交渉の結果、ようやく清国は償金を支払い日本は撤兵するという基本的な合意にまで達します。ところが最後の段階になって思わぬことから難航します。合意文書（条款）の作成にあたって清国が支払う償金を「撫恤金《ぶじゅつきん》」という名目をとることに強くこだわったためです。撫恤金とは慈悲の心から下の者を憐れみ下賜する金という意味です。もちろんこれでは日本側も納得するわけにはいきません。台湾問題の賠償金をめぐって清国がとったこの頑《かたく》なな態度は、いうまでもなく清国の固持する中華意識によるものでしたが、何とも独善的というか権威主義的で、近代の国際社会では受け入れられるはずもない時代錯誤的なものでした。それは形式的な言葉づかいの問題でしたが、それだけに「固陋の国」そのものの面目を端的に示す事例と言ってよいでしょう。

清国のその「固陋」さのゆえに、文明を普遍的な価値として受け入れた日本では、しばしば西洋は道理の支配する進歩のイメージとして思い描かれるのに対して、東洋は旧習の支配する停滞のイメージで捉えられることとなります。維新後の日本の新しい目標として「欧化」とか「欧化主義」が唱えられるのもそのためでした。徳富蘇峰(本名・猪一郎、一八六三―一九五七)は、維新の変革を担った天保(一八三〇年代)生まれの世代につづく幕末(一八五〇―六〇年代)生まれの新世代を代表する思想家ですが、彼がみずからの言論の場として創刊した雑誌『国民之友』第一号に掲げた論説「嗟呼国民之友生れたり」(一八八七年二月)で、つぎのように述べています。「所謂る破壊的の時代漸く去りて、建設的の時代将《まさ》に来らんとし、東洋的の現象漸く去りて泰西的の現象将に来らんとし、……実に明治二十年の今日は、我か社会か冥々の裏《うち》に一変せんとするものなりと云はさる可らす」(草野茂松・並木仙太郎編『蘇峰文選』二〇頁)と。蘇峰は欧化の徹底を主張して、貴族的欧化から平民的欧化へ進むべきことを説き、新しい世代による「新日本」の実現を唱えましたが、その時代転換を「東洋的」なものの一掃と「泰西的」なものの導入と捉えたことが注目されます。たとえば蘇峰は、「東西新旧両主義」の特質を論ずるなかで、「欧洲ニ於テハ進歩ノ現象ヲ発露」するのに対して、「亜洲ニ於テハ秩序ノ現象ヲ顕呈」しているとし、

「秩序」「進歩」は「自由尋問的」で「真理」のみが支配する世界の現象であるのに対し、「秩序」は「専制命令的」で「習慣」がもっぱら尊重される世界の現象であると説いています（『新日本之青年』一八八七年、『徳富蘇峰集』〈明治文学全集34〉一三八―一三九頁）。ここでは「東洋的」とは、まさに道理に替えて慣習の支配する世界、改革進歩と対比された無為停滞の世界として特徴づけられていました。*

＊　蘇峰はまた「支那を改革する難きにあらす」（『国民之友』第四号、一八八七年五月）という論説を書いています。その趣旨は「要するに先つ鉄道を布設するにある」ということにありました。彼によれば、鉄道の建設による移動手段の進歩発達＝移動時間の短縮は、いわば「粗大なる流動躰を変して、緻密なる固結躰となすもの」であって、「鉄道布設の日は、是れ支那活動の日なり、支那帝国組織の日なり、内政整頓の日なり、外敵防禦の日なり、商売繁昌の日なり、天下泰平の日なり、文明富強の日なり」（前掲『蘇峰文選』五八頁）と結論づけています。いかにも蘇峰らしい単純化された論理の運び方ですが、そうした単純明快さが当時の青年読者に受けた理由の一つにもなっていたのです。

2　文化の視点から

中国を「固陋の国」と蔑視するのとは対照的に、歴史と文化の大国と称揚する中国像は、主として文化の視点から捉えた場合の中国イメージです。つぎにその事例をいくつか紹介してみたいと思います。

まず中村正直「支那不可侮論《あなどるべからざるの》」（『明六雑誌』第三五号、一八七五年四月）という論説があります。中村正直（号・敬宇《けいう》、一八三二—九一）は旧幕臣で、儒学とともに英学を修め、幕末に渡英、維新後にスマイルズの『Self-Help（自助論）』を『西国立志編』（一八七〇—七一年）として訳出刊行し、福沢の『学問のすゝめ』（一八七二—七六年）とともに明治初年のベストセラーとして多くの読者を獲得しました。そのほかにも彼には、J・S・ミルの『On Liberty（自由論）』を訳した『自由之理』（一八七二年）があります。この書物は、liberty の訳語としての自由ということばを日本に定着させるきっかけともなりました。このように彼は、当時、福沢らとともに啓蒙思想家として大いに活躍した人として知られています。その中村正直は、上記の論説でこう述べています。「今わが邦の開化は外人に開化せられたるにて、自国の自力をもって進歩したるにあらず。外人を用うるにはあらずして、外人に用いらるる有様なり。……支那をして欧米を学ばしめば、あるいはその見識これより過《す》ぐるものありて、外人の奇貨《きか》とせられざるも知るべからず」（山室信一・中野目徹校注『明六雑誌』〈下〉〈岩波文庫〉一八〇頁）と。

中村はこのように、当時の日本の風潮として文明開化を誇り、中国の固陋を軽侮する傾向があることに対して、反省を促しているのですが、中国の侮るべからざる理由として彼はつぎのような点をあげています。第一に、中国は古来多くの聖賢君子・英雄豪傑を輩出していること。第二に、中国は昔から文字の発明など文辞にすぐれていること。中村は、「文字を造り出すにはその人民に一種思想の才」が必要であり、中国にはその「思想の才」

があることの証しである。したがって、この国の留学生などのなかからも数年を待たずに「高等の学識に進むもの」が続々と現れるにちがいないと述べています。第三は、清朝支配の現在では有志の者の気力も振るわない状況にあるが、その支配を脱するときがくれば、文明の進歩や政治の近代化を実現する人材は決して少なくないこと。第四に、中国は日本も多くの恩恵を昔から受けてきた文化大国であり、たとえば書籍・筆墨・紙をはじめ天文・算学や医薬・種樹など、「自国にて発明せし有用の器具の多きこと本邦の及ぶところにあらず」（同上、一七八頁）とその文化的資質や能力の高い点を称揚しています。こうした観点から中村は、中国のすぐれた側面を指摘し、決して中国を侮るような態度は取るべきでないと戒めているのです。

　中村正直と同じく文明開化のあり方という観点から、日本の現状に反省を促し、軽侮の的となっている中国から逆に学ぶべきものがあることを説いた論説として、杉山繁「清国軽視ス可ラザル論」（『郵便報知新聞』一八七八年一月一二日）があります。『郵便報知新聞』は、福沢系の知識人の協力を得て一八七二（明治五）年に創刊された新聞で、民権派新聞として論陣を張ることとなります。この杉山繁の論説は、日本の文明開化について「已《や》ム可ラザルノ時勢ニ促《うなが》サレテ急進シタルモノ」とみなし、鉄道や電信等々の西洋文明の受容による外見的な開明にふさわしい実力を日本自身がそなえているかというと、決してそうではない。むしろ日本の財力はそのために疲弊し尽くされてしまっているのが実状であると指摘しています。そしてこの論説は、「開明」の日本と「因循」の清国とを対比してこう述べています。

〔日本ノ〕国ノ開明ニ進ミタルハ富有ヲ外邦ニ駆逐スルノ路ヲ開キタルガ如ク、急進ニ成レルノ観美ハ徒《いたずら》ニ内貧ヲ装フニ足レリ。清国々歩ノ遅緩ニシテ政務因循苟《いやし》クモ改進セザルハ、一方ニ於テ欠点ナキヲ免レズト雖モ、其富有ヲ内地ニ保存シテ陰然実力ヲ含蓄スルノ点ニ至リテハ反《かえつ》テ其失ヲ償フテ余リアルヲ覚フルナリ。（『対外観』〔日本近代思想大系12〕二六一頁。傍点ママ）

ここに述べられている意見は、日本の急激な文明開化が主として外的な要因にもとづき内発性に欠けるところから、さまざまな歪みを生み出していることを問題とし、文明開化に逡巡する清国にむしろ一種の堅実さを読み取ってそれに共感を示すということが基底になっています。明治の末に夏目漱石は、「現代日本の開化」と題した講演（一九一一年八月）で、西洋の開化つまり「一般の開化」が「内発的」であるのに対して近代日本の開化は「外発的」であるとして、日本の近代は結局「皮相上滑りの開化」になってしまったと批判しましたが、日本の開化についての批判は、こうしたかたちで維新いらい絶えることなく引き継がれていきました。この文明開化への批判的姿勢が、先の論説のように、ときに反転して「改進」をためらう中国への共感につながったというわけです。

同じような例として陸羯南《くがかつなん》（本名・実、一八五七―一九〇七）を挙げることもできましょう。羯南は、津軽藩士の家に生まれた人ですが、明治中期に国民の統一と独立をめざす国民主義を唱えて論壇に登場し、明治期を代表する政論記者として活躍したことで知られています。羯南の国民主義――彼はこの語を西洋近代のナショナリズムと同義と考えました――は、政府の欧化主義への批判を底流としており、三宅雪嶺《せつれい》や志賀重昂《しげたか》らの国粋保存主義――彼らの「国粋」もナショナリティの訳語でした――と提携して政府批判の言論を展開したのもそのためでした。この羯南が主宰した新聞『日本』に、彼は「日清の欧化主義」という社説（一八九一年七月一九日）を発表しています。このなかで彼は、東西の文化はその根底を異にしているけれどもそれぞれ美点がある、したがってこの二つの文化が互いに他の文化の特色や美点を採用し、また互いに足りないところを補いあうことは、「東西両洋の文化発達の為め、又は世界の文化上進の為め、緊要の一事」（『陸羯南全集』第三巻、二〇一頁）としています。

彼は、明治政府の欧化政策――それこそ「皮相上滑りの開化」――には反対でしたが、西洋文化そのものを排斥するものではなかったのです。したがって社説はこう説いています。「殊に現世紀の如く、西力東漸の勢益急なるの日に当ては、東洋諸国が西洋の文化を採用するは、其固有の文化を発達せしむるが為め、必要なるのみならず、固有の文化を維持せんとするには、勢ひ之れを採用せざるを得ざるなり」(同上)と。このように羯南は、欧化そのものに反対したわけでなく欧化のしかたを問題とし、まさに日本固有の文化を維持発達させるために必要な欧化という、自国の主体性に裏づけられた欧化こそが大切とするのが彼の立場でした。政府の欧化政策に彼が反対したのも、明治政府が西欧化すべきものとすべきでないものとを日本自身の立場から明確に区別するメリハリのある姿勢に欠け、いたずらに西欧心酔に流れるその非自主性にありました。

羯南は、日本の欧化主義が自主性を欠いたものであったのに対して、清国のそれは、たとえば対外的な軍事力強化のために西欧化をその部門に集中するなど、むしろ自分自身の立場からする「採択選定の方」を固持する点で見習うべきものがあるとしています。そして彼はこう述べます。「要するに清国は、自国の文化を発揮せんが為め、西洋の事物を採用し、我国は自国の文化を滅却せんが為め、之れを採用したるの跡あるを見る。二者の優劣果して如何ぞや」(同上、二〇二頁)と。このようにして羯南は、「改進国」日本と「守旧国」清国という当時の通念をくつがえし、自国の固有の文化を尊重し保持する清国に対して、むしろ深い敬意をもって接しようとしたのでした。

ところで、中国の文化的伝統に対する畏敬の念に支えられて、文明開化期の日本の知識人に一般的な中国蔑視観から明確に距離をおいた事例としては、重野安繹《しげのやすつぐ》(一八二七—一九一〇)の中国観を忘れてはならないでしょう。重野は薩摩藩士の出身で、明治期の有力な歴史家として、また屈指の漢学者として注目された人です。とくに厳密な実証主義を学風とした彼の歴史学は、南北朝期の忠臣として知られた児島高徳《たかのり》や楠木正成の史話を事実ではないと論証し、「抹殺博士」と呼ばれたりしました。すぐれた漢学者でもあった彼は、早くから中国との交流に強い関心を持っていました。

一八七九（明治一二）年六月、留学といえば欧米が普通とされていた当時、重野は東京学士会院で「漢学宜く正則一科を設け少年秀才を選み清国に留学せしむべき論説」と題して演説（『東京学士会院雑誌』第一編第四号、『重野博士史学論文集』下巻、一九三九年、三四五―五二頁）を行っています。彼によれば、日本の漢学は、いわゆる返り点によって読み下す「和訓廻環の読」にもとづく「変則」から成っており、唐音による中国語の読法を採る「正則」の学者は専門家のなかにも見当たらない有様である。これでは言語不通で中国理解にも十分役に立つものではない。中国は隣接の国であるだけでなく「同文同俗の国柄」であるから、今後は「公事の往復より貨物の懋遷《ぼうせん》［盛んな流通］等に至るまで、日増に繁多に赴くは必然の事なり」という見通しを、彼は中国について持っていました。予想されるこうした両国の交流に備えて、彼は漢学の一科目として変則の訓読でない正規の音読の中国語を学ばせ、「俊秀の少年を選み、清国に派遣し、学業を肄習《いしゅう》［習う］せしむる」ことが「学政の急務」であると、そのなかで訴えたのでした。

重野のこの主張は、その十年後、自分を中国の国勢視察のための「特派視察員」に任命するよう求め、しかるべき規模の視察団を派遣することを政府に要請する計画をめぐらすまでに至ります。彼は中国視察の意義について、政府宛ての書状「支那視察員ニ充テラレン事ヲ請フノ状」（一八八九年二月）でつぎのように述べています。「今日ニ於テ、彼ノ境土ヲ親歴シ、彼ノ実情ヲ熟察シ、政体ノ組織、理財ノ方法、内治外交兵備等ヲ洞鑑シテ、我ガ政府ノ参考ニ供シ、彼ノ要路諸氏ト交接シ、其持論識見ヲ参採シテ、我ガ外交機密ヲ補助シ、以テ両邦ノ親和ヲ謀ルハ、現今並ニ将来ニ於テ、必須ノ事ナラン」（同上、五三三頁）と。

重野によれば、中国とは地理的に隣接しているから交通運輸は至便で、風俗も類似しているから需要も多端である。適切な保護奨励策を採用すれば、両国間の通商が旺盛になることは明らかで、「通商旺起セバ、実ニ我国無尽ノ富源ヲ発スル者ナラン」（同上、五三四頁）と、中国との交流は日本の国益に資する点がきわめて大きいことを、そのなかで力説しています。*

＊ なお重野安繹の中国認識については、陶徳民《とうとくみん》「重野安繹の中国観――明治二二年の支那視察案をめぐって――」（『立教法学』四二号、一九九五年八月）を参照。

この重野の主張の背景には、維新後の日本の対外的関心が、政治・経済・文化などあらゆる面で、もっぱら欧米に向けられている現状についての強い不満があったことは言うまでもありません。こうした不満は、とくに明治一〇年代に入ると、朝野を問わず、また保守派にかぎらず民権派のなかにも見出されるようになります。草間時福《ときよし》「支那語学ノ要用ナルヲ論ズ」(『朝野新聞』一八八〇年二月一七日)は、その一つの例と言えます。

草間時福(一八五三―一九三二)は、慶応義塾の出身で郵便報知新聞から朝野新聞に転じ、記者として活躍した人ですが、この論説のなかで彼は、やはり欧米一辺倒の風潮を嘆いて「我国ノ富饒ヲ致シ智識ヲ進ムル源泉ハ独リ欧米諸国ヲ知ルニ非ラザルナリ」(前掲『対外観』二七二頁)とし、中国という存在の重要性についてつぎのように述べています。

試《こころみ》ニ近ク我同洲ナル支那国ヲ見ヨ。其人口ハ四億万ヲ有シ、其土地四百余州ノ広キヲ保テリ。而シテ其ノ地形ヲ問ヘバ所謂一葦航《いちい》スベク牛吼達《ぎゆうこう》ス可キナリ。其関係ヲ問ヘバ唇歯相保《あいたも》ツナリ、其富饒ヲ問ヘバ無尽蔵ナリ。若《も》シ能ク其事情ヲ審《つまびらか》ニシ其国情ヲ知ラバ、我国ノ智ヲ進メ富ヲ益スハ遠ク欧米ニ非ラズシテ近ク此支那ニ在ルヲ知ル可シ。
(同上)

重野安繹や草間時福らのように、中国の潜在的な国力や将来的な可能性に注目し、欧米一辺倒を改めて中国との関係をより緊密にすべきだとする立場を、社会的な力にまで結集しようとする試みも当時行われました。興亜会の結成はその現れと言えるでしょう。興亜会は一八八〇(明治一三)年に設立(会長・長岡護美《もりよし》〈一八四二―一九〇六〉、一八八三年に亜細亜協会と改称）されましたが、その目指すところは、日清提携によるヨーロッパ列強のアジア進出阻止をはかることにありました。当時、日清両国の関係は、日本軍の台湾出兵問題（一八七四年）や琉球帰属問題（一八七九年）などをめぐって対立緊張が絶えませんでした。興亜会はこうした両国の緊張状態を解消し、提携を促進することによって欧米列強のアジア進出を阻もうと考えたわけです。したがって会の発足にあたっては、清国や朝鮮国の要人（たとえば清の李鴻章や朝鮮の朴泳孝など）、その他ペルシャやトルコの関係者にも参加を呼びかけています。

　初代会長の長岡護美は、旧熊本藩主の実弟で開明派上流華族ともいうべき存在ですが、初期の会員には長岡のような上流華族のほか、副会長の渡辺洪基《ひろもと》のような非藩閥系の政府高官（とくに外務省関係）や、会の創立にかかわった曾根俊虎《としとら》のような軍人、また成島柳北《りゅうほく》・岸田吟香《ぎんこう》・末広重恭《しげやす》（鉄腸）ら民権派言論人、中上川《なかみがわ》彦次郎・小幡篤次郎ら慶応義塾関係者、そのほか先に取り上げた中村正直・重野安繹・草間時福らも参加していました。*

副会長をつとめた渡辺は、会の指導層の中心的な存在でしたが、やや後に、伊藤博文（一八四一―一九〇九）に宛てた書簡（一八九〇年九月二三日）で、「日本人が漫《みだり》に支那人を蔑視し又政府の人にても支那の事は歯牙にも掛けざる景色これ有り候は以《もって》の外《ほか》の事にて、本邦の力を用ゆべき所は支那に在りと存じ候得ば、無益に彼の疑惑を招き候事は不得策と存ぜられ候」（『伊藤博文関係文書』八、塙書房、一九八〇年、三四七頁。濁点・読み下し、一部引用者による）と述べています。もちろんこれは渡辺個人の意見を開陳したものですが、彼が指導的役割を果たした興亜会の立場も基本的には同じものと考えてよいでしょう。

＊　興亜会の成立、組織運営、会員、活動形態およびその思想の特徴については、黒木彬文《もりふみ》「興亜会・亜細亜協会の活動と思想」（復刻版『興亜会報告・亜細亜協会報告』第1巻、解説(1)、不二出版、一九九三年）を参照。

興亜会の活動としてもっとも注目されるのは、実用的な中国語・朝鮮語の教育機関として興亜会支那語学校を開設したことです。これは前述の重野安繹が強調した「正則」の現代中国語の必要という考えに沿ったものですが、その背景には、真の「興亜」のためには「ヨーロッパに共通言語があるようにアジアにも共通言語があるべきだ」との立場から、中国の「官話」を東アジアの共通言語にしようという構想があったと言われています（「座談会　東アジアの近代と梁啓超」〈上〉での狭間直樹談。月刊『みすず』四七〇号、二〇〇〇年五月、四六―四七頁）。

以上のように、明治初期の欧化主義的風潮への反撥もあって、主として経済・文化の視点から、中国と親密な関係を構築しようとするいくつかの動きがありました。そこでは、旧来の国家体制に対する中国の固執を軽蔑する文明開化的な目線よりは、むしろ中国の歴史や文化を生みだした底知れぬ可能性に注目する中国認識のパターンを見ることができるでしょう。尾崎秀樹《ほつき》は、当時の日本の文人たちに見られた中国文化への思い入れについて、

「当時のインテリが中国文化と中国文化人に寄せる敬愛の情は、謙譲を通りこして卑屈なくらいだ」とし、一例として「明治十二年に来朝した学者王韜《おうとう》に対して日本の文人は「おもはざりき、生を偸《ぬす》みて今日にいたり、したしく、上国の名士の筆をふくろ（嚢）にして、以て来遊を賦《ふ》するを見んとは」と述べ、中国を「上国」と称えることで、日本を「下国」つまり属国に位置づける意識が伺《うかが》われた」（『近代文学の傷痕』勁草書房、一九六三年、一三頁）と記しています。中国に寄せる敬愛の情は、このように度を越した場合すらあったようです。

3　軍事の視点から

明治前期には中国を脅威の対象として捉える見方もありました。それは、主として軍事の視点からする中国観でした。清朝下の中国は、アヘン戦争後とくに一八六〇年代になると、西洋における軍事の機器や技術の優秀さを認めて、西洋に倣《なら》った軍備の充実・強化に乗り出すことになります。李鴻章らによる洋務運動がそれで、考え方としては、あくまで伝統的な中華の学問を本体としながら、技術的な作用の側面については西洋の科学技術（「西学」）を採り入れようという中体西用論が唱えられます。こうして清朝体制を維持する自強の策として、洋務派官僚により軍事を中心とした近代化が推進されたわけです。彼らは、外国語の学校を設立し、機器製造局を設けて洋書の漢訳や洋式の鉄砲・大砲などの製造、汽船の建造などを推し進めました。その結果、清国の軍事力は急速に強化されます。

このような清国の動向を背景にして、福沢の『兵論』(一八八二年)は、近年における清国海軍の増強に注目し、日本は一八八〇(明治一三)年現在、軍艦は二九艘であるのに対し、清国はその前年すでに軍艦五五艘、大砲は合計二七四門に達しているとして、つぎのように述べています。「清国にて近年海陸軍の改正を施したるは唯其一小部分なれども、其実数を見れば殆ど我日本国の海陸軍に等しきのみならず、海軍に至ては我国の一倍［二倍の意］に近し。方今、日本と支那との間は誠に親睦にして誠に平和なれども、国と国との和親は百年の和親に非ず。……此点より見れば支那も亦《また》敵国中の一にして、然かも一葦水を隔るの隣に在るものなれば、此隣邦の兵備を聞知して漠然の観を為す可けんや」(『全集』第五巻、三一一頁)と。

清国を脅威の対象として見るこのような捉え方は、福沢に限ったことではありませんでした。日本陸軍の創設に尽力し、やがて日本軍閥の大御所的存在にまでなる山県有朋(一八三八—一九二二)もそうでした。一八八〇年一一月、当時、参謀本部長の職にあった彼は隣邦の兵備にかんする意見書を上奏していますが、そこでは「近年以来清廷屢《しばしば》交際上ノ艱険ニ遭ヒ、其刺衝ヲ受ケタル甚ダシ。故ニ兵備ノ日ニ改革ニ就ク者亦鮮《すくな》カラズ」と清国の軍備改革が近年急速に進んだことを指摘し、軍事力のレベルはもはや太平天国当時とは比較にならないほどに強化されている現状に注意を促しています。そして「夫隣邦兵備ノ強キ、一ハ以テ喜ブ可ク、一ハ以テ懼ル可シ。之ヲ以テ亜細亜東方ノ強援トスレバ固ヨリ以テ喜ブニ足リ、之ト釁隙《きんげき》［不和、争いの意］ヲ開クニ至リテハ亦以テ懼レ慎マザル可ラズ」（「進鄰邦兵備略表」、大山梓編『山県有朋意見書』〔明治百年史叢書16〕原書房、一九六六年、九六、九七頁。句読点・濁点引用者）と述べています。

こうした中国脅威論は、民権派の新聞論調についても見ることができます。たとえば、『東京横浜毎日新聞』（一八八四年八月二九—三〇日）に掲げられた「支那ノ敗北ハ日本ノ幸ナリ」という論説があります。タイトルにある「支那ノ敗北」云々は、一八八三年から八五年にかけて戦われた清仏戦争を指したものです。つまりベトナムの保護国化を策するフランスと、ベトナムの宗主権を主張する清国とのあいだで、当時、戦火が交えられていた、その情況のなかでこの論説は書かれたわけです。そこでは、ほとんどすべての人がフランスの勝利を予想しているが、万一清国が勝ったならばどうなるだろうか、そうなれば「是ヨリ清国ハ昨日ノ清国ニアラズ、其ノ大言虚喝ハ勿論、益々海陸軍ヲ拡張シ、……琉球談判ノ再興アルハ必然ナリ」と、琉球の帰属問題まで蒸し返される事態に立ち至るだろうとしています。そこで「支那ノ敗北ハ日本ノ幸」というわけですが、そうでなくとも清国の軍事力の実情は、「其軍艦ノ完美ニシテ兵士身幹《しんかん》ノ屈強ナルコト、器械ノ具ハリタルコトハ日本ノ及ブ所ニアラズ、此兵ニシテ充分ノ熟練ヲ為サバ恐ル可キ強敵トナラン」と、清国の存在がしだいに日本にとり脅威となりつつあるというのが、識者の見方とされているところだとしています（前掲『対外観』二九五頁）。

このように軍事力の面からみれば、中国の力は侮るべからざるものであり、日本にとってまさに脅威そのものであるとする見解は、朝野を問わず広く受け入れられつつありました。とくに清国が、一八八〇年に第一級の最新鋭鉄甲艦二隻（のちの定遠《ていえん》、鎮遠《ちんえん》）をドイツに発注し、海軍の大増強に踏みきったことは日本に大きな衝撃を与えました。しかも朝鮮では一八八二年七月の反日クーデター（壬午《じんご》事変）と新旧勢力の反目をきっかけとして、日清両国の朝鮮への勢力扶植をめぐる対立が顕在化する状況が進んでいました。こうした状況を背景に、中国を日本にとっての脅威とする見方は、しだいに現実性をもって人びとの心を捉えるようになります。そして、言うまでもなくそれは、日清戦争に至るまでの底流を形づくることとなるわけです。

Ⅱ　日清連帯論をめぐって

1　日清提携の構想

明治前期の中国観には、前述のように蔑視と敬愛と脅威の想いが複雑に交錯する多義性が見られました。こうした複雑な気持ちを内に秘めながらも、清国は東北アジアに日本と隣り合って位置することから、欧米列強の極東への進出をいかに阻《はば》むかという課題の重さを考えると、日清両国が手を結んでこれに当たるという発想は、いわば自然の成り行きともいうべきものでした。すでに幕末でも、西欧の衝撃を受けとめるなかで日清提携（ないし結合）の構想が打ち出されていました。

たとえば勝海舟（一八二三—九九）は、西洋列強の止まることを知らないアジア進出を目の前にして、「当今アジア洲中ヨーロッパ人に抵抗する者なし」と慨嘆し、現状打開の策としてアジア連合ともいうべき大胆な構想を、桂小五郎（木戸孝允《たかよし》、一八三三—七七）らに向かって説いています。それは「今、我邦より船艦を出だし、弘くアジア各国の主《ぬし》に説き、横縦連合、共に海軍を盛大し、有無を通じ、学術を研究せずんば、彼が蹂躙を遁がるべからず。先ず最初、隣国朝鮮よりこれを説き、後、支那に及ばんとす」（「海舟日記 1」一八六三年四月二七日、『全集』18、勁草書房、五〇頁）という遠大なものでした。そのほか軍事的な膨張主義の形を取ったものとしては吉田松陰（一八三〇—五九）の「間《すき》に乗じて蝦夷を墾《ひら》き琉球を収め、朝鮮を取り満洲を拉《くじ》き、支那を圧し印度に臨みて、以て進取の勢を張り、以て退守の基を固めて……」（「久坂玄瑞《くさかげんずい》に復する書」一八五六年、山口県教育会編纂『吉田松陰全集』第4巻、岩波書店、一五二頁）というアジア進出構想も見られました。

いずれにせよこれらの構想は、外圧に直面した日本と中国との共通の利害関係についての認識が前提にありました。横井小楠も両国の密接な利害関係について、「支那は日本と唇歯の国なり。其覆轍《ふくてつ》目前に在て歯已《すで》に寒し坐視傍観の秋《とき》にあらず」（『国是三論』一八六〇年、前掲、山崎正董編『横井小楠遺稿』四一頁）と語っていますし、久坂玄瑞（一八四〇―六四）も中国における太平天国軍の戦いに思いを馳せながら、つぎのように述べています。「英仏の力を恣《ほしいまま》にして皇国に向ひ干戈を用ひざるは支那の長髪賊の勢威甚だ熾《さかん》なるゆゑなるべし、万に一も長髪賊英仏に屈せば英仏の我に寇［侵入の意］する事必然ならむ」（「解腕痴《かいわんち》言《げん》」一八六二年稿、福本義亮『松下村塾之偉人　久坂玄瑞』四三一頁）と。これらのことばは、日本と中国とが、好むと好まざるとにかかわらず、地理的な近接のゆえに、西欧の進出に対しては運命共同体的な関係に置かれていたことを示すものでした。

このような幕末の延長線上に明治前期の日清提携論も登場することとなります。幕末に吹き荒れた攘夷論は後退し、維新後は開国和親のスローガンとともに西洋文明への傾倒、欧化主義の鼓吹が注目を集めたにもかかわらず、日本のヨーロッパ列強に対する不信は根強いものがありました。たとえば伊藤博文は松方正義宛ての書簡（一八八三年一月八日）で、「欧洲現今の形勢を察するに、属地政略再燃の景況にて、英仏互に競争せんと欲するが如し。英国の即今埃及《エジプト》を処置する、仏人の安南地方を掠略する、乱暴狼藉無所不至《いたらざるところなし》。今の勢を以て察する時は、機に応じ、変に乗じ、如何様の事出来《しゅつらい》するも不可測なり」（『伊藤博文伝』中巻、三三七頁）とヨーロッパ列強の弱肉強食的な行動に強い不信と警戒の念をあらわにしています。

こうした列強に対する不信感は、ヨーロッパ世界の生みだした文明や道徳についての不信にまで及んでいました。同じ書簡のなかで伊藤は述べています。「抑《そもそも》欧洲の所謂文明道徳なる者は、悉皆耶蘇《しつかい》教内の事にして、之を異教の人に推さんとする誠意ある事なし」（同上、三三八頁）と。ヨーロッパによって非ヨーロッパとして捉えられたアジアは、ヨーロッパ近代が生みだした「人類普遍」の道理や規範の適用からも除外された世界と見なされている、これが伊藤をはじめ当時の日本の識者たちの偽らざる実感でした。『東京横浜毎日新聞』（一八八四年一〇月一〇日）の論説「東洋諸国ハ万国公法ノ利益ヲ分取セズ」は、つぎのように述べています。「泰西ノ政治家動《やや》モスレバ則チ曰ク、万国公法曰ク公道正理ト。而シテ彼等亜細亜地方ノ諸国ニ対スルニ至リテハ、公法モ道理モ顧ル所ナキガ如シ。故ニ彼輩ガ言フ所ノ万国公法ナル者ハ欧米二洲ノ万国公法ナリ、彼輩ガ言フ所ノ道理ナル者ハ欧米二洲ニ通用スル道理ナリ……」（前掲『対外観』二二九頁）と。

陸羯南も同じように、「国際法なるものは実に欧洲諸国の家法にして世界の公道にはあらず」（『原政及国際論』一八九三年、『全集』第一巻、一七三頁）と、国際法が欧州の屋根の下にある国々のためのものにすぎないと断定しています。維新後の日本は、みずから弱小国との認識を受け入れざるを得なかったがゆえに、開国和親の対外方針を掲げるに当たっては、「天地の公道」である国際法の存在に多くの期待をかけるほかなかったのでした。その国際法が、じつは「欧米二洲ノ万国公法」であり、「欧洲諸国の家法」でしかないという現実を思い知らされたわけですから、対外的な危機意識のほども理解できようということです。福沢が、国際社会というものも結局は食うか食われるかの「禽獣世界」であり、「和親条約と云ひ万国公法と云ひ、甚だ美なるが如くなれども、唯外面の儀式名目のみにして、交際の実は権威を争ひ利益を貪《むさぼ》るに過ぎず」として、得意のレトリックを駆使した有名なことば「百巻の万国公法は数門の大砲に若かず、幾冊の和親条約は一筐《きょう》の弾薬に若かず。大砲弾薬は以て有る道理を主張するの備に非ずして無き道理を造るの器械なり」(『通俗国権論』一八七八年、『全集』第四巻、六三七頁)という命題を世の人びとに示したのもそのためでした。

日清両国が欧米列強のアジア進出に対して相提携して当たるべきだとする日清連帯論が説かれたのも、そのような状況認識を背景としてのことでした。それは、先に述べた山県有朋の意見書にいわゆる「夫隣邦兵備ノ強キ、一ハ以テ喜ブ可ク、一ハ以テ懼ル可シ」とした隣邦清国の兵力強化を、まさに「亜細亜東方ノ強援」という喜ばしい方向へ誘導しようとするものであったと考えることもできるかもしれません。「東洋連衡論」(『郵便報知新聞』一八七九年一一月一九日)を唱えた草間時福は、その前提としてアジア諸国間の交流を活発にする必要を指摘しながらつぎのように述べています。「蓋シ亜細亜ノ連衡ヲ謀ルニ其ノ国際ノ間ニ事ヲ繁ニスルニ如《し》クハナシ。……利害相感ズルノ情帯ヲ以テ東洋諸国ヲ連絡シ、亜細亜特別ノ国力平均ヲ創造シ、之ヲ以テ欧亜ノ権衡ヲ維持シ、之ヲ以テ弱肉強食ノ患ヲ防グヲ得ベシ。是レ東洋連衡ノ一大手段ト認メザルヲ得ザルナリ」(前掲『対外観』

二六六―六七頁）と。

このようにアジア諸国の連帯を唱えた草間も、ヨーロッパと違ってアジアには連帯を可能とする地域共通の利害意識が存在していないという実態を見落としていたわけではありませんでした。だから彼は、ヨーロッパについては「名誉利害」を共有した「一大国情《「グレエトナショナルチー」》」を形づくっていたのに対して、アジアは「概《おお》ネ自己アルヲ知リテ亜細亜アルヲ知ラズ」、あるいは「亜人ノ思想中未ダ亜細亜ナシト謂《いう》モ可ナリ」（同上、二六五頁）という状況で、連帯意識の欠如という弱点があることを指摘しています。彼がアジア諸国間の交流を活発にして「利害相感ズルノ情帯」を生みだす必要を説いたのは、そのためでした。

また『郵便報知新聞』と同じく民権派の新聞とされる『朝野《ちょうや》新聞』の論説「東洋ノ気運」（一八八四年四月一三日）も、アジアの現状を憂い「欧人ノ跋扈」を阻止するためにアジア諸国の連帯の必要を説いている点で注目されます。この論説は、前述のように、ベトナムの支配をめぐって旧来の宗主権を主張する清国と、保護国化を推進するフランスとが対立し戦火を交えるに至った清仏戦争の最中に書かれたものです。この軍事紛争の帰趨は、日本の安全にとっても重大な関係があると考えられたところから、日本国内でも大きな関心を呼びました。この論説が「夫《そ》レ我邦ノミ独リ卓出シタリトテ、滔々《とうとう》タル亜細亜諸国ニシテ尽《ことごと》ク未開固陋ヲ極メ、従テ欧洲諸国ノ侮慢凌辱ヲ受クルガ如クナレバ、到底我邦ノ国権ヲ伸暢シテ欧人ノ跋扈ヲ制ス可カラズ」（同上、二七九頁）としたのは、そのような当時の危機感を反映したものと言えましょう。そしてこの対外的危機に対応する方策として構想されたのが、「亜細亜諸国中我ガ恃《たの》ンデ以テ同盟ト為ス可キ邦」とみなされた清国との提携策でした。

清国が各地でフランス軍により敗北を喫しているという報道は、日本の清国に対する蔑視感をますますかき立てる傾向を生みましたが、この論説の筆者はこれを戒め「吾輩ハ我ガ国人ノ之ヲ軽蔑スルコトヲ非トシ、成《な》ル可《べ》ク之ト親密ノ交際ヲ為サンコトヲ希望スル」としています。そしてそのうえで清国の奮起を促し、「今回ノ汚辱ニ由テ大ニ自ラ奮起スルアラバ、与《とも》ニ力ヲ合セテ欧洲ノ圧制ヲ破リ亜細亜ノ振起ヲ計ルニ足ラン」(同上)と両国の連帯を唱えているわけです。

このように明治前期のアジア連帯論は、清仏戦争あるいはイリ紛争(一八七一―八一年、天山南路の要地であるイリ地方の支配をめぐるロシアと清国との紛争)などに触発されて、何とか「亜細亜ノ振起」により西洋列強の進出を阻み日本の安全を確保しようとするものでしたから、連帯とはいうものの日本こそはアジアのなかの「開化先進ノ国」という自負に支えられた提携策でした。したがってそこでは、「亜洲の盟主と為て之を提撕《ていせい》[ふるい起こす]誘導し、之をして欧洲と頡頏《けっこう》する[相対抗し屈しない]に至らしむ可き、本邦にあらずして何ぞ」(尾崎行雄「外交策」、前掲『全集』第一巻、三三三頁。読点引用者)というエリート意識が、しばしば顔をのぞかせていました。

2 日清提携に批判的な議論

この期のアジア連帯論は、西洋列強の極東への進出という共通の危機の存在と日清両国の近接した地理的位置という客観的要素によって主《おも》に支えられたものであり、両国間の信頼関係や一体感というような主観的な要素はきわめて希薄でした。それどころか両国のあいだには、開化の程度についての違いや価値観の相違、それにもとづく不信や蔑視の感情が、ことあるごとに剝《む》き出しになる実情にありました。したがって将来に向けての希望的な志向の表現としてはともかく、政策的な構想としては現実性を欠くものと受けとめられるのは致し方ないことでした。

当時の連帯論に対する批判的な言説が問題としたのもその点でした。たとえば論説「曷《なん》為《す》レゾ其レ仏国ヲ咎《とが》ムルヤ」(『自由新聞』一八八四年八月三〇日)は、こう述べています。

清国ハ常ニ反目シテ遥カニ我邦ヲ望見シ、彼レ復タ何等ノ非望ヲ中国ニ懐クヤト警スルヲ常トセリ。苟《いやし》クモ我邦ヲシテ清人ガ此憤怨ヲ解キ、彼レヲシテ我ガ至親ノ同盟者タラシメントスレバ、常ニ一歩ヲ清国ニ譲リテ事々殆ンド其意向ニ従フ程ニ非ザルヨリハ、蓋シ決シテ其歓心ヲ得ルコト能ハザラン。……日清間至親ノ同盟ハ豈《あに》其レ容易ニ其大成ヲ望ミ得ンヤ。(前掲『対外観』二九三頁)

ここでは、清国の日本に対する不信・不満・怨恨の根深さが指摘されることによって、両国間の提携の非現実性が語られています。また『東京横浜毎日新聞』の前掲論説「支那ノ敗北ハ日本ノ幸ナリ」については、先述のように、もしも清国が清仏戦争に勝つようなことがあれば、清国は日本にとっても脅威を与える厄介な存在になろうとの意見を述べていることを紹介しましたが、こうした不信にみちた清国観からは、当然、日清連帯への志向に対する冷たい反応が生まれることになります。この論説の筆者は、連帯論者が「東方諸国モ団結セバ彼［欧州諸国］ニ当ルヲ得ベシ、今東方諸国ノ弱キハ諸国ノ弱キニアラズシテ団結ノ足ラザルナリ」と主張するのは、まったく考えちがいと論じています。そして「弱国ノ団結ハ強国ノ団結ニ如《し》カズ」、つまり弱国が集まって団結したところで強国の団結にはとても勝ち目はないとして、「余輩ハ支那朝鮮ト相結ビ耶蘇教国ノ団結ニ当ラントスル人々ニ反対スル者ナリ」（同上、二九四―九五頁）と断じています。

こうしたアジア連帯に対する批判は、アジアの連帯を説く者自身も「亜人ノ思想中未ダ亜細亜ナシト謂モ可ナリ」（前掲「東洋連衡論」）と、アジア諸国相互の間の一体感の欠如を認めざるをえない実情からしても、十分予想されるところと思われます。

アジアの連帯が非現実的な発想でしかないとするならば、残された道はただひたすら自力による国勢強化に求める現実論のほかにはありません。論説「興亜ノ問題及ビ東洋ノ現勢」(『郵便報知新聞』一八八四年六月六日・一八日) は、日本と清国の現状をみると、日本は西欧文物の採用による「真ノ文明国」をめざしているのに対し、清国の大勢は「守旧ノ精神ニ動カサレテ頑然陋習ニ安ンズル」(同上、二八一頁)状況で、とうてい相携えてアジアの振興を図ることなど考えられないと論じます。そしてそのうえで、「興亜ノ空想ハ以テ国ノ勢力ヲ養フベキ問題ニ非ズ。右ニ視《み》左ニ顧《かえり》ミルモ、唯《ただ》改進ノ方向ヲ取リテ文明ノ域ニ進ムモノハ亜洲中我日本アルノミ。而シテ我国勢ヲ張ルハ唯我日本国ガ我日本国ニ依頼シ他ヲ顧ミズシテ進行スルノ一点ニ在ルノミ」(同上、二八四頁)と述べています。

自力で国勢伸暢を計ろうということの現実論も、ただ「我国ヲ振興シテ欧米諸邦ニ競フノ策ハ外ニ求ムルヲ要セズ、唯内ニ向テ其道ヲ求ムルニアルノミ」(同上、二八五頁)と、「内治ノ改良」にもっぱら力をそそぐのであれば、とりわけ問題はありません。「陋習」を固守し、「改進」を拒む清国を連帯のパートナーとする構想の非現実性を批判する立場からさらに一歩を進めて、中国を「文明各国ノ悪《にく》ム所ニシテ、固ヨリ親シムベカラザル者」と中国の現状に嫌悪感をあらわにまでしたのは杉田定一《ていいち》(一八五一―一九二九)でした。杉田は福井の豪農の家に生まれ、自由民権運動のリーダーとして活躍、自由党の結成にも参画、議会開設後は衆議院議員をながく務めた人です。彼は、一八八四(明治一七)年に清国を旅行し、その感想を「遊清余感」に記していますが、それによれば、「其国人、固陋頑冥、宇内ノ大勢ヲ知ラズ、守旧ノ迷夢ニ沈淪《ちんりん》[深く沈む]ス。若《も》シ之ヲシテ、荏苒《じんぜん》

［時の流れるまま放置して］其ノ為ス所ニ任ゼシメバ、遂ニ東洋開化ノ進路ヲ遮断スベシ」（同上、三一六頁）と、文明開化に後ろ向きの清国を「東洋開化」の進路をふさぐ邪魔ものと断罪しています。こうした清国についての厳しい見方は、その二年前、朝鮮での反日クーデターと日清両国の派兵という事態（壬午事変《じんご》）を契機に、清国が朝鮮の宗主権を確立し、その支配権を強化して行ったことなどが背景になっていました。杉田はこのような清国の動向を捉えて、「嗚呼《ああ》、時機屢々《しばしば》会シ難シ。千載ノ一日、今日ヲ棄テ、何レノ時ニカ在ル」（同上、三一七頁）と、今こそ清国討伐の好機と主張するのでした。

清国に対する厳しい見方も、杉田のように過激な強硬論になると、非現実性という点では日清連帯論と負けず劣らずの好対照ということになるでしょう。ただここで注意しておきたい点は、杉田が「開化文明」を「宇内ノ大勢」とする視点に立つことによって、日本と清国を、それぞれ「東洋開化ノ魁《さきがけ》」と「固陋頑冥」という図式で対比し、清国討伐論の正当性を説明していることです。そこには、後述するように、日清戦争にあたって当時の知識人たちが、この戦争を「文明と野蛮の戦い」と図式的に意義づけた発想とかさなるものを見ることができるように思われます。

Ⅲ　福沢諭吉の「脱亜論」について

福沢の論説「脱亜論」は、一八八五〔明治一八〕年三月一六日の『時事新報』に発表されたものです。この論説も、基本的には、前項で紹介した日清連帯論批判の議論と同じ流れのなかに登場したものと見ることができるでしょう。「脱亜論」は、かつてあまり問題にされることもなく、福沢の最初の全集〔一九二五―二六年〕や選集〔一九五一―五二年〕には収録もされなかったほどでしたが、近年になってとくに注目され、そのアジア認識をめぐって論議を呼んでいる論説です。

アヘン戦争後の中国について、福沢が軽侮と憐憫の眼で見ていたことは先に紹介しましたが、しかしこの福沢も中国を旧態依然のままに放置しておくわけにはいきませんでした。それは、欧米列強が東アジアに利権を求め、力を頼んで進出しつつある現実を片時も忘れることができなかったからです。というのは、西洋文明の理念や精神を高く評価してやまなかった福沢も、西洋先進諸国の支配する現実の国際社会は、パワー・ポリティクスの横行する弱肉強食の世界であると考えていたからでした。「大砲弾薬は以て有る道理を主張するの備に非ずして無き道理を造るの器械なり」という福沢のことばを先に紹介しましたが、国際社会について「各国交際の道二つ、滅ぼすと滅ぼさる、のみと云て可なり」（『通俗国権論』一八七八年、前掲『全集』第四巻、六三七頁）と述べているように、彼は文字どおり食うか食われるかの世界と捉えていました。

注目すべきことに彼は、生命・自由・幸福の追求を人間の天賦の権利として独立を宣言したアメリカの建国についても、「今の亜米利加は元と誰の国なるや。其国の主人たる「インヂヤン」は、白人のために逐はれて、主客処を異にしたるに非ずや。故に今の亜米利加の文明は白人の文明なり、亜米利加の文明と云ふ可らず」（『文明論之概略』巻之六、同上、二〇二頁）と、「自由の国」アメリカを先住民の立場から捉える視点の必要を、すでに指摘していることです。それは欧米先進国の侵略を恐れる後進国日本についての自覚が、まさに文明の光と影をともに見る視線を可能にしたと言うべきでしょう。だから彼は、それにつづけて「此他東洋の国々及び大洋洲諸島の有様は如何ん、欧人の触るゝ処にてよく其本国の権義と利益とを全ふして真の独立を保つものありや」（同上）とアジア・太平洋諸国の植民地化の実情と日本の危機を訴えることとなったわけです。

こうして福沢は、西洋諸国のアジア進出という現実を前にして、隣国である朝鮮や中国の国家的な危機は日本にとっても決して対岸の火事ではない、むしろともに手を携えてこの危機に対処することが必要だと説くのでした。彼は述べています。「今西洋の諸国が威勢を以て東洋に迫る其有様は火の蔓延するものに異ならず。然るに東洋諸国殊に我近隣なる支那朝鮮等の遅鈍にして其勢に当ること能はざるは、木造板屋の火に堪へざるものに等し。故に我日本の武力を以て之に応援するは、単に他の為に非ずして自から為にするものと知る可し。武以て之を保護し、文以て之を誘導し、速に我例に傚《なら》って近時の文明に入らしめざる可らず」（『時事小言』一八八一年、前掲『全集』第五巻、一八七頁）と。

ここでは、福沢が「我輩畢生《ひっせい》の目的」とした日本の「国権を振起するの方略」についての彼の構想が語られているわけです。要するに、西洋諸国が強大な力を背景に進めているアジア進出を阻止し日本の独立を守るためには、まず隣国の中国・朝鮮がしっかりしてもらわなければならない。それには両国の文明化が必要であるが、「遅鈍」な両国の現状では、当面、それは期待できない以上、日本が積極的にそれに介入し援助するだけの覚悟がなければならない、というのが彼の主張の要旨です。具体的な方策は分かりませんが、「武以て之を保護し、文以て之を誘導し、速に我例に傚て近時の文明に入らしめ」るというのですから、日本の主導権のもとで中国・朝鮮に対し強引に明治維新のような現状変革＝文明開化を実行させるということでしょう。それは、連帯ということばが含意するような相互の平等も信頼も欠いた、むしろ強権的な性格すら感じさせるものですが、ともあれ隣国である中国・朝鮮と力をあわせて「西力東漸」に対抗しなければ日本の独立も維持できないという福沢のせっぱ詰まった危機感を示すものでした。

ところが、その翌一八八二（明治一五）年七月に勃発した朝鮮の壬午事変は、むしろ朝鮮の改革をめぐって日本と清国との対立をきわだたせる結果となります。この事変によって日本が推進しようとしていた朝鮮の改革は頓挫し、日本に代わって朝鮮国内の保守派と手を結んだ清国が朝鮮に勢力を伸ばすこととなったからです。すなわち朝鮮の軍制改革が日本の援助で進められると、排除された朝鮮国内の旧軍が反乱を起こし、日本の公使館の焼討ちや日本人教官の殺害などを行いました。そして秩序回復のために朝鮮の守旧派と提携した清国は朝鮮に対する支配権を強化し、日本の勢力は大きく後退を余儀なくされたのでした。

この事変について福沢は、「之を要するに彼の暴徒は文明の敵にして、今回我日本政府が此敵に向て責る所のものあれば文明の為に之を責るものなり」（「朝鮮政略」、『時事新報』一八八二年八月二日、『全集』第八巻、二五二頁）と意味づけています。そして、西洋文明の普遍性を確信し、文明の進歩こそが歴史の進歩であると信じて疑わなかった彼は、日本こそがアジアにおけるこの文明のさきがけとなることに強い使命感と国民的自負の念を抱いていたのでした。「方今東洋の列国にして、文明の中心と為り他の魁《さきがけ》を為して西洋諸国に当るものは、日本国民に非ずして誰ぞや。亜細亜東方の保護は我責任なりと覚悟す可きものなり」（『時事小言』、前掲『全集』第五巻、一八六頁）という彼のことばは、そのことを裏づけています。それだけに壬午事変を契機とする「固陋」の大国＝清国の勢力拡大と朝鮮の文明化に対する妨害は、福沢にとって許しがたいことでした。

こうして福沢は、この事変をとおして清国に強い不信感を抱くこととなります。「近くは本年朝鮮の事変に際し、其前後支那人が朝鮮に接するの情況を察するに、韓人の固陋不明なるを利して益《ますます》日本人を疑はしめんとし、……韓人には恩を施して之を懐《なつ》け、日本人に対しては嗚呼《をこ》がましくも試に之を威《おど》せんとするの心術ならん」（「東洋の政略果して如何せん」、『時事新報』一八八二年一二月七日、前掲『全集』第八巻、四二七―二八頁）と、深い疑いの眼で清国を見ています。したがって清仏戦争が勃発し、清国がフランス軍の前に敗色を濃くしつつあったとき、福沢は、清国の文明化と文明化された清国と結んで西洋列強に当たろうとするこれまでの考えを、すでにあきらめていました。

このような福沢の中国認識は、一八八四（明治一七）年一二月の朝鮮における甲申《こうしん》事変の勃発によって決定的となります。周知のようにこの事変は、清仏戦争での清国の敗北に乗じて朝鮮の金玉均・朴泳孝ら親日派が、日本の武力を背景にして、清国に依存した閔妃《びんひ》一派の事大党《じだい》政権の打倒を目指したクーデター事件を言います。しかしクーデターは結局、救援の清国軍によって鎮圧され、金玉均・朴泳孝らは日本に亡命、朝鮮における日本の勢力回復はまたも清国によって阻まれる結果に終わったのでした。

この事変以後における福沢の中国に対する憎悪感の高ぶりは大変なものでした。「今回京城［現ソウル］に於て我日本国の名誉、権理、利益に大侮辱大損害を加へたる其主謀は支那人なり、其教唆は支那人なり、其実働は支那人なり……」（「朝鮮事変の処分法」、『時事新報』一八八四年一二月二三日、『全集』第十巻、一五〇頁）と彼は中国に怒りをぶつけます。

そして朝鮮・中国に問罪の兵を出すということにでもなれば、絶対に勝たねばならないとして、彼は、「我輩の一身最早愛《おし》むに足らず、進んで軍《いくさ》に北京に討死すべし。我輩の財産最早愛《おし》むに足らず、挙げてこれを軍費に供すべし」(「戦争となれば必勝の算あり」、同上紙、同年一二月二七日、同上、一六二頁)とまで述べるのでした。

さて、福沢の「脱亜論」という論説は、このような彼の当時の清国観を背景として登場したものでした。この論説――それは収録された全集で三頁にも満たない短いものですが――で彼は、例によって西洋文明が普遍的な文明として世界を蔽う勢いにあること、この勢いに逆らって国の独立を保とうとしても、もはや不可能な情勢にあるということを説きます。そして今日、国の独立を維持するためには、西洋文明を積極的に採り入れて、明治維新のような改革を実行するほかないにもかかわらず、隣国の中国・朝鮮は依然として「古風旧慣」から離れられず、国家独立の方向も見えていない始末であるとしています。そして、これらの国とわが日本との違いを彼はつぎのように述べます。

我日本の国土は亜細亜の東辺に在りと謂ども、其国民の精神は既に亜細亜の固陋を脱して西洋の文明に移りたり。然るに爰《ここ》に不幸なるは近隣に国あり、一を支那と云ひ、一を朝鮮と云ふ。……此二国の者共は一身に就き又一国に関して改進の道を知らず、交通至便の世の中に文明の事物を聞見せざるに非ざれども、耳目の聞見は以て心を動かすに足らずして、其古風旧慣に恋々するの情は百千年の古に異ならず、……我輩を以て此二国を視れば、今の文明東漸の風潮に際し、迚《とて》も其独立を維持するの道ある可らず。（「脱亜論」、同上、二三九頁）

こうして福沢は、中国・朝鮮がこのような現状を改め、明治維新のような改革を思い切って断行しないかぎり、数年をまたずに亡国となり、西洋文明諸国の手で国土分割の餌食になるに違いないとします。したがって日本と中国・朝鮮は利害を同じくする「唇歯《しんし》輔《ほ》車《しゃ》」の間柄などと言っても、日本にとってこの二国はなんの援助にもならない。それどころか、旧態依然とした専制国と隣あわせになっているばっかりに、日本もまた文明をわきまえない無法の国と西洋諸国は思い込んでしまうかもしれない、と福沢は心配するのです。そこで彼は主張します。日本はアジアの東に位置するが、すでに西洋文明を受容して国家もその面目を一新し、西洋文明諸国の仲間入りをすべく努力している最中である。中国や朝鮮と同列に視られては迷惑至極であると。

この「脱亜論」の結びのことばは、こうなっています。「我国は隣国の開明を待て共に亜細亜を興すの猶予ある可らず、寧ろ其伍を脱して西洋の文明国と進退を共にし、其支那朝鮮に接するの法も隣国なるが故にとて特別の会釈に及ばず、正に西洋人が之に接するの風に従て処分す可きのみ。悪友を親しむ者は共に悪名を免かる可らず。我れは心に於て亜細亜東方の悪友を謝絶するものなり」（同上、二四〇頁）。これは、これまで福沢が考えていた中国の文明化を前提とした提携＝西洋列強との対抗＝日本の独立・「国権皇張」という構想の断念を意味するものでした。

福沢におけるこのような意味での「脱亜」は、その半年前、清仏戦争で清国の敗北が明らかな状況をうけて彼が書いた論説「輔車唇歯の古諺《こげん》恃むに足らず」（『時事新報』一八八四年九月四日）で、すでに明示されていました。このなかで彼が憂慮したのは、清国の敗北によって、日本もまた清国と同様に与《くみ》しやすいと西洋諸国が考えはしないかということでした。「西洋各国が誤て我日本国を尋常東洋の一列国なりと認むることもあらん歟《か》と、憂慮する所は唯この一事のみ」（同上、三三頁）と彼は言っています。したがってここでも彼は、日本のとるべき方向として、つぎのようなことを強調します。「左れば今後この時勢に処するに如何す可きや。唯我国は独立して東洋に一機軸を出し、西洋人をして大に自から警誡する所あらしめ、東洋諸国中、友として親しむ可く敵として憚る可きものは独り日本国あるのみとの事実を発明せしむるの一法あるのみ」（同上）と。

福沢による脱亜の基本的な方向性はすでにこの時点で明らかになっているように思われます。翌年の彼の「脱亜論」は、いわばこのリフレーンであったと言ってもよいでしょう。*

それは、壬午・甲申の両事変を契機に、福沢が期待をかけた朝鮮の改革派が失脚し、それを支援した日本と、守旧派の支配を支えた清国との対立が顕著になることによって、東アジアの文明化を前提にした日本の独立・国権拡張についての彼の構想が挫折したことを意味するものでした。

＊　丸山眞男は「福沢諭吉の「脱亜論」とその周辺」（一九九〇年九月一二日、日本学士院での論文報告、丸山眞男手帖の会編『丸山眞男話文集』4、二〇〇二年一月、三―九頁）で、福沢が「脱亜」ということばを使用したのは、その前年一八八四年一一月一一日に『時事新報』に掲載された「豊浦生」（日原《ひのはら》昌造）の論文「日本ハ東洋国タルベカラズ」の用法と関係があるのではないかと論じています。それによれば、日原は同論文で興亜会を批判の対象として取り上げ、「亜細亜ノ諸国連合シテ是非トモ欧羅巴《ヨーロッパ》ニ抗セン」などという企てが誤りであることを強調するなかで、「余ハ興亜会ニ反シテ脱亜会ノ設立ヲ希望スル者ナリ」としている。福沢は「この「脱亜会」という思いつきが奇抜で、「脱亜」という表現がシニカルだから、……あ、これは面白いということになって――翌年の社説の一編に「脱亜論」という題を付したんじゃないか、これは私の想像ですけれども」と述べています。

Ⅳ　中江兆民と中国

中江兆民（本名・篤介《とくすけ》、一八四七―一九〇一）は、土佐の生まれで、父は土佐藩の足軽でした。彼は土佐で漢学を、また長崎・江戸でフランス学を学び、維新後、最初の政府派遣留学生の一人としてフランスに渡ります。そして一八七二（明治五）年一月から二年四カ月ほどの留学生活は、兆民の思想形成にきわめて重要な意味を持つものとなりました。当時のフランスは、普仏戦争（一八七〇―七一）の敗北によってナポレオン三世の帝政が倒れ、第三共和制が発足したばかりの時期に当たっていました。この激動の時期にあって彼は、ヴォルテール、モンテスキュー、ルソーなど啓蒙思想家の諸著作を読み、ユーゴーを愛読するなどして、フランス自由主義思想を吸収したと考えられています。

もう一つ注目すべきは、彼がフランスから帰国する途中、アフリカ・アジアの各地で、ヨーロッパ先進国の人たちの現地住民に対する傲慢で侮辱的な行状を見聞し、西洋文明諸国の植民地支配の実態を垣間見る経験を持ったことでした。これは、西欧帝国主義の支配、差別、戦争に対する彼の鋭い批判と追及の視線を形づくる上での原体験となったように思われます。後年、兆民はそのときのことをふり返って、つぎのように述べています。

> 吾儕嘗テ印度海ニ航シテポルトサイド セイゴン等ノ諸港ニ碇泊シ、岸ニ上リテ街衢ニ逍遥セシニ、英法《フランス》諸国ノ民《たみ》〔庶民の意〕此土ニ来ルモノ、意気傲然トシテ絶ヘテ顧慮スル所無ク、其土耳古《トルコ》人若クハ印度人ヲ待ツノ無礼ナルコト、曾テ犬豚ニモ之レ如《し》カズ。一事心ニ慊《かな》ハザルコト有レバ杖ヲ揮フテ之ヲ打チ、若クハ足ヲ挙ゲ一蹴シテ過ギ、視ル者恬《てん》トシテ之ヲ怪《あやし》マズ。……抑々欧洲人ノ自ラ文明ト称シテ而シテ此行有ルハ、之ヲ何ト謂ハン哉。（「論外交」、『自由新聞』一八八二年八月一七日、『中江兆民全集』14、一三

四頁。句読点引用者）

このように兆民は、西洋文明の発達が学術の進歩や豊かな文物を人類にもたらした事実を評価する一方で、文明国を自負する西洋先進諸国の帝国主義的支配とその非人道的な実態については厳しい批判の姿勢を持ちつづけました。その意味で彼は、「理義」を欠いた文明のあり方に一種の懐疑の気持をぬぐい去ることができずにいました。彼がルソーの『学問芸術論』を『非開化論』（一八八三年）と題して訳出刊行し、文明が人間の道徳を頽廃させ、志気を弱め、虚飾へ向かわせるものであることを訴えたのも、兆民のそうした姿勢を示すものでした。それゆえ産業革命を通して機械文明の急速な進歩を遂げた一九世紀についても、その機械文明は「野獣の心有りて人類の感無き政事家と号する妖物」たちによって「人の国を破り人の家を滅ぼし人を傷《きず》つけ人を殺す戦争の屠場に利用」されるままになっているという現実を見て、この世紀を彼は「暗黒なる文明時代」と呼んだのでした（「土著兵論」、『東雲《しののめ》新聞』一八八八年五月一七日、『全集』11、一四六頁）。

兆民がフランス学とならんで漢学という東洋の伝統的な学問に多くのエネルギーを注いだのも、西洋近代の文明に対するこのような疑念と無関係ではないと考えます。フランスから帰国後、一八七八（明治一一）年から八〇年にかけて彼は漢学塾に入ってふたたび漢学の修業に努めています。そしてフランス滞在中から取り組んでいたルソーの『社会契約論』を漢文で翻訳したうえ注解を加え、『民約訳解』（一八八二年）と題して刊行にまでこぎつけます。兆民が「東洋のルソー」と呼ばれるようになるのも、この翻訳がきっかけになってのことと言われています。

兆民がルソーの『社会契約論』を漢文で訳解したことからも分かるように、彼が帰国後に改めて漢学の修業に励んだのは、外国書の翻訳にあたって適切な訳語を創り出すために漢語の習得が必要であったためと考えられています。しかしそうした技術的な必要だけでなく、科学技術に偏りがちな西洋文明の欠陥を補うものとして、道徳性を重視する中国の学問に惹かれたという側面も否定できないように思われます。彼が学んだ漢学塾の一つ高谷龍洲の済美黌《せいびこう》の文集『奎運鳴盛録《けいうんめいせいろく》』五号（一八七八年十一月）に載せた彼の論説「原政」（原漢文）では、政治のあり方につき西洋の場合と中国古代の聖人の治とを対比して、その違いをつぎのように述べています。

曰く、民をして善に移らしむるや之を如何《いかに》せん、と、曰く、之を教うるに道義を以てせん、と、之を教うるに道義を以てするは三代の法なり、之を誘うに工芸を以てするは西土の術なり、……余聞く、仏人蘆騒《ルーソー》書を著して頗る西土の政術を譏《そし》ると、其の意蓋し教化を昌《さか》んにして芸術を抑えんと欲す、此れ亦た政治に見るある者ならんか。（同上、一七頁）

つまり、中国古代における聖人の治（「三代の法」）は道義を基本とするのに対して、西洋近代における政治は、民を誘導する技術（「工芸」）であると考える。それは人間を欲望の主体と捉え、欲望の充足をとおして民を誘導する技術が政治だとする考え方である。しかしそうした考え方は誤りであって、利欲によってではなく、徳義によってのみ民を「至善の地」と「自治の域」に到達させることができる。これが兆民の考えるところであり、またルソーの説くところもそこにあったと兆民は確信したのです。その点で、「東洋のルソー」とは、たんに東洋におけるルソーの紹介者あるいは理解者というだけでなく、ルソーを――あるいはルソーに代表される西洋自由思想を――東洋の儒教を通して受容し、儒教的な思考方法と価値的態度によってその思想を理解したという意味でも、兆民はまさに「東洋のルソー」であったわけです。

兆民が儒教道徳を重視する思考態度は、彼が一八七五年二月に東京外国語学校長に就任したときの教育方針にも表れました。彼は、外国語学校といえども西洋語の学習とならんで漢籍も学ばせるべきだと考えました。それは、漢語が日本では学術語としても日常語としても重要であるということと同時に、また徳性の涵養という点でも孔孟の教えは欠くことのできない意味を持つと考えたからでした。しかしこうした兆民の主張は、開化主義的教育方針をとっていた当時の文部当局の立場と相容れないものであり、彼は早々に校長の職を辞することになりました。*

＊　この外国語学校長時代の兆民については、彼の没後、追悼会の席上で弟子の口から思い出として披露されたことがありました。そしてそれにつき弟子の幸徳秋水は、「此日予の最も興味を感じたのは、先生が徳性の教育に重きを置かれたこと、之が根本を孔孟に取らんとしたことである、予も亦全然此説に同意する」（「故兆民居士追悼会の記」、週刊『平民新聞』第六号、一九〇三年一二月二〇日、『史料近代日本史・社会主義史料　平民新聞（一）』一二六頁）とし、つづけてつぎのように記しています。「予は孔孟の書を以て完全無欠の物とは言はぬ、併し孔孟の仁義道徳の説は、諸宗教の説く所に比して優る所はあつても、決して劣る所はないと思ふ、若し孔孟の教が従来の訓詁註釈をのみ事とする保守的腐儒の専有物とされないで、兆民先生の如き、東西の学に通じて居る活眼達識の人に依《よっ》て述べられたならば、我国民の徳育の上に十分の真価を現したことであらうに、徒らに皮相の文明に走る豎子《じゅし》［青二才］の為めに妨げられたのは遺憾の極である」（同上、一二六—一二七頁）と。

このように儒教的な道徳を重視する兆民の思考態度は、この時期の彼の論策に多く見られます。さきに取り上げた「原政」のほか彼の「策論」（一八七五年八月ころ執筆と推定される意見書草稿）でも、当時の日本を蔽っていた文明開化の風潮を批判して、「洋書大ニ世ニ行ハル、以来経伝《けいでん》ノ学日ニ消シ月ニ滅シ、今日ニ至テハ則チ幾《ほと》ンド仁義忠信ヲ以テ迂屈ト為ス、吁嗟《ああ》何ゾ思ハザルノ甚キ」（『全集』1、一二六頁）と慨嘆し、「漢土ノ経伝」を公私の学校で講習させることを提案しています。

このように儒教は、兆民にとって一九世紀西洋文明の科学技術や功利を重視するあり方に対する規正原理として意味づけられ取り上げられていました。しかしそれだけでなく兆民の思想の展開のなかで、儒教はより深く彼の哲学そのものを内側から支えるものとして、彼の思想の内部に定着して行ったと考えられます。兆民は晩年に自分を評して、「迂闊に迄《まで》理想を守ること、是小生が自慢の処に御座候」と語ったと言われています(幸徳秋水『兆民先生』一九〇二年、『兆民先生 兆民先生行状記』〔岩波文庫〕二五―二六頁)が、その彼の「理想」の重要な部分をなすのは、正義は力であり、正義は歴史の最終的な勝者であるという確信にあったと思います。

兆民は日本の独立を論ずるにあたっても強大国志向をしりぞけて、つぎのような国際信義にもとづく小国独立論を展開しています。「顧《おも》フニ、小国ノ自ラ恃ミテ其独立ヲ保ツ所以ノ者ハ他策無シ、信義ヲ堅守シテ動カズ、道義ノ在ル所ハ大国ト雖モ之ヲ畏レズ小国ト雖モ之ヲ侮ラズ、彼レ若シ不義ノ師ヲ以テ我レニ加フル有ル乎、挙国焦土ト為ルモ戦フ可クシテ降ル可ラズ」(「論外交」、前掲『全集』14、一三六頁。読点引用者)と。これも兆民の理想がどのようなものかをよく示したひとつの例と言えましょう。こうした議論は、陳腐な「儒生学士ノ常話」と一蹴する者がいるだろうと兆民みずからも語っているように、その考え方はきわめて儒教的な発想に近似したものを感じさせます。

それは、信義とか道義などのことばが用いられているということだけでなく、じつは儒教の世界で古くから受けつがれてきた性善説的な理想主義ともいうべき思考方法に通ずるものがあるからにほかなりません。その思考方法とは、たとえば「天道は善に福《さいわ》いし、淫［悪］に禍《わざわ》いす」（『書経』「湯誥篇」）とか、「仁の不仁に勝つや、猶《なお》水の火に勝つがごとし」（『孟子』「告子篇」上）というようなことばを通して、しばしば儒教的世界で語られているものです。また兆民はこうした理想を「理義」という語で表現していますが、この「理義」という語もじつは『孟子』（「告子篇」上）に由来すると考えられます。孟子によれば「理義」とは、「心の同じく然りとする所の者」、つまり万人がひとしく納得し善と考えるものを意味しました。兆民が「理義」について、「凡そ理義の言は皆陳腐なり」（『一年有半』一九〇一年、『全集』10、二〇九頁）としているのも、孟子の「心の同じく然りとする所の者」という意味を兆民なりの逆説的な言い方で――しかも「陳腐」という彼独特の語を用いて、新奇を好む文明開化いらいの風潮に対する皮肉をこめて――表現したものと言うことができるでしょう。彼が、他のところで「理義」について「天下の最明白なる道理」（同上、一七七頁）と説明しているのも、孟子の「理義」の説明とつながるものを感じさせます。

しかしこの兆民の理想を集約的に表現する「理義」＝「天下の最明白なる道理」は、単に「信義」とか「道義」というような、儒教的徳目から読みかえられた道徳的な理――あるいは「理義物質の別」とあるように、「物質の美」に対する「理義の善」という人類普遍の道徳的善――だけを意味するものではありませんでした。兆民にとっての「理義」は、それと同時に、「文明の原質なる理義の心」（『三酔人経綸問答』一八八七年、『全集』8、一八二頁）とも述べられているように、近代文明の本質をなす精神、すなわち近代文明の原理や理念をも内包するものでなければなりませんでした。それは、「平等の理」「自由の義」あるいは「民権是れ至理也、自由平等是れ大義也」（『一年有半』、前掲『全集』一〇、一七七頁）などと述べているように、自由・平等・民権などの理念を指すものとしても用いられていました。

そしてこの自由・平等・民権などの理念もまた、儒教における仁や信義と同様、いかなる権威や権力にも屈しない、歴史の最終的勝者としての力を持つものであり、その意味でもまさに「理義」と考えられていたのです。たとえば彼は、前述の「民権是れ至理也、自由平等是れ大義也」ということばにつづけて、つぎのように述べています。「此等理義に反する者は竟《つい》に之れが罰を受けざる能はず、百の帝国主義有りと雖《いえど》も此理義を滅没することは終《つい》に得可らず、帝王尊しと雖も、此理義を敬重して茲《ここ》に以て其尊を保つを得可し、此理や漢土に在ても孟軻、柳宗元早く之を覰破《しょは》せり、欧米の専有に非ざる也」（同上）と。

つまり自由・平等・民権という理念は、天下万人の認める道理＝「理義」であるのだから、強暴な帝国主義も尊大な帝王も、罰を受けることなしにこれに背くことはできない、こうした道理は中国でも早くから孟子や柳宗元らによって指摘されている、と言っているのです。このように兆民は、孟子の「理義」に示された儒教的な理想主義を、彼の生きる明治の時代状況に即して読み替えながら自由民権の哲学を構築して行ったのです。これは、日本になじみの深い中国伝統の思想を受け皿にして、新しいルソー流のフランス自由思想を採り入れ、日本に根づかせようとする兆民のしたたかな試みと考えることができるでしょう。

このような試みは、また「理義」を形成する重要な要素である自由の観念そのものの理解についても見られました。それは、兆民が自由のなかでももっとも重視した「リベルテーモラル」すなわち「心思ノ自由」または「心神ノ自由」と呼ぶ自由の観念についてです。この「心思ノ自由」は、近代憲法で一般に規定されている個人の自由権――たとえば宗教の自由、思想の自由、表現の自由、居住移転の自由、職業の自由等々――を意味する「リベルテーポリチック」すなわち「行為ノ自由」とは区別され、むしろこれら諸自由の根っこに相当するものと考えられていました。彼の表現を借りると、「心思ノ自由ハ我ガ本有ノ根基《こんき》ナルヲ以テ、第二目行為ノ自由ヨリ始メ其他百般自由ノ類ハ皆此ヨリ出デ、凡ソ人生ノ行為、福祉、学芸皆此ヨリ出ヅ」(『東洋自由新聞』創刊号社説、一八八一年三月一八日、前掲『全集』14、一頁。読点引用者)ということになります。

それはどのような自由を意味するのかというと、兆民によれば、政治的権力や宗教的権威によっても制約されず、自らの内なる邪悪な欲望や誘惑にも妨げられず、おのれの心が何ら天地に恥じるところなく活発自在に活動するあり様を指していました。そしてこの

「心思ノ自由」を彼は、このように説明しています。「リベルテーモラルトハ、我ガ精神心思ノ絶ヱテ他物ノ束縛ヲ受ケズ完然発達シテ余力無キヲ得ルヲ謂フ是レナリ。古人所謂義ト道トニ配スル浩然ノ一気ハ即チ此物ナリ」（同上。句読点引用者）と。つまり孟子の有名な「浩然の気」と同じものとしたのです。彼の「心思ノ自由」が、ほかの自由のように外的な権力や権威から自由であるだけでなく、自己の内なる邪悪な心からも自由であること——彼の表現をそのまま借用すれば「内ニシテハ五慾六悪ノ妨碍《ぼうがい》スル所トナラズ」（同上）——を求められ、社会的正義や道理への強い意志によって支えられた道徳性を必要とされたのもそのためです。

ちなみに孟子の「浩然の気」とは、「至大至剛、直を以て養いて害すること無ければ、則ち天地の間に塞《ふさ》がる」（『孟子』「公孫丑篇」上）と言われているように、正義にそって養い育てることにより天地に充ち満ちるほどの大きさと強さとを持つ生気であり、これを欠くと人間もまた人間としての活力を失うと言われるほどのものです。兆民が「心思ノ自由」について、「吾人ノ最モ当《ま》サニ心ヲ留メテ涵養ス可キ所」（同上）と、やはり「涵養」の必要を主張し、「完然発達シテ余力無キヲ得ル」と、自由を単に拘束のない状態とだけ捉えるのでなく、涵養という努力をとおして発達しうる力ないし働きと考える点でも孟子の「浩然の気」との共通性を見ることができます。

このように兆民にあっては、「理義」あるいは「自由」などその思想の本質にかかわるようなキイ・コンセプトが、儒教的な観念ないし思考方法を媒介として形づくられていることが理解できます。そのことからも察せられるように、彼にとって中国はきわめて身近な存在と感じとられていました。彼はこう述べています。「夫レ隣国ト往復交際スルコトハ政コレヨリ重キハ莫シ。我レノ清ト相隔ルコト一水ニ過ギズ、書文相同ク、制度相ヒ同ク、習俗相同ク、土産《どさん》相同ク、加之《しかのみならず》強英驕魯頤《きょうろい》ヲ亜細亜ニ朶《た》ル、［枝のように垂《た》れ下がるの意］コト久シケレバ、辺圉《へんぎょ》［辺境］ノ憂モ亦略ボ其形ヲ同クス」（「吾儕時事ヲ論ズルコトヲ欲セズ」、『東洋自由新聞』一八八一年四月三日、同上、二二頁。句読点引用者）と。つまり日本と清国とは、地理的にも、文物・制度・習俗・産業の面でも共通するものがあり、そのうえイギリス・ロシアの脅威をうけている点でも同じであると述べて、両国の親近性を強調しているわけです。

ほぼ同じような中国認識は、『三酔人経綸問答』のなかでも、兆民自身にもっとも近いとされる登場人物「南海先生」の口を通して語られています。そこでは、大陸侵掠論を説く「豪傑君」を批判するかたちで、隣国との友好関係を保つことの重要性が強調され、中国についてつぎのように説いています。

若夫れ支那国の如きは其風俗習尚《しゅうしょう》よりして言ふも其文物品式よりして言ふも其地勢よりして言ふも、亜細亜の小邦たる者は当《まさ》に之と好《よしみ》を敦《あつ》くし交《まじわり》を固くし務《つとめ》て怨を相嫁すること無きことを求む可きなり、国家益々土産を増殖し貨物を殷阜《いんぷ》にするに及では、支那国土の博大なる人民の蕃庶《はんしょ》なる実に我れの一大販路にして混々尽ること無き利源なり、是《ここ》に慮《おもんぱか》らずして一時国体を張るの念に徇《したが》ひ瑣砕《ささい》の違言を名として徒《いたずら》に争競を騰《あぐ》るが如きは、僕尤も其非計を見るなり。（前掲『全集』8、二六八頁）

事実、兆民は日清間の友好・提携のための事業をみずから試みてもいます。たとえば一八八三（明治一六）年二月に、彼は同志とともに「東洋著訳出版社」（のち他社と合併し日本出版会社となる）を創業しますが、その趣旨の一つには「真理民極《みんきょく》ヲシテ東洋ニ弘布定立セシムル」ことが意図されていました。また一八八四年ころに日清両国の志士の養成を目的として上海に東洋学館が設立されますが、その設立にも兆民は力をつくしたとみられています（松永昌三『中江兆民評伝』一五六―一五七頁）。これらの事実も、中国に対して兆民が抱いた親近感の深さを示すものと言えましょう。

第三章　日清戦争と西洋列強の中国進出

I　日清戦争と中国認識

1　日清戦争の背景

甲申《こうしん》事変によって表面化した日清両国の衝突は、一八八五〔明治一八〕年四月の天津条約で、両国軍隊の撤退と将来の出兵にあたっては事前に通告しあうことを約して収束に至りました。しかし当時、朝鮮をめぐる問題は、あらたにイギリス・ロシアの対立という国際的緊張の渦中に取り込まれ、イギリスはロシアの朝鮮への進出を阻むべく朝鮮南岸の要地巨文島を占領するという事態にまでいたります。それは天津条約調印の直前のことでした。そうした状況のなかで清国は、その後も朝鮮に対する宗主国としての立場を固く持し、主導的外交姿勢を変えることはありませんでした。

一方、日本は、朝鮮半島をめぐる国際的緊張、とくにロシアの南下政策に対して強い危機感をいだき、西洋列強の極東への進出を阻むためにも朝鮮の「改革」を推進し、「独立」へと導くことが必要との考えを持ちつづけます。問題はそれをどのようにして達成するかの方策にありました。天津条約締結の二カ月後に外務卿の井上馨は、対朝鮮政策について清国が朝鮮の内政を事実上監理することを認めるが、その前提として清国は事前に日本と協議するなど緊密に連絡のうえ実施することを李鴻章に提案します。しかしそれは李の容《い》れるところとなりませんでした。このように日本政府内では、清国と協調して朝鮮の「改革」あるいは中立化を図ろうとする構想がその後もいくたびか浮上します。

たとえば一八九〇〔明治二三〕年三月、首相の山県有朋によって青木周蔵外相に提示された意見書「外交政略論」は、朝鮮をめぐる当時の日本政府の外交姿勢、あるいは対中国関係についての考え方を知るうえで注目されます。山県が「主権線」と「利益線」という考え方を提示したのも、この意見書においてでした。「主権線」とは主権の及ぶ自国領土を指し、「利益線」とは「隣国接触ノ勢我ガ主権線ノ安危ト緊《きび》シク相関係スルノ区域」を意味していました。そして①「主権線ヲ守禦シ他人ノ侵害ヲ容レズ」、②「利益線ヲ防護シ自己ノ形勝ヲ失ハズ」という二つの点を、日本にとっての「国家独立自衛ノ道」と主張したのでした〔前掲、大山梓編『山県有朋意見書』一九六頁〕。山県のこの考え方は、同年一一月に召集された第一議会での施政方針演説で披瀝《ひれき》され、ひろく知られるところとなりました。

「利益線」について山県は、この意見書で、「我邦、利益線ノ焦点ハ実ニ朝鮮ニ在リ」（同上、一九七頁。以下、同書の句読点は引用者による）としましたが、その朝鮮は今まさに西洋列強が進出をめぐってしのぎを削りつつあると山県は考えました。彼の表現を借りれば、「夫レ西欧無事ノ日ハ、即チ彼ノ各国ノ遠略ヲ東洋ニ進ムルノ時ニシテ、東洋ノ遺利財源ハ、方《まさ》ニ肉ノ群虎ノ間ニ在ルガ如シ。事阿富汗《アフガン》ニ在ラズンバ必《かならず》朝鮮海ニ在ラン」（同上、一九七頁）というわけです。そのような状況下で彼は、日本外交のとるべき方策の一つとして「清国ノ交際ヲ厚クスルコト」を挙げ、またロシア南下の脅威を共有する日清両国が「朝鮮国ノ中立」を実現するために協力して「聯合保護ノ策」をとることもこれからの検討課題としなければならないと説いています（同上、一九八―九九頁）。しかし現実の問題として、日清が協力して朝鮮の「改革」を行うことができるような政治的環境は、両国間にはありませんでした。

その山県も二年前の時点では、朝鮮政策につき、「蓋シ我国ノ政略ハ、朝鮮ヲシテ全ク支那ノ関係ヲ離レ自主独立ノ一邦国トナシ、以テ欧洲ノ一強国、事ニ乗ジテ之ヲ略有スルノ憂ナカラシムルニ在リ」（「軍事意見書」一八八八年一月、同上、一七九頁）と、中国の朝鮮に対する宗主国的立場からの干渉を排除し、朝鮮の「独立」を確保することが、極東の安定ひいては日本の安全につながるという立場に立っていました。前後数年間に見られるこうした山県の中国に対する態度のぶれは、天津条約の下での日中両国の不安定な関係を乗りこえる適切な方策を、当時の日本政府が見出し得なかったことを示すものでしょう。そのようななかで、むしろ両国間の緊張をたかめる事件がつぎつぎと起こります。防穀令《ぼうこくれい》事件や金玉均暗殺事件がそれです。そしてそれらの事件が登場するごとに、日本国内の世論は対清強硬論に向けて沸騰しました。

防穀令事件とは、一八八九〔明治二二〕年に朝鮮の一地方官の出した穀物輸出禁止令により日本商人のこうむった損害の賠償金額をめぐって日朝両国のあいだで対立紛糾した事件で、日本政府は最終的に清国に調停を依頼し、ようやく九三年五月、解決にこぎつけました。しかし日本の国内では対外強硬に転じつつあった民党が政府批判の活発な運動を展開し、世論も強硬論へと傾く動きがみられました。そのため一時は、日本の軍艦派遣と清国の対抗派兵という事態も懸念されるような切迫した状況にまで達したほどでした。

また後者の金玉均問題ですが、甲申事変で敗れた親日派のリーダー金玉均は日本にのがれ、日本で亡命生活を送ります。しかし金の亡命に対しては朝鮮政府および清国政府が強い警戒心を抱き、その処分をしばしば要求してきたために、日本政府も国外追放などを含めその対応に苦慮しますが、やがて朝鮮政府は金の暗殺を計画し、一八九四〔明治二七〕年三月、金が上海に渡った機会をとらえて殺害してしまいます。この暗殺計画には清国もかかわっていたと考えられ、また金と同じく日本に亡命した朴泳孝の暗殺未遂事件もあって、日本の国内世論は激昂し、対朝鮮・対清強硬論が盛り上がることとなります。

一方、朝鮮では民族的宗教の東学を奉ずる人たちによる農民戦争（甲午《こうご》農民戦争）が勃発し、朝鮮政府は農民軍鎮圧のため六月に清国にたいして派兵を要請するという事態が発生します。そして清国が派兵要請を受諾すると、日本政府は公使館および居留民の保護を理由として独自に多量の兵員を派遣したため、清国とのあいだに緊張関係がにわかに高まることとなるのです。清国の言い分によれば、清国の出兵はあくまで朝鮮政府の要請に応じたものであるし、属邦保護の先例に則ったものでもあるのに対し、日本は朝鮮政府の要請もないのに公使館・居留民の保護を理由に多数の兵を派遣してきたと非難するのでした。しかも日本軍が朝鮮の王都漢城に到着したときには、すでに戦乱は収束に向かい市街は平静にもどっていた状態で、日本にとって派兵の理由はすでに消滅してしまっているという、思いもかけない方向に事態は進んでいました。

そこで日本政府はこの機会をとらえ、かねてからの計画であった朝鮮の内政改革を共同で行うよう清国に提案します。そして清国は予想どおりこれを拒否しましたため、日本は朝鮮政府に清国とのあいだの宗属関係の破棄などを要求する最後通牒を提出、朝鮮王宮を占領するとともに、この年七月二五日には豊島沖の清国艦隊に攻撃を加え、ここに日清両国は戦争に突入することとなります。

2 新旧文明の衝突

清国に対する宣戦の詔勅は、一八九四〔明治二七〕年八月一日に発布されました。詔勅は、日清開戦にいたる経緯について、つぎのように述べています。

朝鮮ハ帝国ガ其始ニ啓誘シテ列国ノ伍伴ニ就カシメタル独立ノ一国タリ。而シテ清国ハ毎ニ自ラ朝鮮ヲ以テ属邦ト称シ、陰ニ陽ニ其ノ内政ニ干渉シ、其ノ内乱アルニ於テ口ヲ属邦ノ拯難《じょうなん》〔救難に同じ〕ニ籍《し》キ、兵ヲ朝鮮ニ出シタリ。……清国ノ計図タル、明ニ朝鮮国治安ノ責ヲシテ帰スル所アラザラシメ、帝国ガ率先シテ之ヲ諸独立国ノ列ニ伍セシメタル朝鮮ノ地位ハ、之ヲ表示スルノ条約ト共ニ之ヲ蒙晦《もうかい》〔うやむや〕ニ付シ、以テ帝国ノ権利利益ヲ損傷シ、以テ東洋ノ平和ヲシテ永ク担保ナカラシムルニ存スルヤ疑フベカラズ。（濁点・句読点引用者）

ここで注目されるのは、日清両国が戦争にまで至った基本的な原因として、両国の対朝鮮政策の根底にある考え方の相違を強調していることです。その相違とは、日本は朝鮮を開国に導き、これを一独立国として列国の仲間入りができるようにと尽力してきたのに対して、清国は朝鮮に対して宗主国と自称し、これを属国と扱ってきたということ、つまり日本は、朝鮮との関係についても独立した主権国家相互の関係、つまり西欧近代が前提とする国際社会の原則を尊重してきたのに対して、清国は依然として伝統的な宗主国と朝貢国という冊封体制の秩序観に固執し、これを改めようとしなかったこと、その新旧二つの考え方の対立が戦争の背景にあったとしたわけです。

このように日清戦争を朝鮮という国家をめぐる新旧二つの価値観の対立とする捉え方は、当時の多くの知識人たちの共有するところでした。「日清の戦争は文野《ぶんや》の戦争なり」というタイトルの論説を『時事新報』（一八九四年七月二九日）に掲げた福沢諭吉はその代表的な例と言えましょう。「文野の戦争」とは、言うまでもなく文明と野蛮の戦いの意味ですが、この論説のなかで彼は日清戦争の意味について、「戦争の事実は日清両国の間に起りたりと雖も、其根源を尋ぬれば文明開化の進歩を謀るものと其進歩を妨げんとするものとの戦にして、決して両国間の争に非ず」（『全集』第一四巻、四九一頁）とし、さらに「人と人、国と国との事に非ずして、一種の宗教争ひと見るも可なり」（同上、四九二頁）とまで言っています。

このような文明論的な捉え方は、日清開戦の外交を担当した伊藤内閣の外相陸奥《むつ》宗光（一八四四―九七）も戦争に至るまでの両国の関係を、「西欧的新文明ト東亜的旧文明トノ衝突」（『蹇蹇録《けんけんろく》』一八九五年稿、岩波書店、三二頁）と評していますが、内村鑑三（一八六一―一九三〇）や植村正久（一八五八―一九二五）らのキリスト教徒にも同様の考えをみることができます。内村は、英文で日清戦争の正当性を世界に向けて訴えるとともに、日本文でも「日清戦争の義」と題して雑誌『国民之友』(一八九四年九月三日)に発表します。そして戦争のもつ意義について、「新にして小なる日本は、旧にして大なる支那と衝突せり。朝鮮戦争の決する所は、東洋は西洋と均しく進歩主義に則るべきや、或は……満州的支那政府が代表する退歩の精神は、東洋全体を指揮すべきやにあり」(『内村鑑三著作集』2、岩波書店、三二頁)と述べているように、西洋の「進歩主義」と東洋の「退歩の精神」のいずれが極東の地を支配すべきかの争いと意義づけています。また植村も、「日清戦争の真正なる動機は、新旧二様の精神的衝突なり」とし、「今回の戦争は大日本帝国が開進的天職を自ら意識し、これを全世界に披露するの機会なり」(「日清戦争を精神問題とせよ」、『福音新報』一八九四年一一月九日、『植村正久著作集』第二巻、一八六頁)と説いて、軍事的勝利のみに関心をよせる世間の風潮に警鐘を鳴らしました。

このように日清両国の戦争を新旧文明の衝突として意味づけることは、一方の日本を新文明ないし進歩の精神の担い手とし、他方の中国を旧文明ないし退歩の精神の担い手と規定する点で、中国を「因循固陋」の国としたあの中国侮蔑観の流れにつらなる側面を持っていたことは否定できません。また文明という価値観の対立に焦点が向けられることによって、朝鮮の支配権をめぐる両国の対立というパワー・ポリティクスの実態が後景に押しやられる危うさを持った点も無視できないでしょう。

しかし他方、文明的価値という視点の重視は、内村や植村の場合がそうであるように、個々の国家の国権とか国益とかをこえた普遍的理念を提示することによって、同時に、日本の国家をも相対化してしまうような普遍主義への志向を内包するという意味をも持つものでした。植村は、一八九〇（明治二三）年一一月二二日、帝国議会の開幕にあたって「日本をして民権の国、自由の邦土たらしむる」ことこそが日本の国民に与えられた「天職」とし、つぎのように述べています。「日本の天職は、この歴史の潮流に従い、公明なる君民同治の政を挙げ、自由の大義を彰《あきら》かにし、アジアの諸邦国に率先して、文明の田野を耕し、東洋の衰勢を挽回するに在り」（「帝国議会の開設」、『日本評論』一八号、同上、一六七頁）と。そしてこの流れに逆らって「保守を事とし、旧に依り古に泥《なず》みて、進歩の路を遮らんと試みるもの」は「自由の大敵」であるのみならず国民の「天職」を蹂躙するものと、激しい批判を浴びせています（同上）。ここにおける文明と守旧、「進歩」と「保守」の対比は、言うまでもなく立憲制の開幕に際して日本国内における新旧二つの精神を論じたものですが、先の「新旧二様の精神的衝突」という植村による日清戦争の意味づけは、まさに同様の発想にもとづく対外版であったと言うことができましょう。したがってそこには、自由民権こそが普遍的な文明の原理とする普遍主義――それゆえ清朝の保守的専制ばかりでなく、日本の藩閥専制も同様に認めることを許さない普遍的原理の支配――を志向する姿勢がみられた点は注目すべきでしょう。

内村の場合も同様でした。彼が日清戦争を「義戦」と呼んで正当化したのは、朝鮮の独立を達成するという一点にこそ戦争の目的があったと考えたからでした。当時、日本の国内では、中国への憎悪を煽り、中国の「討滅」を声高に叫ぶ風潮が高まっていましたが、こうした世間の風潮に対して彼がきびしくいましめているのもそのためです。「支那を斃して而して後日本立つべしと信ずる人は、宇内の大勢に最も暗き者と称せざる可からず。東洋の平和は支那を起すより来る。朝鮮の独立、日本の進歩、共に支那勃興（真正）の結果として来るべきものなり。……東洋の平和と安全とを支那の廃滅に求むるものは、自欺《じき》の最も甚だしきものなり」（「日清戦争の目的如何」、『国民之友』一八九四年一〇月三日、前掲『著作集』2、四五頁）というわけです。彼によれば、明治日本の国民的悲願である国家的独立は、朝鮮の独立を必要とし、中国の独立を必要とする。つまり国家的独立や進歩は、自他の差別を超えて尊重されなければならない普遍的な原理であり、他国の独立を否定して自国の独立を追求するのは自己欺瞞であり自己矛盾であるとするのが内村の基本的立場でした。

だから彼は、戦争に勝利を収めると手のひらを返すように、朝鮮への勢力拡大や利権の獲得に朝野をあげて狂奔する日本の姿に、まったく裏切られた思いを深くするのでした。内村は述べています。「戦局を結んで戦捷国の位置に立つや、其主眼とせし隣邦の独立は措て問はざるが如く、新領土の開鑿、新市場の拡張は全国民の注意を奪ひ、偏に戦捷の利益を十二分に収めんとして汲々《きゆうきゆう》たり、義戦若し誠に実に義戦たらば何故に国家の存在を犠牲に供しても戦はざる、日本国民若し仁義の民たらば何故に同胞支那人の名誉を重んぜざる、何故に隣邦朝鮮国の誘導に勉めざる」(「時勢の観察」、『国民之友』一八九六年八月一五日、同上、七九頁。傍点ママ)と。

このように植村や内村が日清戦争の正当性を検証するにあたって主張した新しい文明や進歩の精神は、単に戦争の大義としての意味を持つだけでなく、個別の国家を超越した普遍的理念として国家の存在理由をなす性格のものと理解されていました。「真理は国家より大なり、真理に順服せずして真理を利用する者は終に真理の捨児となる」(「時勢の観察」、同上、一一〇頁)という内村のことばは、国家と厳しい緊張関係を保つ正義価値の存在を物語っていると思います。したがってここでの文明の観念は、中国や朝鮮に対する蔑視観とつらなるものでないばかりか、富国強兵を自己目的とする自国至上主義的な日本の政治姿勢に向けての強烈な異議申し立てとしての意味を、同時に内包するものでもあったわけです。

3 勝海舟と日清戦争

日清戦争は日本国内の世論のほぼ全面的な支持のもとで進められました。じつは、開戦の直前まで政府は、条約改正問題をめぐって、内地雑居反対・現行条約励行を主張する対外硬派の激しい反対に直面し、議会の運営も行きづまる状況にありました。政府による開戦の決断は、一つにはこうした国内の対外硬派の反政府の力を外にそらす意味もあったのでした。政府のこのねらいは、みごとに効を奏し、戦争突入と同時に国内は一致して戦争に協力する態勢を調《ととの》えることとなります。

もっとも意外な挿話も伝えられています。それは、開戦にあたって宣戦の詔勅が公布されたことを伊勢神宮および先帝の孝明天皇陵に奉告する段になってのことです。宮内大臣の土方久元《ひじかたひさもと》が派遣する勅使の人選につき明治天皇に願い出たところ、天皇が言うには「其の儀に及ばず、今回の戦争は朕素より不本意なり、閣臣等戦争の已むべからざるを奏するに依り、之れを許したるのみ、之れを神宮及び先帝陵に奉告するは朕甚だ苦しむ」（『明治天皇紀』第八、四八一―八二頁）と、この戦争が天皇の本意ではない旨を述べたのです。土方は天皇の意外なことばにおどろき、宣戦の詔勅を裁可した後になってそのようなことを言われるのはいかがかといさめると、「忽ち逆鱗に触れ、再び謂ふなかれ、朕復た汝を見るを欲せずと宣《のたま》ふ」（同上、四八二頁）という次第で、恐懼して退出した土方は、どう処置すべきか煩悶苦悩して眠れぬ一夜を過ごします。しかし、幸いなことに、翌早朝になると勅使の人選をするようにとの沙汰が伝えられ、奉告の件は円満解決し事なきを得たとのことです。明治天皇のこのような言動の背景には、政治の主導権を握っていた伊藤・山県らに対する不満、あるいは日清間の戦争が第三国に介入の機会を与えることになりはしないかという危惧を天皇が抱いていたなど、さまざまな事情が推測されていますが、これらの不満や不安が重なった結果、開戦を「不本意」とするようなことばになったのではないかと考えられています。*

＊　この点の詳細な考察については、中塚明『蹇蹇録』の世界』みすず書房、一九九二年、とくに一三五—六四頁参照。

　ところで勝海舟も同じ理由から日清開戦には反対だったようです。彼は、開戦にあたって、その感懐を漢詩に托してつぎのように述べています。「隣国　兵を交ふるの日／其の軍　更に名無し／憐むべし　雞林［朝鮮全土を指す］の肉／割きて以て魯・英に与ふ」（「偶感　二十七年作」、『全集』14、勁草書房、四〇四頁）と。すなわち日清戦争は名分の立たない戦争と断じ、ロシアやイギリスの朝鮮への進出を心配しています。その翌年二月にも彼は、「時事　感ずる所ありて二首」と題しその一につぎのように詠んでいます。「貨幣は瓦石に非ず／濫《みだ》りに用ふれば　或ひは窘迫《きんぱく》せん／我　国の財　匪《ひ》なるを言はば／若輩　皆嘲噱《ちようきやく》す［嘲り笑う］／再び　出師《すいし》の非なるを言はば／要路も亦　懌《よろこ》ばず／病みて臥す　数閲月／果して知る　籌策《ちゆうさく》無きを」（同上、四〇五頁）と。要するに、日本の国の財政が苦境にあると言えば若い連中は嘲笑するし、かさねて出兵の誤りを言えば政府の者どもは機嫌がわるい。まったく処置なしだと言っているわけです。

　海舟が幕末に朝鮮・中国との提携を中心としたアジア連合ともいうべき構想を持っていたことは先に述べましたが、維新後も彼は文化大国としての中国とは親密な関係を保つべきだとの考えを持っていました。彼は一八八七（明治二〇）年五月の建白書（口演覚書）のなかでつぎのように述べています。「支那は隣国、まことに我国の制度文物悉く彼の物より伝来せし国柄故、今更仇敵の様御覧なされず、信義を以て厚く御交際片寄り申さず、愛憎偏頗《へんぱ》に陥いらざる様なされたく候」（同上、二五八頁）と。またその翌年五月、枢密院議長の伊藤博文に宛てた意見書のなかでも、「欧洲の政跡に御模倣、少々ご改善これあり候のみにて、これ早くも歩を欧米に凌駕なされ候と御自ら誇り、隣国を軽蔑なされ候は、甚だ国体に対せられ御軽薄の御挙動と存じ候」（同上、二六一頁）と、日本が文明開化政策によって多少進歩したことに増長して隣国を軽侮するなどということは、軽薄きわまる振舞いだと、政府をきびしく戒めています。

幕末における海舟のアジア連合という構想を見ても明らかなように、海舟には東洋対西洋という枠組を基本として、政治や軍事の面でも文化の面でも、西洋の進出に対し東洋を防護するという発想がその思考方法の重要な一面を形づくっています。前述の伊藤博文宛ての意見書でも、「智術と西洋法とを以て政府の枢機となされ候は、皇国の真政府とは申すまじく、こいねがわくは誠意と実着を以て枢機とし、……」（同上、二六〇頁）とあるように、「智術と西洋法」対「誠意と実着」というかたちで、明治政府の欧化政策批判が展開されています。これはあたかも、先述した中江兆民における、「西土の政術」と東洋の「三代の法」＝「道義」との対比による文明開化批判と、基本的な考え方の点でつながるものさえあるように思われます。

このような考え方は、政治あるいはその延長線上にある戦争の帰趨に過大な関心をはらい高い価値をおくよりは、むしろ政治社会とは別の人民社会の生活実態に注目し、それを重視するという価値的態度と結びつくものがあります。海舟の中国認識にもそうした特徴を見ることができます。たとえば「全体、シナを日本と同じように見るのが大違いだ。日本はりっぱな国家だけれども、シナは国家ではない。あれはただ人民の社会だ。政治などはどうなってもかまわない。自分さえ利益を得れば、それでシナ人は満足するのだ」(『氷川清話』一八九七年、同上、一五五頁)と。また日清戦争に日本が勝利して、日本国民はまさに歓喜に酔いしれる状況であったのですが、海舟はそれをのちにこう評してもいます。

シナ人は、一体気分が大きい。日本では戦争に勝ったといって、大騒ぎをやったけれども、シナ人は、天子が代わろうが、戦争に負けようが、ほとんど馬耳東風で、はあ天子が代わったのか、はあ日本が勝ったのか、などいって平気でいる。それもそのはずさ。一つの帝室が滅んで、他の皇室に代わろうが、国が滅んで、他国の領分になろうが、一体の社会は依然として旧態を存しているのだからのう。社会というものは、国家の興亡には少しも関係しないよ。(同上、一四四頁)

国家と社会を区別するこのような考え方は、国家の政治的機能を重視し価値的にも優位におく当時の日本の思想風土の下では育ちにくいが、海舟にあっては国家から区別された社会を重視する視点から中国の文化的特質をとらえ、逆に日本を超える懐の深さを持つ中国像を描くことができたのでした。

Ⅱ　列強の帝国主義と中国

1　分割の危機にあえぐ中国

一八九五〔明治二八〕年三月、日本側の全権伊藤博文・陸奥宗光と清国側の李鴻章は下関で講和会議を開き、両国間の休戦が成立、翌四月一七日には講和条約が調印されて、戦争は日本の勝利とともに終了します。講和条約の内容は、①朝鮮の独立を承認、②遼東半島・台湾・澎湖《ほうこ》列島の割譲、③賠償金二億両の支払い、④領事裁判権・最恵国条項などをふくむ日清通商航海条約の締結などを清国は受け入れるというものでした。しかしこの講和条約に対しては、危惧されていたように、ロシア・ドイツ・フランスの三国が遼東半島の日本への割譲について異議を唱え、清国に返還するよう求めました〔「三国干渉」〕。もはや日本にはこれを拒むだけの余力はなく、イギリスなどの援助も期待できないところからやむなく受け入れることとなります。

他方、朝鮮については、その「独立」を清国に認めさせると同時に、今度は日本自身が勢力を朝鮮に浸透させるために強圧的な介入を試みます。すなわち日本は一八九五年一〇月、新たに公使として赴任した三浦梧楼《ごろう》の指揮の下で在京城の日本守備隊・日本人官吏・巡査らが宮廷に乱入して閔妃《びんひ》とその側近を殺害し、ロシアとの接近をめざす閔妃政権を倒して親日派の政権を樹立するクーデターを行います。さすがにこの暴挙は、列国外交官の抗議を招き、日本政府も三浦を解任して事態の収拾に当たらざるを得なくなります。しかし、これにより朝鮮国内の反日気運はますます高まり、ロシアはこれに乗じて朝鮮への接近を一層強めることとなります。こうして、日本が清国と戦火を交えるにいたった直接の目的である朝鮮の内政改革＝親日派政権の樹立という計画は、一時挫折のやむなきに至ったのでした。

ところで日本との戦いに敗れた中国は、きわめて深刻な対外的危機に直面することとなります。すなわち中国は、日本に対する賠償金の支払い、台湾などの領土の割譲、治外法権の承認などを余儀なくされただけでなく、利権獲得の機会をねらっていたヨーロッパ列強の帝国主義的進出を招き、アヘン戦争いらいの半植民地化への道を一層加速させる結果となったわけです。すなわちドイツは、一八九七年、山東省膠州《こうしゅう》湾を占領して翌年三月、清国と膠州湾租借条約を結び、ロシアは旅順港に軍艦を強行入港させて旅順・大連租借条約を締結（一八九八年三月）します。また、フランスは一八九八年、広東省西部の広州湾一帯を占拠して、これを租借地とし、イギリスは広東省南部の九龍半島および威海衛《いかいえい》（山東半島東端）の租借（一八九八年）などを清国に承認させています。これに対して日本は、一八九八年に福建省の不割譲を清国に認めさせ、翌九九年には大冶《だいや》の鉄鉱石を一五年間優先的に買い入れることを清国に約束させて、新しく建設された官立八幡製鉄所（九六年、官制公布）の生産活動に支障がないよう万全の備えを固めます。

このように列国の勢力進出によって苦境に立った清朝下の中国では、一八九八年六月、危機を救うべく康有為《こうゆうい》・梁啓超《りょうけいちょう》・譚嗣同《たんしどう》らがこれまでの君主専制を改めて立憲君主制とする政治改革の運動を起こします。戊戌変法《ぼじゅつへんぽう》と呼ばれるのがそれで、日本の明治維新などを有力なモデルとしたものです。康有為を中心とした変法派は、国土分割（「瓜分《かぶん》」）の危機や民権の振興、立憲的制度の整備（「変法」）の緊急性を訴え、皇帝（光緒帝）にも上書するなどして活発な運動を展開します。その結果、一時は光緒帝をとおして「上諭《じょうゆ》」の形式で各種の改革案が発せられ、政治や教育などの制度改革が図られますが、やがて西太后を中心とする保守派の巻き返しによって挫折し、康有為と梁啓超は日本に亡命、「百日維新」と呼ばれたように百余日で改革運動は失敗に終わります。

帝国主義列強の中国への進出が誘発した中国内部の運動として、翌一八九九年には義和団による反帝国主義運動があります。義和団とは、古くから農民の間に生まれた義和拳という呪術的な武術集団を背景に形成されたもので、中国分割の危機に直面するなかで「扶清滅洋」の旗をかかげ、キリスト教会や帝国主義勢力に抵抗する農民主体の組織として登場したわけです。義和団は、弾圧に乗り出した清国軍を破り、北京に入城して外国公使館区域を包囲、また租界をかかえる天津をも占領するまでに勢力を拡大します。このような事態に対処するため、イギリス・アメリカ・ロシア・ドイツ・フランス・イタリア・オーストリアおよび日本の各国は軍隊を動員し、連合軍は義和団を制圧して天津そして北京を占領、在北京外国公使館を救援するという当面の目的は達成されます。日本は二万二千人の兵力を動員し、連合軍の三分の二の兵員を占める主力を形づくりました。この軍事行動を日本では「北清事変」と呼んでいますが、義和団の事件に対するこうした日本の積極的な関与は、西欧列強の中国進出に対する立ち後れを挽回しようとする意図があったからとされています。

一方、義和団事件にあたってロシアは、この事件を利用して満州に大軍を派遣し、東清鉄道沿線一帯から清国兵を排除、ついには満州を占領するという事態にまでなりました。日本はこれに抗議をしますが事態は改善せず、ロシアの満州撤兵をめぐる両国間の対立は、結局、日露開戦にまで行きつくこととなります。日本は、一九〇四〔明治三七〕年二月一〇日宣戦を布告し、日露戦争に突入します。

2　日清戦後の中国論

日清戦争における日本の勝利は、日本の中国認識に対しても一つの大きな節目となる意味を持ちました。前述のように日清戦争までの中国観には、文明開化の視点からの蔑視観と、伝統的文化大国としての畏敬の念と、軍事的な観点からする脅威の念という、相矛盾する要素からなる屈折した多面性がみられました。しかし日清戦争による日本の勝利は、中国に対する軍事的恐怖感から日本を解放し、同時に、維新いらいの日本の近代化に確信を得た結果、伝統的な文化大国としての中国に対する畏敬の感情もまた大きく後退することとなります。

大正デモクラシーの代表的思想家で中国問題にすぐれた識見を示した吉野作造（一八七八―一九三三）は、日清戦争の勝利と日本の中国観の変化について、後年つぎのように述べています。「我国は列国環視の下に正々堂々と見事な勝利を占めた、しかも易々と意外の大捷を博したのである。……之が我国人の自負心を法外にそゝり、急に前とは打て変つて隣邦の友人を軽侮すると云ふ悲しむべき風潮を作るの原因となつたことを看過してはならぬ」（『対支問題』一九三〇年、『吉野作造選集』7、二八七頁）と。そしてそれにつづけて吉野は、「我国に於ては戦争最中国民の敵愾心を鼓舞作興する為に弘められたチヤン〳〵坊主膺懲の歌など云ふ類ひの薬が利き過ぎてか、支那を蔑視するの風潮が格別烈しく流行した」（同上、二八八頁）としています。

この「隣邦の友人を軽侮すると云ふ悲しむべき風潮」は、たとえば一九〇三（明治三六）年の「人類館」事件などを引き起こす背景にもなりました。「人類館」事件とは、大阪で内国勧業博覧会が開催されるにあたって、その会場前に人類館なるものを設け、北海道のアイヌ、台湾の原住民族、琉球・朝鮮・印度・ジャワの原住民および中国人を雇って「それぞれの頑風悪習を演じさせて参会者の観覧に供する」という企画が進められていました。そして中国については、纏足《てんそく》の女性とアヘンを吸煙する人物を見せるという内容であったために、在日の中国留学生たちが憤慨して抗議行動に出た事件を言います（厳安生『日本留学精神史　近代中国知識人の軌跡』一九九一年、九九―一〇五頁）。隣邦の恥部をことさらに取り上げて見せ物にしようとするこの無神経さと独善性は、日清戦後の中国蔑視感のゆがみの根深さを物語るものと言えましょう。

日清戦後の中国蔑視は、それ以前にくらべて、ただ程度においてより烈しく、量的にも拡大したというだけではありませんでした。それ以前の蔑視論が新しい時代の潮流や文明を理解しようとしない中国の「頑冥固陋」を問題としたのに対して、日清戦後は中国の国家形成能力の欠如を問題にするという、蔑視論の内実の転換が見られたことは、注目してよい点でしょう。当時の中国についての議論を見ても、清朝下の中国がそもそも国家の形を成していないことが基本的な問題とされています。たとえば「東亜問題は其の外包の頗る広漠にして其の内容の頗る複雑なるに拘らず、之を究竟《きゅうきょう》すれば、唯だ清国の未だ今世紀に対して「国」たるを得ざることは其の原因たりといふべし。苟も清国にして克く「国」たるを得るに至らば、東亜問題の大部分は自ら消退せん」（「支那内治の革新を促がすべきの議」、『日本』一八九八年五月一三日、『全集』第六巻、七四頁）と羯南は説いています。中国が帝国主義列強の進出によって国土分割の危機に直面し、日本もまた平和と安全を脅かされている。こうした東アジアの深刻な現状も、その由来する原因は、結局のところ中国が国家としての体を成していないところにあるというわけです。

対外的危機のただ中に置かれた中国が、その危機を乗りこえるうえでの最大の障害は中国における国家意識の欠如にあるという認識は、もちろん中国の一部の革新的なリーダーたちによっても共有されていました。「新民説」（一九〇二―〇六）を発表した梁啓超はその代表的な存在と言えましょう。彼は国家について、「国なるものは民を積みて成る」とし、国と民とが一体にかさなり合って有機的な集団を形づくったところに国家は成り立つと考えました。ところが中国の現状は、「国民となるまえの「部民」段階」にあるのであって、真の国家となるためには、まず新しい民の創出が不可欠としたのでした。そのために彼は「道徳革命」の必要を説き、「その身を独り善くする」伝統的な私徳の観念に対して新たに「公徳」の重要性を強調し、「一身に対して国家あるを知る」自覚的な国民の形成と公共性に裏打ちされた国家意識の涵養を訴えています。*

* 梁啓超の「新民説」については、狭間直樹「「新民説」略論」、同編『共同研究 梁啓超』、とくに八

三―八九頁、小野川秀美『清末政治思想研究』二六二頁以下参照。

また孫文（一八六六―一九二五）も、国が存立するためには、リーダーとしての治者とフォロワーとしての人民との内面的な一体感が不可欠であるとし、「およそ国が存立しうるゆえんは、必ず朝野一心、上下徳を一つにしてはじめて、治を図ることが可能である」（野村浩一訳、『清末民国初政治評論集』〈西順蔵・島田虔次編、中国古典文学大系 58、「興中会シナの保全、分割について合わせ論ず」〉三三四頁）と述べています。それに対し中国の現状はどうかというと、「人民の生計やもろもろの要務で王朝一家の存亡と関係のないものは、政府は放置してかえりみることがないし、人民もまた、政府の措置を監督することがない。それ故に、国は国であり、民は民であって、国の政治と人民の生活は、はっきり二つに分かれ、はなはだ「風馬牛あい及ばず」というほどの区別がある」（同上、三三三―三三四頁）とあるように、政府と人民、国と民はそれぞれ別世界を形づくっているありさまで、およそ国家と呼ぶにはほど遠いと見ています。

このように清朝下の中国が、およそ国家としての体を成していないという認識は中国の革新的なリーダーたちにとっても同じ思いでした。彼らはこのような現状を変革し新しい真の国家の建設をめざして、改革や革命の道をそれぞれ進むこととなるわけです。

しかし清朝下の中国が国家として示していたさまざまな欠陥は、日本の場合、単なる中国国家についての現状認識の問題を超えて、しばしば中国人や漢民族そのものの政治的資質や能力の欠陥として蔑視感にむすびつくこととともなります。たとえば尾崎行雄は、「物あれば必ず名がある、然るに支那には国の名がない。……正当の意義に於て云ふ国家若くは国といふ意味のものは、昔しから今日に至る迄嘗て必要がなかつた」とします。そして国を立てていくうえに必要と彼が考える「三つの基礎」、第一は「国を愛するといふ心」＝「愛国心」、第二は「敵の攻め来る時にそれを禦ぎ止むる力」＝「戦闘力」、第三は「政治的能力」、この三つの柱を中国はすべて本来的に欠いているから、「支那の運命は到底滅ぶるより外に仕方がないのである」（「清国滅亡論」、『中央公論』一九〇一年一一月、『全集』第四巻、六九四―七〇九頁）と説いています。

またすぐれた史論家でジャーナリスト・思想家の山路愛山も、漢民族を論じて「漢人種が自ら支へたる国家として之を言へば僅に漢唐宋明の四朝あるのみ。其他は則ち常に異人種に支配せられたるものなるに非ずや。吾人は此事実に依りて漢人種が国家的組織の能力に乏しき点に於て頗る古の希臘人に似たるものあるを思はざるを得ず」（「日漢文明異同論」一九〇七年、『山路愛山選集』第三巻、四九〇頁）と論じています。彼は、漢民族が文化の面で多くのすぐれた資質を持っていたことを認めながらも、「組織的才能」において欠けるところがあるのは歴史の明示する点であり、天はすべての才能を人に与えることを好まない例であろうとしています。愛山はのちに上梓した『支那論』（一九一六年）でも、漢民族は「文明の人民」であり、彼等を征服した他人種をも精神的に取り込んでしまう文明的な同化力を持っていると評価しながら、政治や軍事の面になると、「漢人は政治の才がない。国を造る力に乏しい」（同上『選集』第三巻、五九九頁）と厳しい見方がされています。

このように日清戦争後、中国の国民性の特徴として指摘された「国家的組織の能力」ないし「政治的能力」の乏しさという問題を、中国の社会組織の特徴と関連させて論じたものに内田良平『支那観』（一九一三年）があります。内田良平（一八七四―一九三七）は、一九〇一（明治三四）年に結成された国家主義的団体黒竜会の中心的人物で、日本の大陸進出を主唱したことで知られています。彼はこの書物で、「支那は一の畸形国なり、政治社会と普通社会と、全然分離して別社会を形成し、相互の間、風馬牛相関する所なし」（『支那観』六頁）と断じます。つまり内田良平が中国を「畸形国」であるとするのは、まず何よりも政治社会と普通社会とのあり方、すなわち両者が相互に切りはなされ無関係のものと位置づけられている点でした。

内田は、中国の政治社会を「読書社会」と特色づけます。すなわち中国では唐宋の時代より科挙の制によって官吏の登用をおこなって以降、科挙試験に及第した読書人が権力機構を形づくるエリートとなるが、政治の得失を問題として論ずるのは社会の上流を占めるこの限られた階層であった。しかし権力エリートである読書人たちの関心事は、「賄賂を以て試験に及第し、賄賂を収めて私産を造り己れに賢《まさ》るものを妬忌《とき》排擠《はいせい》［ねたみ、おしのける］して以て其権勢利福を求むるの外、一念の国家の存亡国民の休戚に及ぶものに非ず」（同上、一三―一四頁）というのが実態で、これが今日の中国でも政治社会の伝統的特質として受けつがれていると、内田は言います。

一方、一般民衆の生活する普通社会、内田のいわゆる「農工商社会」はどうか。内田はこう述べます。「支那の普通社会とは、農工商の如き、唯だ個人の利益を逐うて生活するものを謂ふ、彼等は全然個人本位にして、個人の生命財産だに安全なるを得ば、君主の如きは戴くも可なり、戴かざるも可なり、其国土の如何なる国に属するが如き、強いて問ふ所にあらず」（同上、三一頁）と。ここでは、政治社会を担う権力エリートたちが「国家の存亡国民の休戚」を脇において、みずからの「権勢利福」の追求にはしるのに対応して、農工商の生活者たちはどうかといえば、国家のかたちや国の栄枯盛衰にはまったく無関心で、ひたすら自分の生命財産の安全に心を砕く。したがって政治社会への現実的な態度としては「如何なる正義の者をも、自己の利益を損して之を助くるが如きは其分に非ずとなすなり、彼等は唯だ勢力あるものに屈従して、自己の生命財産を全うすれば、以て足れりとなすなり」（同上、三三頁）といういわば虚無的な個人本位主義に終始することとなる。こうして政治社会と普通社会、国家と一般民衆は、相互に向きあうことのない別々の閉じた世界を形づくることになります。*

＊　このような中国の政治社会の特質について内藤湖南《こなん》（本名・虎次郎、一八六六―一九三四）は、官の「政治」と民の「自治」という観点から、つぎのように述べています。「地方の人民に取つて総ての

民政上必要なこと、例へば救貧事業とか、育嬰［育児］の事とか、学校の事とか、総ての事を皆自治団体の力で為ると云ふことになつて来た。……甚しきは警察の仕事までも、各自治団体で自治区域の兵を養ふ。即ち多くは無頼漢に一方に職務を得させ、さうしてそれを以て又無頼漢を防ぐ方法を執つて居るのであつて、総ての政務と云ふものは皆地方の自治団体が自ら之を行つて居つて、其の上に三年に一遍交代して来る渡りもの、官吏は、首尾能く税を納め、首尾能く自分の懐ろを肥せばそれで済むと云ふことであつて、どちらかと云へば人民が皆県よりも以下なる屯とか堡とか、其の小さい区域に於て自治をして、官の力を借らないのである」（『支那論』一九一四年、一四五―四六頁）と。

ちなみに先に述べた勝海舟の中国観は、評価の結論では内田とまったく逆の方向をとったけれども、「社会というものは、国家の興亡には少しも関係しないよ」と勝が述べるように、国家と社会をめぐる特質についての中国認識においては、共通するものがあったと言えましょう。ただ勝の場合は、中国人民の社会が私的な個人の生活や利益の追求を本位とし、政治社会の権力の変動や国家の興亡に煩わされないしたたかさを示していた点に、むしろ日本の人民にはない懐の深さや気分の大きさを見たのでした。そうしたところから、政治の価値を他の社会的価値に対して最優位におく日本社会の「官尊民卑」的価値態度を皮肉って、「シナ人はよほど利巧だから、日本人のように、政府の事などをかれこれ言やあしないよ。日本人は馬鹿だから、政府の事ばかりやかましく言っているのサ」（『海舟座談』「清話のしらべ」一八九七年一一月一〇日、『全集』11、八九頁）という勝の語り口も生まれるわけです。

これに対して内田は、中国における上述のような政治社会と普通社会とのあり方を、まさに「畸形国」の実像として描いたのです。しかも彼は、この二つの閉じた世界の中間に介在して両者を巧みに操る社会集団から成る「遊民社会」の存在に注目します。彼の言う「遊民社会」とは、「秦漢以来、豪俠を以て自ら任ずるものにして、彼等平生の職業は人家を劫奪《きようだつ》するに在り、墳墓を発掘するに在り、賭博をなすに在り、其眼中には政府もなく、祖国もなく、仁義もなく、道徳もなく、其理想とする所、唯だ自己の快活を得れば足れりとなすもの」（前掲『支那観』一九―二〇頁）と説明しています。当時、「馬賊」とか「土《ど》匪《ひ》」とか呼ばれていたものもそれに属します。要するにやくざを稼業とする集団です。

しかし内田がこの遊民社会に注目するのは、この遊民たちが権力者と結びついてその手先となると、普通社会の一般民衆は苛酷な権力支配に耐えなければならず、逆に遊民たちが一般民衆のために一肌脱いで力を貸すということになると、いかなる権力も手出しができない無力な存在に堕してしまうという、現実にはきわめて重要な中間勢力としての役割を果たしていると見ていたからです。「吾人が特に注意せざるべからざる事は、此社会は政治社会と普通社会の中間に在りて相互勢力の消長を支配するものたること是なり、遊民社会にして、政治社会の駆使を甘んぜば、普通社会は如何なる虐政をも忍ばざるべからず、遊民社会にして農工商社会の為に力を出さば、如何なる権力も行はるべからず」（同上、二八―二九頁）と内田は述べています。そして内田はこの点に中国社会の権力構造の特徴を見出し、中国を外から動かすためにはこの遊民社会の実力者と提携し、その力を利用することにあるとしたのでした。こうした中国認識は、中国の政治的能力の未成熟を確認する意味を持ったと同時に、日本のいわゆる壮士や大陸浪人たちが「東亜経綸の志士」として活発に運動に従事したこととも相関連していたと考えることができるでしょう。

なお内田が「畸形国」とした中国における国家＝「政治社会」と社会＝「普通社会」との関係については、国家のあり方という観点から中国の統治能力の欠如を問題とする見方とは別に、社会のあり方という観点から人民の側の自治能力の問題として前向きに捉える見方も存在しました。この点は留意しておく必要があるでしょう。すなわち先に注記した内藤湖南の『支那論』も指摘しているように、中国では人民にとり必要な民生上の役割は、すべて官の力を借りることなく、各地域の自治的な団体によって担われ果たされるという特徴的な政治構造を古くからとっていました。そのため人民は、好むと好まざるとにかかわらず必要に迫られて、自らの力で自治的に生活を支えるという実態が自然に形づくられたわけです。言うならば、中国の支配層をなした官僚階級の腐敗・虐政・民生無視という統治能力の欠如が、中国人民の自活・自治という自衛の力を育てる結果になったということです。

たとえば吉野作造も、国家についての日本人と中国人との考え方の相違を指摘し、「支那民族はその生活を発展して行くに、単純な自力の外、毫も国家の力といふやうなものに頼らない」(「支那の将来」一九二四年一一月、『選集』9、三一四頁)と、中国における政治社会としての国家と人民の生活との隔たりについて述べています。そして中国人はたしかに国家的関心は低いけれども、自分たちの利益に直接関係があるとわかると、驚くほど巧妙に強固な団結の下で自治的団体を作り上げるとし、その意味で中国民族は「その自治的能力に於いて恐らく世界第一の天才だと言ふことも出来よう」(同上、三一七頁)とまで言っています。

ところで、このように中国人民とくに農民の伝統的な自治的生活とそれに支えられた人民の自治能力に注目するところから独自の中国認識を展開し、後年、中国における農村協同組合運動の提唱と「自治国家」の構想で言論界に名を知られるようになった人に橘《たちばな》樸《しらき》(一八八一—一九四五)がいます。橘の中国認識の根底をなすものは、やはり「官僚政治と民衆生活との隔離と云ふ支那特有の政治現象」(「通俗道教と民族道徳との関係」一九二五年七月、『支那思想研究』九七頁)への注目にありました。彼によれば、中国では一〇世紀いらい荘園貴族に代わって官僚が朝廷に仕える支配階級となるが、荘園制の崩壊にともなう社会的混乱のなかで農民は「自衛の為の団結」に迫られて、家族および同一血族に属する複数の家族の集合から成る宗族の結束を固め、これらが単位となって村落自治体が形成される。また都市の商工業者のあいだでは職業的な自治組織として彼のいわゆるギルドが作られる。そして官僚支配の組織はせいぜい知県衙門《がもん》までにとどまり、県以下の行政は事実上人民の手に委ねられて、そこでは人民の自治的な生活が営まれるようになったとしています。したがってこのような自治の慣行は、官僚およびその手先による搾取や収奪をはじめ、地方豪族や土匪の侵害、さらには天変地異の脅威からも身を守る「自衛の為の団結」を作りだし、人民の自治組織は時代を超えて維持されてきたと橘は説いています（同上、一〇〇頁）。

後年に彼は、満州事変に際して、石原莞爾《かんじ》や板垣征四郎らの満蒙独立計画に共鳴し、満州国建国の構想をめぐらしますが、そこでの彼の国家構想の根底をなすものもまた「農民自治」の原則でした。たとえば彼の「満洲新国家建国大綱私案」（一九三二年一二月一〇日稿）にも、「国家及び社会の構成単位を家族とし、家族を代表して行政経済及び互助自治体を組織するものを公民とす」（『大陸政策批判』、『橘樸著作集』第二巻、七〇頁）とあるように、彼の満州国家についての構想では、「家族及び其の聯合」と「自然部落及び其の聯合」が「満洲農民自治の基本組織」をなすものと位置づけられ、各種協同組合や農会、商会、ギルドは「経済自治体」として国家の経済機能を担うべきものとされました（「国家内容としての農民自治」、原題「満洲国協和会に関する考察の三」一九三二年七月、同上、八七頁）。このように、中国人民の自治能力にかんする橘の評価は、その中国認識を一貫する特徴をなしていました。*

＊　酒井哲哉「アナキズム的想像力と国際秩序――橘樸の場合」（『近代日本の国際秩序論』第四章、岩波書店、二〇〇七年）では、橘の「郷団自治論」に注目し、その基礎をなす中国社会の自律性や相互扶助性の重視は、「主権的国民国家を超克する可能性」を内包するものとして、「アナキズム的な大正社会主義の国民国家批判」との論理的な連関を問題としています。この酒井の橘樸論も、非国家的な「社会」の視点に注目することによって、橘のなかに「国家」＝主権国家の視点を前提とする国家形成能力の欠如という否定的な中国認識を乗り越える方向を指摘した例として興味深いものがあります。

Ⅲ　中国保全論

日清戦争後における帝国主義列強の中国進出――とくに一八九八（明治三一）年三月、ドイツによる膠州湾租借と、ロシアによる旅順・大連租借――がもたらした中国の対外的危機は、日本の安全あるいは今後の日本の中国進出にとっても見すごすことのできない問題として、その打開策が必要とされました。また前述のとおり、中国内部においても康有為・梁啓超らの「変法維新」の運動に見られるように、西欧近代の思想や学問の影響をうけ日本にならって清朝を改革しようとする動きが現れるようになりました。この改革運動は保守派の抵抗によりあえなく挫折しますが、康有為や梁啓超は日本に亡命して再起を図ります。そのような中国をめぐる内外の状況を背景にして主張された日本の中国策が中国保全論と呼ばれるものでした。それは、中国をヨーロッパ列強による分割から保全すべしという主張を骨子とするものでしたが、その主張じたい多義的であり、実際的な政治的ねらいもまた多様でした。たとえば、文字どおり中国をヨーロッパ帝国主義による半植民地化の危機から解放し中国の自立をめざすもの――その場合にも中国の革命運動の促進を図るか、それとも清朝の援助に力を注ぐか、立場はさまざまでした。あるいは中国の保全をとおしてロシア勢力の南下を阻もうという対露強硬論と結びついたもの、さらには中国保全の名のもとに欧州列強と対抗して日本の中国進出の足がかりをつけようというものなど、さまざまな立場や思惑が交錯し、また複雑にからみ合っていました。

当時、中国保全論の代表的な担い手たちの集団として知られたのは東亜同文会でした。この会は、東亜会（犬養毅《つよし》、陸羯南）と同文会（近衛篤麿《あつまろ》）が合併して一八九八年一一月に設立（会長・近衛篤麿、幹事・陸羯南ほか、のち東亜同文書院と改称）されました。その発会にあたっての決議で、「一、支那を保全す。一、支那の改善を助成す。一、支那の時事を討究し、実行を期す。一、国論を喚起す」と述べられていることからも、この会の性格をうかがい知ることができるでしょう。*

＊　東亜同文会の成立については、酒田正敏『近代日本における対外硬運動の研究』一〇九―一二八頁参照。また東亜同文会の性格について、坂井雄吉はつぎのように規定しています。「東亜同文会とは要するに、日清戦争後に簇出した対外関係諸団体を大同団結し、半官半民団体、ないしは外務省、軍部の

外郭団体として、東洋問題に関する活動を推進せんとした組織であったといえるであろう」(「近衛篤麿と明治三十年代の対外硬派──『近江篤麿日記』によせて」、『国家学会雑誌』第八三巻第三・四号、七二─七三頁)。

同文会の会長近衛篤麿(一八六三─一九〇四)は、中国保全論の主唱者として注目される存在にありました。近衛家は五摂家筆頭の家柄で、近衛は当時貴族院議長の地位にあり、かねてから責任内閣制の必要を説いて政界でも重きをなしていました。彼の中国認識に関連して見られた特徴は、一つは日清戦争後とくに著しくなった日本の中国蔑視についての批判的態度であり、もう一つは中国評価にあたり政治一元論的立場をはなれて、中国人民ないし中国社会のもつ潜在的な能力を評価しようとする態度でした。たとえば「近時日本人は戦勝の余威によりて漸く驕慢の心を長じ、支那人を軽侮すること益々太甚《はなはだ》しく、特に支那の各地に在る日本人は恰も欧洲人の支那人に対する如き態度を以て支那人を遇し、以為《おもえ》らく、日本は東洋に於ける唯一の文明国なり、支那の先進国なりと。……独り其先進国たるを以て悻々《こうこう》自ら喜び自ら負ひ、支那人を軽侮し戮辱《りくじょく》して反つて其悪感を買ふは、啻《ただ》に先進国の襟度に戻るのみならず、対清政略の運為を妨ぐること極めて大、其禍を後来に遺こす、豈尠少ならむや」(「同人種同盟、附支那問題研究の必要」、『太陽』一八九八年一月、『近衛篤麿日記 付属文書』六二頁)と、日本人の驕《おご》りと中国蔑視を厳しく戒めているのは前者の事例にあたります。

また中国の将来について近衛は、「夫の清国、其国勢大に衰へたりと雖も、弊は政治に在りて民族に在らず。真に克《よ》く之を啓発利導せば、偕《とも》に与《とも》に手を携へて東洋保全の事に従ふこと、敢て難しと為さず」（工藤武重『近衛篤麿公』一三五頁）と語っていますが、そこでの「政治」と「民族」を区別する論じ方、あるいは「元来支那は内政の革命屢々《しばしば》にて、政変に次ぐに政変を以てするも支那の社会は根底より崩れし事なければ、或は今後分割の状態に陥たる事ありとするも之を統御するの困難は想像の及ざるものあらん」（「国民同盟会発起会場に於ける近衛公の演説」一九〇〇年一〇月三日、『近衛篤麿日記』第三巻、三三九頁）と彼が語るときの、中国の「内政」と「社会」の二元的見方などは、いずれも中国の民族や社会のもつ潜在的な力に注目する後者の例と言ってよいでしょう。

近衛は、このような中国についての認識にもとづいて、「東洋は東洋の東洋なり。東洋人独り東洋問題を決するの権利なかるべからず」という「亜細亜のモンロー主義」（近衛の康有為との対話、一八九八年一一月一二日、『近衛篤麿日記』第二巻、一九五頁）に同調的な立場から中国保全論を受け取りました。彼によれば、日本と中国は協力して列強の中国分割を阻止し、中国の「保全」をはかることは同じく東洋に位置する日本の責務であり、それは中国のためであると同時にまた日本の国益にも合致すると考えたのでした。

当初、近衛は、こうした考えを黄白両人種の競争という人種論的な立場から、黄色人種の保護、そのための欧州列強との対決という文脈で説いていました。彼が雑誌『太陽』に掲げた先述の論説「同人種同盟、附支那問題研究の必要」がそれです。彼はこの論説のなかで欧州列国の中国分割について論じ、「支那分割の現実となるの日は、是れ列国同盟の成立せる時なり。列国同盟して支那を分割する時は、即ち是れ黄白両人種の競争と為るの終局にして、此終局に於ける日本人の運命は、独り人種競争の活劇以外に立つを得可き乎」(前掲『近衛篤麿日記 付属文書』六三頁)と述べて、中国分割の問題は結局、黄白両人種間の対立問題として争われ、黄色人種保護のために日本は必然的に中国と提携する必要に迫られると説いたのでした。

しかし、このように中国分割の危機という問題を黄白両人種の対立競争の視点から捉える近衛の議論は、日本と欧州列国との利害の相違対立を人種の問題に帰着させることによって妥協を許さない固定的で絶対的なものにしてしまう点で不穏当と批判され、とくに名門貴族の家柄で政治的にも枢要な地位にいる近衛にとってこのような発言は、近衛自身の今後の立場をいちじるしく困難にすることとならないかとの忠告もあって、その後の近衛の中国保全論は日本の自衛と欧州列強との協調を重視するものへ軸足を移して行くこととなります。東亜同文会およびその延長拡大として対露強硬論の旗の下に結成された国民同盟会(一九〇〇年九月)を背景に展開された近衛の中国保全論は、そのような彼の配慮のもとで進められて行きます。

近衛は国民同盟会の発起会での演説で、「支那保全」の問題を取り上げ、「何故に支那保全を唱ふるかと云ふに、是単に支那を利するのみにあらず、実に東洋に位する我日本の利益なるが故なり。尚啻に日清両国の利益のみにあらず、又実に東洋に関係を有する各国の利益なり」とし、また「同盟会を目して黄人同盟なり、白人排斥なりとなすもの」に対しては「寧ろ同盟会を白人排斥主義なりと強ふるこそ、却て白人の疑惑を惹起し大計を謬《あや》まるもの」と批判しています（前掲『近衛篤麿日記』第三巻、三三八―四〇頁）。ここでは近衛は、中国保全論が中国を利するだけでなく日本の利益にも合致し、さらには欧州列強の中国における利益にも資するものであることを強調しています。

このことは彼の中国保全論が、将来の中国の領土分割に結びつかない範囲の列強の既得権益ならば容認し、むしろそれを包み込んだ安定的秩序の形成を中国自身に対して期待することを示唆するものでした。したがって場合によっては、「列国との均衡上日本の勢力範囲と云ふものを定める必要もあらうから、日本も其一部分に加はることがあるかも知れない」（「近衛公の対清談」〈下〉、『中央新聞』一九〇〇年七月一日、同上、二〇五頁）と、欧州列強とならんで日本も一定の「勢力範囲」――「是とても多を望む訳には往かない」と彼は言っているが――を確保する必要がありうるとしています。したがって中国分割という場合、彼の意味するところは、他国による文字どおりの中国領土の分割であり、それ以外の、たとえば中国の特定地域の租借や勢力範囲の設定などは、「分割」と区別して考え「保全」と両立し得るとみなしていたようでした。

近衛とならんでこの時期における中国保全論の主要な担い手に、新聞『日本』の陸羯南がいました。彼が中国保全を熱心に論ずるようになる直接のきっかけも、一八九七年末から九八年にかけて西洋列国の中国進出と利権の獲得という事態の進行でした。とくにドイツによる膠州湾占領・租借とロシアによる遼東半島の旅順・大連の租借は、西洋との対抗と中国の自立に向けての彼の情熱をはげしくかき立てました。彼は西洋崇拝の「日本の自称文明家」に問いかけるかたちで、つぎのように述べています。「今や彼等の崇拝する文明国は、正義自由博愛及び平和の大道を無視して、敢て獣力を我が東亜に逞うす。真正の文明思想を有する国民は之れに抗敵せずして可ならんや」(「真正の文明国」一八九八年四月二四日、前掲『全集』第六巻、六二頁)。

このように西洋列強の力による中国進出に対する抵抗の思いに駆られて、羯南は中国の安全と独立保持の問題にいよいよ深くコミットすることとなります。そして彼のこの抵抗行動を支えるものは「正道」あるいは正義・自由・平和というような「文明」の理念にありました。それは具体的には、中国の自主的改革の促進と国家的独立の保持であり、それを不可欠の前提とする東洋の平和でした。彼のことばを借りれば、「東亜の平和は清国を「国」たらしむるに因りて鞏固《きょうこ》なるを得べきに、列国の所為は却つて之れが自新の気勢を折り、其の「国」たらんとするの道を壅塞《ようそく》せんとす。日本帝国は均勢を維持せん為めに相当の措置なきを得ずとするも、所謂る相当の措置は必ずしも地を割き民を窘《くるし》むるにあらずして、要するに清国をして自ら国制を革新せしむることは、東亜和平の根本を扶植するの道に非ずや」(「対清策の要道」一八九八年五月一六日、同上、七六頁)ということになります。西洋列強は、中国領土内に利権を獲得し、これを拡大することが国家的利益につながるとして勢力の浸透をはかる。これに対して日本は、中国が国制を改革して国家的独立を鞏固にし「東亜和平の根本を扶植する」ことを、まさに国家の利益として、いま中国と相対しているのである。このように中国分割への抵抗は、国際政治の現実のなかで日本が、「文明」を誇る西欧列強に対し、正義・自由・平和というまさにその「文明」の理念によって道義的な優位性を主張できる格好の機会にほかならない。こうした思いが、羯南の中国保全についての意気込みを支えていました。「抑も世界の文明進歩は、独り物質的進歩をのみ指称するもの乎、理化学の進歩は、進歩の一種たりとするも、此の進歩を兵器戦術に応用して、以て他の国民を威嚇するが如きは文明進歩なる乎」(「世界文明の障碍」一八九八年二月一一日、同上、二四頁)。先述のように羯南が、西洋先進国の中国蚕食《さんしょく》を「獣力」にものをいわせる「野蛮的行動」とし、これに反抗する日本こそが「真正の文明国」としたのもそのためでした。

羯南の中国論はこのような文明観に根ざすものでしたが、現実的な対外政策論の視点に立つことになると、状況とのすり合わせやそれにともなう論調の見直しを余儀なくされることとなります。「支那国を破滅して其の疆土を分割することは、道理に於て已《すで》に其の是なるを見ず、事実に於ても亦た其の能くすべきを見ず、世界列国の平和及利益に於ても、亦其の当然なるを見ざるなり」（「東亜同文会の宣明」一九〇〇年八月一七日、同上、五四四頁）と彼が述べるように、あの膨大な領土と人口をもつ中国を滅ぼして分割するなどということは、道理上許されないばかりでなく事実上も不可能なこと、もし実行しようとすれば大変な混乱と対立を引き起こすことになるのは誰の眼にも明らかで、列国といえども自国の利益と平和のためにあえて行おうとするはずはないと、中国分割の非現実性を指摘しています。*

* ちなみに福沢諭吉も中国保全論について論説「支那人失墜す可らず」（『時事新報』一八九八（明治三一）年四月一六日、前掲『全集』第一六巻、三〇五頁）のなかで、その非現実性を指摘し、「（外国人も）全国を分割して之を支配せんとの野心あるに非ず。或は実際に斯る野心ありとするも、全国の分割は到底行ふ可らず。強ひて之を行ふときは其維持法に窮して結局自から苦しむの外なきのみ」と説いています。

このように羯南の中国保全論は、東亜同文会そして国民同盟会の有力メンバーとして活動するなかで、現実的な色彩を濃くして行きます。彼は保全論について、またつぎのようにも述べています。「抑も支那保全といふは支那分割に反対するの謂《いい》に外ならずして、必ずしも金甌《きんおう》の無欠を支那に擬するには非ず、……今日の支那問題に付きては、絶対的分割論ある無しと同時に、又た絶対的保全論の有るべき筈も無く、所謂る保全は唯だ東亜大陸に支那人の立国を是認するといふのみ」(同上)と。つまり中国保全論とは中国がともかく国家として存続することを容認し支持するものであって、中国の領土の一部が他国のために削減されることを一切認めないということではない、なぜなら「蓋し疆域《きょういき》の消長は天下に免るべからざるもの」(同上)なのだからと考えたのでした。

こうした考え方に立つならば、問題は、結局、中国が国家としての存立を維持するために、列国の既得権益をどこまで認め、どう折り合いをつけるか、そしてそれによって可能なかぎり混乱を避け早急に安定した秩序——それは世界列国の希望するところでもある——を構築するか、という点に向かって集約されていくこととなります。東亜同文会の中国保全論の趣旨について、羯南は、「四億の支那人をして永く其の本国を保たしめ、之を誘導して漸く世界文化の中に混入せしめ、列国と其の利害を連帯せしめんことは、是れ支那保全旨義《しぎ》の大綱にあらずや」(同上、五四五頁)と説いています。このような羯南による中国保全論の現実的な捉えなおしは、義和団事件(北清事変)の勃発によって日本をはじめ欧州列国が自国の権益や居留民の保護を理由に中国に派兵するという状況に規制された側面を多分に持っていたと思われます。

しかも羯南によれば、状況のその後の進行は、列国側が清国政府の再建を望んで平和的秩序の回復を急ぎ、「或る程度までの支那保全」をも言明しているにもかかわらず、肝心の清廷側はすすんで事態の早急な解決をはかる責任をも放棄して顧みないという情けない有様でした。このような清国の統治能力の欠如は、保全論の最小限の課題である中国の自主的な「立国」すら困難なのが実状で、実際には、列国の占領地域をどう適切に管理し、混乱を来すことなく現状の維持をはかるかという当面の問題処理に力を注ぐのが精一杯という状況に至ります。羯南が、「支那保全といふは現状維持を謂ふのみ」(「支那保全論の昨今」一九〇〇年一〇月二一日、同上、五八七頁)とするのはそのことを示しており、さらに「保全論は現状維持論にして同時に平和維持論なり」(同上)とするのも、中国の現況の下では現状を維持して混乱の拡大を防ぐことが何よりも平和維持に資すると考えたためです。

この平和維持論は、とくに北清一帯が列国の占領に帰する事態が永続するような場合を想定するとき、中国保全論の中心的課題として位置づけられなければならない、というのが羯南の立場でした。「保全論は此の占領地域を永く中立地として列国共和の治下に置き、勢力範囲の存立を禁じて門戸開放の主義を行ふことを主張し、満洲三省の露西亜に折入するが如きを拒否すべきは勿論、占領地域に於ける鉄道電信をも一二列国の専占に附せしむべからざるなり。要するに、支那保全論は現状維持論なるも、現状の維持し難きを信ずるに及びては、一変して平和維持論と為らざるべからず。平和維持論といふは東亜に於て永久平和の策を立つるの謂なり」(同上)。これが羯南の考える保全論の現実的な課題でした。具体的には前引のように、占領地域の中立化による列国共同管理、排他的な勢力範囲の設定禁止、門戸開放ということになります。言うまでもなくそれは、ロシアによる満洲の永続的な占領と鉄道電信などの権益の排他的な確保という事態を念頭におきつつ、それを何としても排除しようという強い決意を秘めたものでした。そしてこのような現状維持＝平和維持論をとおして中国の統治能力を育成していくことが、中国保全論の現実的な方向であり、また趣意であると羯南は受けとめることとなります。

こうした羯南の中国保全論の意味づけは、国民同盟会が掲げる保全論の趣旨について、つぎのように述べている彼の見解によく示されています。「同盟会の本旨は支那を同文同種の国と見做し、其の盛衰存亡の必らず我が東亜の和平に大影響あるを思ひ、之を保全し之を誘掖《ゆうえき》し之を開発して、世界万国の大勢と相ひ調和せしむることを我が帝国の任務なりと信じ、同情を以て時局を収結せんといふに在り」（「国民同盟会の昨今」一九〇〇年一二月七日、同上、六二一頁）。つまりそれは、東アジアの平和が日本の安全と利益に密接な関係があるとの観点から、「世界万国の大勢」との「調和」をはかりつつ中国の保全と援助に努めることを基本姿勢とするものでした。

Ⅳ　岡倉天心のアジア観

岡倉天心（本名・覚三《かくぞう》、一八六二—一九一三）は横浜の生糸商人の家（もと福井藩士）に生まれました。八歳のころから英語を学習し、一八七七（明治一〇）年、東京大学に入学、おもに政治学・理財学（経済学）を学び、たまたま翌年来日して東大で講義を担当したアーネスト・フェノロサ（一八五三—一九〇八）の受講生としてフェノロサに接するようになります。大学卒業（一八八〇年）後、文部省に勤務しますが、翌年から、フェノロサの日本美術研究に協力し、一八八四年にはフェノロサとともに法隆寺夢殿の秘仏久世観音の調査に立ち会うなど、フェノロサの説く日本美術の新しい価値に強い影響をうけます。

一八八九（明治二二）年に東京美術学校が開校すると、翌年には校長に就任し、欧化主義と洋画偏重の風潮のなかにあって日本美術の復興をめざす美術教育に力を注ぎますが、やがて校内の対立から一八九八年には辞任を余儀なくされます。そしてその後は日本美術院の創設や、『東洋の理想』（一九〇三年）をはじめとするいくつかの著作を通して、美術界のみならず言論・思想の世界でも存在感にみちた活動をつづけるわけです。彼のアジア観もこれらの活動のなかで形成され展開して行きます。

天心のアジア観を象徴的に示すものとして「アジアは一つ」ということばが広く知られています。この天心のことばは、その後のアジア主義や東亜協同体論や大東亜共栄圏論などの提唱にあたって、しばしばアジアの諸国家・諸民族の連帯や団結を訴える格好のスローガンとして利用されることとなります。しかし天心が訴えようとした真の意味は、それほど単純なものではありませんでした。このことばは、天心の『東洋の理想』の冒頭に出てきますが、それはつぎのような文章の一節としてです。

アジアは一つである。ヒマラヤ山脈は、二つの強大な文明、すなわち、孔子の共同社会主義をもつ中国文明と、ヴェーダの個人主義をもつインド文明とを、ただ強調するためにのみ分っている。しかし、この雪をいただく障壁《しょうへき》さえも、究極普遍的なるものを求める愛の広いひろがりを、一瞬たりとも断ち切ることはできないのである。そして、この愛こそは、すべてのアジア民族に共通の思想的遺伝であり、……地中海やバルト海沿岸の諸民族からかれらを区別するところのものである。（講談社学術文庫、一七頁）

ここで述べているように天心は、アジアという地域には儒教に代表される中国文明と、バラモン教に起源をもつインド文明という、二つのまったく異なった文明が存在しており、文明的には決して一つではないとしています。しかしそれにもかかわらず、アジアにはこれら文明の相違をこえて「究極普遍的なるものを求める愛」がひろく行きわたり、その愛こそが「アジア民族に共通の思想的遺伝」をなしている。その点がアジアを他から区別する特質なのであり、その点でアジアはまさに「一つ」なのだと言っているのです。

このように天心における「アジアは一つ」とは、本来、政治的なレベルでの一体性を意味するものでなく、哲学的な思想あるいは志向の共通性を指していたのでした。彼が「アジア民族に共通の思想的遺伝」とした「究極普遍的なるものを求める愛」とは、別のところでは「特殊具体的なるものを通じて流れる普遍的なるものの雄大な幻影にみち溢《あふ》れたアジアの理想」(同上、一八〇頁)という言い方がされているように、「多様の中に統一をつねに求め」ようとするアジアの哲学(『東洋の覚醒』一九〇二年稿、『岡倉天心全集』第一巻、聖文閣、一三三頁)につながるものを意味していました。そして、互いに対立し矛盾するものを二元的なものとして異化することなく、あくまで一つのものとして捉えるという意味で、彼は「不二元《アドヴァイタ》」という観念でその哲学的な思考方法を特色づけたのでした。

アジアを「一つ」のものとしてイメージすることを可能にするこの「不二元」の観念は、彼によれば、とくに日本の文化とりわけ日本の美術の発達にもっとも特徴的に現れているとしています。日本では古くから朝鮮・中国をとおしてアジア各地の多様な文化が流れこみ、その結果、多様性を保ちつつ、しかも多くの時代を経るなかで調和し融合して一つの独自の芸術文化を成長させていきました。天心が「この複雑の中なる統一をとくに明白に実現することは、日本の偉大なる特権であった」とし、日本を「アジアの思想と文化を託す真の貯蔵庫」(前掲『東洋の理想』二〇頁)と呼んだのはそのためです。

そして彼はつぎのように述べています。「日本はアジア文明の博物館となっている。いや博物館以上のものである。なんとなれば、この民族のふしぎな天性は、この民族をして、古いものを失うことなしに新しいものを歓迎する生ける不二元論《アドヴァイティズム》の精神をもって、過去の諸理想のすべての面に意を留めさせているからである」(同上、二二頁)と。こうして日本の芸術文化は、まさに「不二元論の精神」をとおしてアジアの多彩な文化を統一融合し、古いものを保持しつつ新しいものを進んで受け入れることによって、今日に至るまで「アジアは一つである」ことの生ける証人として、その存在を保持してきたと言うのです。「日本の芸術の歴史は、かくして、アジアの諸理想の歴史となる」（同上、二三頁）と彼が言うのもその意味です。日本の芸術文化を育んだこの「不二元論の精神」とは、今日、日本的な考え方の特色とされるもの、つまり欧米流の、シロ・クロの違いを突きつめ、明確に区別する合理的な考え方に対して、違いはできるだけあいまいにして対立をさける「ファジー」な考え方と、基本的に通底するものがあると言ってよいかもしれません。

このようにアジアは、多様のなかに統一を求め、多様な個性を受け入れつつ一つの全体を形づくろうとする志向性を共有している点で「一つ」なのであり、またアジアに特徴的な「不二元」の観念によって「一つ」になりうると、天心は考えたのです。そしてそれは、多様なアジアの文化を吸収しながら全体として独自のものを形づくってきた日本の芸術文化の歴史を辿れば、現実性を持ったものとして理解できるはずだと主張しました。こうした「アジアは一つ」というアジアの一体性は、ちょうど「国民《ネーション》」の存在について、「国民とは国民たらんとするものである」と言われるように、アジアのさまざまな民族や国民が、みずから相互の違いを超えて一体的なアジアを志向しようとすることにより、はじめて存在可能となるという性格のものでした。そして、本書の冒頭で述べたアジアという観念そのものの起源がそうであったように、天心もまた一体としてのアジアの発見を呼び覚ますものとして、ヨーロッパとの対決という問題を指摘いたしました。それを主題としたのが彼の『東洋の覚醒』(*The Awakening of the East*, 1902)です。

「ヨーロッパの光栄は、アジアの屈辱である。歴史の歩みは、西洋とわれ〳〵自身との、避くべからざる対立へと導き入れた歩々の記録である」(『東洋の覚醒』、前掲『全集』第二巻、四頁)と天心は、この書の冒頭の部分で述べています。そして、ルネッサンス以後の近代西洋が、その新しい文明の力を武器として、政治・軍事・経済の面で、また宗教・道徳の面でも、アジアに向かって膨脹をくりかえし、アジアの非アジア化を進めてきた、と彼は怒りをこめて指弾するのでした。「産業的征服は恐るべく、道徳的隷従は堪えられない。われ〳〵の祖先の理想、われ〳〵の家族制度、われ〳〵の倫理、われ〳〵の宗教は、日々に色あせつゝある。……われ〳〵の没落と戦はんと欲するが故の、外国の知識の探求は、われ〳〵の精神を、異邦人の誤まれる観点より観察するやう訓練する」(同上、一四頁)。アジアのヨーロッパ化はあらゆる面でアジアを衰頽へと導いたが、アジアの没落を防ぐべくヨーロッパの知識の探求に向かうと、われわれの精神までがいつのまにかヨーロッパ的な間違った視点からものを見るように馴らされてしまう。天心はアジアのヨーロッパ化のもつ根の深さをこう指摘しています。

このようなアジアの危機的な状況のなかで天心は、アジアの人びとがアジアを取りもどすためにまず「東洋的生活の根底に横たはる統一性」に注目します。「西洋人の中の最も同情ある人と雖も、親交と見聞との無数の便宜にもかゝはらず、謎の如きアジア人を理解することを得ない。——しかるに、東洋人は一遍に東洋人を知る。われ〳〵のいづれの国民も、他の懐くと同じ社会理想を、同じ経済制度を、同じ抱負と偏見とをもつてゐる」(同上、二〇頁)。このように天心はアジアの「統一性」について語っています。

これは彼が『東洋の理想』でアジアの多様性・個別性を超えて存在する全体性・普遍性と述べている点と重なりあうものだと思いますが、ここではそれを支える社会経済的な制度に注目しています。彼によれば、それはアジアにおいて支配的な「農業共同体」的生活にありました。「われ〳〵は、すべて農業共同体の恩恵を蒙つてをり、且つそのことを認めてゐる。——そこでは、家族が社会の単位であり、婦人は母として尊敬され、労働は義務の交換によつて調和され、自由は寛容によつて秤《はか》られ、徳は犠牲的精神に求められてゐるのだ」(同上、二一頁)。彼が「東洋的生活の根底に横たはる統一性」と言っているのは、このような農業共同体的な生活における人間関係と規範を実体とするものでした。それは明らかに前近代的で保守的なものです。

ここでは、西洋近代の個人主義的な自由制度に代わって家父長制的な家族制度が重んじられ、個人の権利と自己主張に対して寛容と犠牲的精神が美徳とされました。しかし天心は、この「東洋的生活」の根底に近代の西洋人にまさる精神や生活態度が脈打っていることに注意を喚起しています。たとえば慈悲の心を挙げます。天心によれば、それは儒教では「仁」として、また仏教では「一切衆生《しゆじよう》」という観念をとおして「物いはぬ禽獣にさへも、その同類感を推し及ぼし、今日でさへも、病み且つ年老いた動物のために安息所を提供する、あの博大な仁愛」（同上、二七頁）として東洋的生活のなかで生きているとしています。また平和を愛する心もそうです。「軍人は、西洋に於いて得た、あの社会的優越を、東洋に於いては決して得なかった」（同上）と天心は言います。たとえばインドでは僧侶の階級はつねに武人の階級よりも尊重され、中国では読書人は武門貴族より上位に位置した。尚武《しようぶ》の国日本でも「武士は、厳かに鞘の中に納められた刀刃《とうじん》を研ぐことよりも、むしろ魂の鏡を磨くことに、その本分を置くべきこと」（同上）が求められたと説いています。

このように東洋では、慈悲の心や平和への愛という点で、あるいは寛容さという点で、むしろ西洋よりすぐれたものを持っているとしましたが、西洋がその本流と自負する自由の観念においても東洋はより高次の独自の観念を発達させてきたとします。この点について天心はこう述べています。「西洋人は、往々にして、自由を持たないといふ点で、東洋人を非難する。なるほど、われ〳〵は、相互の主張によつて抑制される個人の権利といふ、あの生硬な観念――あの雑踏の中をいつも肩で押しわけるやうなこと――西洋の誇りかとも思はれる、あの徹底した不断の論争、それは持つてゐない。われ〳〵に於ける自由の概念は、それらよりも遥かに高いものである。われ〳〵にとつては、それは、個人の思想を、それ自身の中に於いて完成せしめ得る力にある」(同上)と。

福沢諭吉は西洋文明とともに進歩した自由の観念について、「自由は不自由の際に生ずと云ふも可なり」(『文明論之概略』巻之五、前掲『全集』第四巻、一四五—四六頁)という有名な命題を示しています。つまり自由は、自由という世界のなかで大事に守られ成長するのでなく、むしろ「不自由」すなわち自由に対して干渉し妨碍《ぼうがい》するような自由の外の世界ときびしく向き合い対峙するなかで成長するものなのだと言っているのです。西洋の自由の観念は、そういう対立や緊張の契機を内在する点にひとつの特質を持っていました。しかし天心は、そうした西洋的自由の観念を「あの生硬な観念」と呼び、「あの雑踏の中をいつも肩で押しわけるやうなこと」と言って嫌悪したのでした。そしてそれに対して東洋の自由の概念は、個人一人ひとりのなかの内面的な力によって、みずからその思想を完成させることができるという、すぐれて内面的な世界の自由であり、西洋にくらべて「遥かに高いもの」であると主張しているのです。この東洋の自由は、社会生活の内部における自由にとどまらず、「社会そのものから自由」となる「克己自制の生活」を、そして「世俗の名と社会の絆とを捨て、自然の子として再生する」ことを求める「自由」をも人びとに与えたと、天心は言います(『東洋の覚醒』、前掲『全集』第一巻、一二九頁)。

しかしヨーロッパの進出によってもたらされたアジアの「屈辱」的な現実は、皮肉なことに、上述のような東洋の美徳とも無関係ではないと天心は述べています。「西洋の侵略に対して、アジアの諸制度をして弱い抵抗をしか起させなかつたものは、実はその力と優秀さとの要素であつた。彼等の円熟は、外部的な戦争よりも、むしろ、内部的な諧調へと導いた。彼等の自由と寛容との本能は、その結果に就いては殆んど考へることなしに、この新らしい要素の流入を助長した。……彼等の個性の成熟そのものが、外国の侵入を撃退し得べき民族的団結といふ感情を阻んだ」(同上、三六—三七頁)と。こうして天心は、アジアの人びとが自己の内的世界で自由や諧調というような理想を追い求めるだけでなく、今こそ民族としての自覚と団結にむかって「自己を再組織する」ことが必要だと訴えるのでした。そして各民族が「理想の共通の理解」を通して「一つの全体」にまで融け合い、ヨーロッパの帝国主義と対決することを彼はアジアの国々に期待したのです。

天心が『東洋の覚醒』で訴えようとしたことは、基本的には以上のような点にあったと言ってよいでしょう。そしてヨーロッパ帝国主義との対決のために、具体的には何をなすべきかについて彼はこう述べています。「われ〳〵の問題は、極めて単純である。それは、たゞ愛国的精神の組織的昂揚と、戦争に対する系統的準備とである」(同上、四四頁)と。ただその場合に彼が強調している点は、アジアの各国が自己自身についての内的な自覚にもとづいて自主的にそれを行うべきであって、他国の力に頼るようなことがあってはならないということでした。したがって彼は、「汎アジア同盟」のような構想に対しては、「それ自身巨大な力であるが、しかし、各個別の要素は、まず自己自身の力を感得しなければならぬ。いかに些少であらうとも、外国の助力に頼るといふことは、その助力が友誼的であり、同情的であるにしても、許すべからざる弱気であり、われ〳〵が堂々と開始し、且つ成就しようとする大義にとつて、ふさはしくない」（同上）と、否定的な立場を明確にしています。それは、「いかなる木も、種子の中にある力以上に偉大になることはできない。生命はつねに自己への回帰の中に存する」（前掲『東洋の理想』二〇七頁）という彼の哲学に根ざしていました。

このような「アジアの復興」の「教訓的」な一つの実例として、天心は日本における近代国家の構築を挙げています。まさに日本の場合は、西洋の衝撃に対応して国民的な統一国家の形成と軍事力の強化というこの二つの課題をみごとに達成し、西欧先進諸国に対して対等な独立国家としての地位を認めさせることに成功したと考えたからです。しかも天心によれば、日本が「新しいアジアの強国」としての地位を手にしたのも、西洋の新しい制度文物の導入という技術的な要素に負うよりは、むしろ「外国文明の教えを同化するを得しめた天賦の気力」にもとづく、いわば日本自身の「内部に存する自己の実現」にほかならないとしたのです。そしてその「更生の種子」は、まさにアジアによって植えつけられたものなのだというのが天心の確信でした。

西洋がこれまで我々に教へてくれたことに対しては多大の感謝の念を抱いてゐるが、

やはり亜細亜をば我々の霊感の真の源泉と見做さなければならない。亜細亜こそはその古代文化を我々に伝へ、我々の更生の種子を植ゑてくれたものであつた。亜細亜の数ある子供達の中で、我々がその継承者たるに相応《ふさわ》しいことを実証するを許された事実を我々は喜ばなければならない。(『日本の目覚め』〔岩波文庫〕一一四頁)

このように天心は、日本がアジアのなかに「霊感の真の源泉」を見出して「内部に存する自己の実現」を果たし、アジアの「屈辱」から脱却したように、アジアの各国もアジアに内在する普遍的理想に目覚め、「自己自身の力を感得」することによって「亜細亜の夜」の帳《とばり》をひらくことを期待してやまなかったのです。

第四章　中国革命への視線と対応

I　辛亥革命と宮崎滔天

1　宮崎滔天と孫文

宮崎滔天《とうてん》（本名・寅蔵）は、一八七一（明治四）年に熊本藩郷士《ごうし》の家に生まれ、一九二二（大正一一）年に波乱に満ちた五〇年余の生涯を終えています。彼は早く父をなくしたため、父についての記憶は少ないが、なかでも鮮やかに脳裏に刻まれているのは、父が「豪傑になれ大将になれと、日に幾度となく余が頭を撫で、繰返し玉ひしこと」であり、母もまた「畳の上に死するは男子何よりの恥辱なり」と彼に教えたということです（宮崎滔天『三十三年之夢』一九〇二年、『宮崎滔天全集』第一巻、二六頁）。さらに彼の長兄八郎は、自由民権運動に身を投じ、西南戦争にあたっては西郷方に加わって戦死したが、「余が親類縁者や、村中の老爺、老婆等は、皆言を極めて兄様のようになりなさい」（同上）と彼を扇動する、というような環境のなかで彼は幼少期を過ごしました。「余や先天的自由民権家なり」（同上、二七頁）と彼自身が回想するのも、それなりに肯《うなず》けるところです。

ところで滔天が中国に関心をよせるようになったのは、次兄弥蔵《やぞう》のことばがきっかけでした。当時、滔天は青年期に特有の精神的煩悶からキリスト教に入信し、弥蔵にも熱心に入信をすすめました。そのため弥蔵も大いに心を動かされたが、そのとき弥蔵は心に秘めていた清国改革の志を伝え、いま信仰との板挟みにあることを明かしたと言います。弥蔵が告白した清国改革への思いとはつぎのようなものでした。

以為《おもえら》く世界の現状は弱肉強食の一修羅場、強者暴威を逞ふすること愈々甚しくして、弱者の権利自由日に月に蹂躙窘蹙《きんしゅく》［苦しみ、ちぢこまる］せらる、是豈軽々看過すべきの現象ならんや、苟《いやしく》も人権を重じ自由を尊ぶものは、須《すべか》らく之が恢復の策なかるべからず、今にして防拒する所なくんば、恐くは黄人将に長く白人の圧抑する処とならんとす、而して之が運命の岐路は懸つて支那の興亡盛衰如何にあり、支那や衰へたりと雖も、地広く人多し、能く弊政を一掃し、統一駕御《がぎょ》して之れを善用すれば、以て黄人の権利を恢復するを得るのみならず、又以て宇内に号令して道を万邦に布《し》くに足る。（同上、四二頁）

すなわちここでは、西欧先進諸国によるアジア進出を白色人種による黄色人種の自由人権の圧迫ととらえ、中国の弊政改革は黄色人種の権利恢復への第一歩となるだけでなく、正義人道を世界に及ぼす理想実現につらなるものとの認識が語られています。弥蔵はこの理想実現のため清国に渡り、同国の改革に心をくだく志士たちとともに活動しようとの計画をめぐらしていたところだったわけです。しかし彼は滔天の説く宗教的安心立命の道を選び、渡清の志を断念することになります。一方、滔天は逆に「余が胸底には此時を以て「支那」てふ一点の印象を止めたり」（同上）と述べるように、中国の問題はこれ以後彼の胸の一隅に刻み込まれることとなったのでした。それは、彼が一六歳（一八八七年）ころのことです。それから三、四年ののち、一度は断念した中国経綸の志をふたたび燃やした次兄弥蔵が、滔天にむかって、今こそ疲弊にあえぐ中国の現状を打破し、その復興をはかる好機であると熱心に説いたことがありました。それはつぎのような内容でした。

人は云ふ支那国民は古を尊ぶの国民なり、故に進歩なしと、是れ思はざるの甚しきものなり、彼等三代の治を以て政治的理想となす、三代の治や実に政治の極則にして、吾等の思想に近きものなり、彼等古を慕ふ所以のもの、則ち将に大に進まんと欲する所以にあらずや、……若し支那にして復興して義に頼て立たんか、印度興すべく、暹羅《シャム》安南

振起すべく、非律賓《フィリッピン》、埃及《エジプト》以て救ふべきなり。（同上、五四―五五頁）

中国において理想とされた古代の聖人の治世は、今日にあっても政治の最高の準則であり、われわれの思想とも近いものがあると弥蔵は考えました。そして中国の復興を通してこのすぐれた中国の伝統的政治理念が明らかにされれば、アジア諸国をヨーロッパの圧迫から解放する道も開かれるにちがいないとしたのです。弥蔵によれば、広く人権を尊重する新しい時代を築くためには、何よりも理想を重んじ主義に支えられた運動が必要であり、そのような運動であるならば、少なくとも人権や自由をみずからの理念として掲げたフランスやアメリカのような国は、われわれの志を理解してくれるはずだと確信したのでした。この弥蔵の話を聞いた滔天は、大いに共鳴するところがあり、「余が一生の大方針は確立せり」と中国改革のために一身をささげる決意をここに固めたのでした。それは彼の二〇歳（一八九一年）ころのこととされています。

そののち曲折をへて滔天は、日清戦争後の一八九七（明治三〇）年のことですが、幸いにも中国革命派と接触する機会を手にします。この年、彼は香港に渡って孫文の動静を知り、幽閉されていたイギリスからカナダをへて来日した孫文と横浜で会う機会にめぐまれたのです。そのとき孫文は、初対面の滔天が中国革命の精神についてたずねたのに答えて、人民の自治の必要と、共和主義を政治の精神とすべきことを説き、つぎのように述べたとのことです。

人或は云はんとす、共和政体は支那の野蛮国に適せずと、蓋し事情を知らざるの言のみ、抑も共和なるものは、我国治世の神髄にして先哲の遺業なり、則ち我国民の古を思ふ所以のものは、偏へに三代の治を慕ふに因る、而して三代の治なるものは、実に能く共和の神髄を捉へ得たるものなり、謂ふことなかれ我国民に理想の資なしと、謂ふことなかれ我国民に進取の気なしと、則ち古を慕ふ所以、正に是れ大なる理想を有する証的にあらずや。(同上、一一八頁)

このように中国古代の聖人の統治理念に根ざした「共和」の精神は、清朝の支配がとどかない「僻地荒村」において地域住民の自治というかたちで現に受けつがれ実行されているところであり、その意味で共和主義は清朝の弊政を打破する革命の精神としても十分に実効性を持つものだと、孫文は説いたのです。こうした孫文の中国についての捉え方は、まさに滔天が次兄の弥蔵から伝えられた中国経綸の志と合致するものでした。そのうえ孫文によれば、革命の成功は中国の復興ないし中国人民の救済にとどまらず、アジアの解放と全世界の人道の恢復という普遍的な意義を持つもの、すなわち「支那四億万の蒼生を救ひ、亜東黄種の屈辱を雪ぎ、宇内の人道を恢復し擁護するの道、唯我国の革命を成就するにあり」(同上、一一九頁)と、中国革命の運動が高い理想と普遍的な人道主義に通じ、また裏づけられてもいることを熱情こめて訴えるのでした。

滔天は、英雄豪傑とはほど遠い孫文の風貌に意外の感にうたれながらも、ほと走り出る言々句々に強く引き寄せられます。そして「彼何ぞ其思想の高尚なる、彼何ぞ其識見の卓抜なる、彼れ何ぞ其抱負の遠大なる、而して彼何ぞ其情念の切実なる、我国人士中、彼の如きもの果して幾人かある、誠に是東亜の珍宝なり」(同上、一一九―一二〇頁)と、孫文のすぐれた思想と人間的な魅力に深い感銘を覚え、「余は実に此時を以て彼に許せり」(同上)と、その後は互いに心を許しあう同志的な関係を持ちつづけることとなります。

2 中国革命への道

ところで清末の中国で革命論が現実の勢力として台頭するのは義和団事件をへて以後のことです。そのころまでの改革論は、西太后を中心とする独裁政治を排して光緒帝による立憲君主制をめざすもので、康有為派が主軸をなしていました。それは清朝の維持を前提とするところから、保皇派または勤王派と呼ばれました。滔天は、一八九八(明治三一)年の戊戌変法《ぼじゅつへんぽう》に敗れた康有為を救い出し、日本に亡命させることにも力を尽くしています。

一方、孫文は医学生のころから反体制運動への関心を高めていましたが、一八九四年には李鴻章に対して清朝の弊政改革を求める請願運動を試みて失敗し、このような運動すらいっさい禁圧される事態に直面して、彼は平和的な方法に望みを断ち、ハワイにのがれます。そしてこの地で華僑を主体とする革命団体興中会を組織し、蜂起への準備にとりかかりますが、一八九五年、広州での最初の武装蜂起に失敗し、海外で再起をはかっていました。滔天が、孫文と面会をはたし、中国革命の大義に深く共鳴して同志的な交わりを結ぶようになったのは、そうした状況下のことです。

孫文が志した民権と共和の革命論も、義和団事件以後になると急進的な知識層、とくに一部の留学生のあいだに滲透しはじめます。また孫文の革命理論そのものも、恵州での第二次蜂起（一九〇〇年）の失敗など実践を積みかさねるなかで、当初の一揆的な性格をはなれ革命集団としての組織や綱領の検討に力を入れるようになります。また日本に留学していた中国人学生のあいだでも、西洋列強の中国進出や清朝の統治に対する憤懣、および近代思想との接触などをきっかけに、革新的運動についての関心が高まり、一九〇〇〔明治三三〕年にはかつて日本で刊行された自由民権関係の著書や訳書を重訳して紹介するなどのことが行われるようになったといわれています（前掲、小野川『清末政治思想研究』二四〇—四一頁）。

そのうえ当時の日本には、蜂起に失敗した革命派の指導的人物をはじめ多くの人たちが亡命してきていました。そのなかには黄興・宋教仁などその後の革命運動に重要な役割を果たすリーダーもいました。滔天は来日した孫文を誘い、黄興や宋教仁らと語り合って革命諸団体を統合するために努力をつづけます。その結果、一九〇五年には孫文らの興中会（一八九四年成立）、黄・宋らの華興会（一九〇三年成立）、蔡元培《さいげんばい》・陶成章《とうせいしょう》らの光復会（一九〇四年成立）などのグループを結集して新しい組織をつくることとなり、八月には中国同盟会と名づけられた革命のための統一組織が東京で結成されるに至るのです。その後も滔天は、しばしば香港に渡るなどして孫文や黄興ら革命派の人びとと連絡謀議をかさね、東京では自宅を孫文の隠れ家に提供するなど中国革命のために手厚い援助を提供しつづけます。

では滔天自身は、世界の現状と中国の革命についてどのような見方をしていたのでしょうか。彼は西洋文明の発達について、この新文明がもたらした科学技術の進歩は、さまざまな器械の発明、鉄道や電話などコミュニケーション手段の開発などを生み、その結果、社会生活の様相も一変し世界は比隣のごとくになったとし、たしかにこれは「偉観」にちがいないとします。しかし、現実はどうか、彼は言っています。「此等学芸、器械ノ進歩発明ト共ニ、兵器ハ新造セラレ、船艦ハ改築セラレ、兵備ハ益々拡張セラレ、戦闘ハ愈々惨絶ヲ極メ来レリ。……予ヲ以テ之ヲ看レバ、今ノ文明ハ野蛮的文明也」（「孫逸仙　時勢ト英雄」未発表原稿、前掲『全集』第一巻、四七四頁）と。

この「野蛮的文明」という見方は、言うまでもなく文明の先進国である欧米による東洋の後進諸国に対する軍事的進出や植民地化＝帝国主義についての批判と不可分にむすびつていました。この世界の現状を何とか打破しなければならない。しかし日本一国の力では、それはとうてい困難と考えていた滔天は、清朝支配の打倒による中国の再興こそがその突破口となるものであり、実際問題として東洋諸国を衰亡から救うのみならず、世界の将来を決定する意味を持つものと信じていました。「想フニ此問題ノ解決ハ懸ツテ支那国ニアリ。若シ支那ニシテ衰亡ニ了《おわら》ンカ、東方諸国遂ニ救フ可カラザルニ至ラン。若シ支那ニシテ勃興センカ、東方諸国以テ救フ可シ。啻ニ之ヲ救フヲ得ンノミナラズ、進ンデ世界ノ運命ヲ左右スルニ至ルモ亦難カラズ。然リ転禍為福、惟是斯《ただこれこの》一機ニアリ」(同上、四七五—七六頁)と。

この歴史的事業を滔天は、ほかならぬ孫文その人に託したのでした。それは、孫文こそ「理義に拠り主義に立ち、以て蒼生《こんやく》を困厄の裡《うち》より救はんと企てたる革命的真英雄」であり、また「人類同胞主義に拠つて天国を地上に建設せんとする者」(「孫逸仙」一九〇六年一〇月、同上、四七〇、七二頁)と確信し、日本の現状はどうかといえば、「悲しい哉、現代の我日本には朝野を通じて彼に比すべきの人物がない」(「孫逸仙は一代の大人物」一九一一年一二月、同上、五〇四頁)と考えたからでした。孫文に対する彼の思い入れの深さも分かろうというものです。

ところで一九〇五年八月の中国同盟会の成立は、中国の知識人たちを中心とした革命化の動きがいよいよ押しとどめがたい趨勢となったことを端的に示すものでした。同盟会は、孫文を中心に全中国的な革命政党としての組織を整え、広範な分野にわたる各界の人びとが一つの目標のもとに結合することとなります。また同年一一月には機関誌『民報』も刊行され、同誌のなかで孫文は中国革命の目標を、満清の異族による専制政治の打倒、西欧列強の圧迫からの解放、および民衆生活の安定、つまり民族、民権、民生という三つの主義に集約される政治革命と社会革命の実現というかたちで明示します。これは、当時、しだいに力をつけつつあった梁啓超らの改良主義的な君主立憲の立場——清朝体制の枠内における立憲制の実現——と対決し、それとは明確に一線を画する意味も持っていました。こうした革命のための理論の整備や革命綱領の具体化などが進むなかで、いよいよ武装蜂起という実践の段階を迎えることとなります。

ことに一九〇八年一一月、清の光緒帝と西太后があいついで没し、そのあと宣統帝が即位すると、積年の弊政に耐えかねた民衆の反対闘争も各地で発生するに至り、革命派による清朝打倒の呼びかけは、ほとんど社会の全階層からそれぞれの期待をもって受けとめられるような状況が生まれていました。そして革命派による武装蜂起は、いくたびかの失敗をかさねた後、ついに一九一一（明治四四）年一〇月、湖北武昌での新軍蜂起によって清朝支配からの離脱を実行し、湖北の新政府（中華民国軍政府湖北都督府）を設立することに成功します。辛亥《しんがい》革命——一九一一（宣統三）年が辛亥の年にあたるところからそう呼ばれます——の勃発です。

武昌革命の成功はたちまち周辺の各県にも波及し、革命軍はその年の一二月には南京を攻略するというところにまで至ります。そして翌一二年の一月一日、海外から帰国した孫文を臨時大総統とする中華民国臨時政府（南京臨時政府）が成立するわけです。しかし清朝も袁世凱を総理大臣に任命するなどして体制の維持をはかり、南京臨時政府に対して一歩も引かない姿勢を保持するのでした。こうした状況のなかで孫文は袁世凱と協議し、清国皇帝の退位と袁世凱の共和制賛成を条件に、大総統の位を袁に譲ることを決意します。その結果、二月には皇帝退位の上諭が発せられます。そして孫文は、立憲制への移行を定める根本法規（いわゆる臨時約法）や人権を保障する法規を制定したのち辞職し、南京政府も諸機関を北京へ移して南北統一による新しい共和国が袁世凱を大総統として成立することとなります。

3　共和国の誕生をめぐって

こうして中国は、秦の始皇帝いらいの王朝支配の長い歴史に終止符をうち、東洋における最初の共和国としての新しい歴史を歩みはじめることとなります。この隣国の政変に対する日本の識者の反応は、まことに多様でした。ことに中国による共和制の採用をめぐっては多くの議論を呼びました。尾崎行雄は、「隣国の君主制が倒れて、共和制之に代れば我国の君主制にも危害を及ぼさんなど、杞憂を抱くもの」について、これは「万世一系の皇室を戴く我国独有の歴史を根拠とする我政体を信ずるの心なきもの」、つまり「偽忠臣、偽勤王家」にほかならないと非難し、このような「迷想」から隣国の国民が自主的に選択した政体に干渉するようなことはあってはならないとしています（「我国の対清方針」、『中央公論』一九一一年一一月）。一方、『中央公論』の社論「清国に義人無《な》し」（一九一二年二月）は、清朝の滅亡にあたって「一人の節に殉する莫きは、風気全く地に堕ちし乎、思ふに利害のみに急なる、今日の支那人の如きは尠《すくな》からん」と中国における節義の衰退を嘆くとともに、日本の現状を顧みて「我が国近時智者才人多く、利害に聡明なる倫を絶つもの多し、而して仁義を迂《う》〔実際に向かない〕として嘲けるなきや否や、若し然らば徒らに支那人のみを嗤《わら》ふこと能はざらんとす」と、中国の事態を日本における倫理の頽廃への戒めとしています。

中国における共和制の採用が、はたして近代国家としての中国の再生を可能にするかということも、日本の識者のあいだで議論となった問題でした。中国国民には本来的に国民的精神に欠け、統治能力がなく、自強の気概に乏しいという日清戦争後に支配的になった中国蔑視の観念に依然として捉えられていた人たちは、当然のこととして中国の共和制の将来に冷ややかなまなざしを投げかけていました。その例としては、内田良平の『支那観』が、「彼等の希望する謂ゆる共和政治の社会を創成するは、木に縁りて魚を求むるよりも甚しきものありといふべく、縦し千万歩を譲りて、其形式に於ては憲法制定せられ、大総統確撰せられ、共和の新政府組織せられたりとするも、支那の国民が其新政治の運用を全うせんことは、水中月を撈《とら》ふるよりも難かるべし」（四〇―四一頁）と述べているのを挙げることで十分でしょう。

また中国における共和制の採用を、同国の思想状況の観点から評価を下す議論も多く見られました。すぐれた中国学者として知られる内藤湖南は、武昌革命が成功し新旧両勢力が対峙している段階で執筆した時論「支那時局と新旧思想」（一九一一年一一月二三日稿）で、中国ではなお孔子への尊崇の念が強く、五倫の道を社会の秩序保持にとり必要とする思想は大きな力を持っているとし、「今遽《にわか》に五倫を破棄して顧みざるが如き、支那人の首肯し得べき事なるや否や、論じて茲《ここ》に至れば吾輩は革命軍が天下を一定して共和国を建設し、大統領ありて君主なき制度を立つるに及びて果して支那人全体が之に服従すべきや大に懸念なき能はざる也」（『内藤湖南全集』第四巻、四九三頁）と、共和制が採用されたとしても定着するのは難しいであろうという見通しを示しています。

しかしその後、袁世凱を大総統として共和制が実現した段階では、「実はまだ人民の政治上の知識の準備としては、共和政治を組織するには十分ではないけれども、兎《と》に角《かく》元の貴族政治に復《かえ》るよりか、新らしい政治に入る方が自然の勢ひなので、それで今度の革命と云ふものが、支那の状態から見ると突飛なやうであるけれども、新しい局面に向つて進んで来たのである」（前掲『支那論』五四頁）と、これをいずれ向かうべき歴史の方向と受けとめていました。こうして湖南によれば中国の現状は、理論のレベルでは共和制を容認しながらも、実際のレベルでは、およそ政治家は自己の政治的主義と信念にもとづいて行動すべきものという「文明国の政治的徳義」が、袁世凱にも革命党の側にも守られず、彼らの行動はきわめてご都合主義で「機会主義」的であり、列国も自国の利益を優先してその点を厳しく問わない実状を考えると、「今日の支那は、列国に甘やかされて居るので、正義の観念も発達せず、随て共和政体の成功も危ぶまれるのである」（同上、二三九頁）と、中国の共和制の将来については厳しい見通しを語っています。

同じく中国学者で日露戦争後、清朝に招かれて北京の進士館教習の任にあたった矢野仁一（一八七二―一九七〇）も、辛亥革命後十年の時点でですが、中国の伝統的思想文化の根強さという視点から共和制に対して否定的な見解を述べています。たとえば「支那の経典に何等典拠なく、支那の歴史に何等前例なく、随つて支那人の思想感情に何等の基礎を有せざる西洋伝来の共和政治を以て、支那の人心を支配することの不可能なるは、中華民国創立の首功者等が、共和は民主共和の共和でもあるが、また五族共和の共和でもあるなど、言はなければならなかつたことに見ても明白であると言はなければならぬ」（「支那帝国と支那共和国」一九二二年四月、『近代支那論』一二二頁）と。このように矢野は、共和政治が中国人の伝統的な思想文化に基礎づけられない「西洋伝来」の制度であるがゆえに、中国の人心を支配することは不可能と考えました。

同時に矢野は、辛亥革命について「清朝の滅びたのは、其の徳衰へて人心の之を去りたる結果ではなく、最早や支那は天下を支配する世界帝国でないと云ふ事実」によるものであり、言いかえれば「天命を得たものは天下を支配し、天下を支配する資格に依つて支那を支配すると云ふ理想其のものが滅びた為めである」（同上、二一〇―二一一頁）と、その思想的な意味づけをおこなっています。それは、共和政治の正当化を、天命にもとづく新しい有徳者の登場という伝統的な「革命」観に求める途がとざされたことを意味するのでしょう。矢野はこう結論づけています。「支那の経典、文学、はた歴史に根拠なき、随つて支那人の思想感情にアッピールしない共和政治に依つて、若し支那の現代的国家組織を完成することが出来るものとすれば、それは純理論の上より支那人をして共和政治が天下最善最良の政治であると云ふことを領会悟得せしむる一途より外にない」（同上、二一二―二一三頁）と。矢野によれば、それは中国の人民が世界のどの人民よりも聡明な人民になることを意味するのであって、現実には望むべくもないことだとしたのでした。

このような辛亥革命についての消極的な評価に対して、近代日本の東洋史学の基礎を築いた白鳥庫吉《くらきち》（一八六五―一九四二）は、より積極的な立場をとっています。彼はこの革命の前提として伝統的な中華思想への反省が生まれていたことを指摘し、こう述べています。「今迄は自国が世界であつて、自国の天子は世界を支配するものと思ひ込んで居つたのであるが、西洋人と接触するやうになつて、其思想の大いなる誤りであつた事に初めて気が附いた。……そして其接触が久しくなるに従つて、啻に自国と同等の国があるのみならず其文化も自国と同等若くは自国よりも勝れて居るといふ事にも気が附いて来た。此思想は四千年の歴史を通じて支那に無かつた所のもので、此思想こそ支那革命の真原因であると信ずる」（「支那歴代の人種問題を論じて今回の大革命の真因に及ぶ」、『中央公論』一九一一年一二月）と。その意味で彼は、この革命とそれに伴う騒乱を「急激なる改革の新思想と、在来の旧思想との軋轢《あつれき》」と捉えたのですが、その将来については「支那は近世的の一国家を形成し、世界列強の間に立つて耻しからぬものとなるべきは、自分は歴史家として確言するを憚らぬものである」（同上）と、中国の再生に大きな期待を抱いていました。

　王朝の支配から共和政治へという中国の革命とその将来について、内藤湖南・矢野仁一・白鳥庫吉という三人の中国にかんする専門家の見解を取り上げてきましたが、中国における共和制の採用についてそれぞれの評価は異なるものがありながら、共和制を中国の伝統的な政治のパラダイムとは異質な新しい思想の所産とする点では共通していました。内藤湖南は、中国のこの政体変革を「世界の大勢」に沿った歴史のいわば当然の進化と受けとめ、「一体世界の大勢の変遷は、或る時には幾らか旧に復《かえ》るやうな形があつても実は皆新しく形られた勢力の中心に向て、新らしい局面を開いて行くもの」（前掲『支那論』五三頁）といういわば進歩史観的な見方からこれを意味づけています。たとえば湖南は、中国革命の歴史的背景を求めて中国の歴史を遡って行くと、日本で封建制度が破れて平民層が台頭し立憲制度を成就したのと同じような歴史の動きを中国のなかに見出すことができるとしています。そしてこう述べています。「唐以来の変遷を考へて見ると、人民の自由、若くは私人の権力が、絶対に認められない時代からして、漸々にその力が認められると云ふ時代にまで変つて来て居るのである。それで結局は人民が政治上の要素になると云ふことに変るべき傾きを有つて居る」（同上、五二―五三頁）と。中国における共和政治の登場は、もちろん西洋の新思想の影響によるところ大きいが、しかし同時にマクロの視座からすれば、世界の歴史に共通し、中国の歴史にも見られた人民の社会的力の漸次的上昇という傾向に沿うものという点で、まさに「世界の大勢」ないし「自然の勢ひ」とでも言うべきものと湖南は理解したのでした。

このように湖南は歴史的進歩の視点から中国革命を捉え、政治的伝統から決別した「新しい政治」という面を強調しました。また矢野仁一は、共和政治を「支那の経典、文学、はた歴史に根拠なき」ものとし、中国にはなじまない政体と考えました。一方、白鳥庫吉は、中国が伝統的な中華思想を克服し西洋文化の優秀性にめざめた点に、この革命の真因があると論じています。彼らは、辛亥革命についての賛否は別として、共和制を、本質的に、中国に固有の思想空間から離れた、「新しい」思想によって支えられたものとする捉え方においては、共通するものがありました。

それにくらべると滔天の共和政治の捉え方はきわめてユニークなものがあったように思

われます。前述のように、滔天が初対面の孫文に心酔し、たちまち同志的交わりを結ぶに至ったのは、孫文の志す共和主義革命の精神に心惹かれたからでした。そのとき孫文は、先述のようにこう述べたのでした。「抑も共和なるものは、我国治世の神髄にして先哲の遺業なり、則ち我国民の古を思ふ所以のものは、偏へに三代の治を慕ふに因る、而して三代の治なるものは、実に能く共和の神髄を捉へ得たるものなり」（前掲『三十三年之夢』）と。

つまり孫文は、革命の理想たる共和主義の精神を「三代の治」すなわち中国古代の聖人の道によって意義づけたわけです。しかもこの「共和の政」は中国国民に適合するだけでなく、革命にも有効な思想であり、「宇内の人道を恢復し擁護する」ことにも通ずると説いたことに、滔天は強く惹きつけられたのです。滔天自身もつぎのように述べています。「支那の国体は聖人の道を基と為す。即ち盛徳ある者天に代つて億兆を治むるに在り。其徳衰ゆれば其位を退くに在り。其徳衰へて其位を退かず、漫《みだ》りに虐政を行ふ君主あれば如何。孟子曰はずや、仁ヲ賊フ者之ヲ賊ト謂フ、義ヲ賊フ者之ヲ残ト謂フ、残賊ノ人之ヲ一夫ト謂フ、一夫紂《ちゅう》ヲ誅スルヲ聞ク、未ダ君ヲ弑《しい》スルヲ聞カザルナリ［原漢文。「梁恵王篇」下］と。実《じつに》是《これ》純乎たる民主主義の神髄を喝破したるもの也。革命の真意義を発揮したるもの也。所謂聖人の道は即ち是也」（「支那立憲問題」一九〇六年九月、『全集』第二巻、五九七頁）と。このように孫文や滔天は、共和主義の精神を「三代の治」「聖人の道」という中国固有の伝統的政治理念に由来するものと理解し、「新しい」もの、中国とは異質の思想とは考えませんでした。その点で滔天の中国革命の見方は、先の三人の中国史の専門家たちと異なるものがあったと言えましょう。*

＊　たしかに内藤湖南も中国思想の内在的発展として新しい近代的な思想が生まれていることを否定はしませんでした。たとえば「尤も支那に於ても、百年前より新思想の生じ居るは論無き事なり。支那に於ける思想の変動は決して共和国謳歌者が亜米利加の政治組織を見て新知識を得たるがためのみにあらざる也」（「支那時局と新旧思想」、前掲『全集』第四巻、四九二頁）と言っています。また論説「清国の立憲政治」（一九一一年五月講演、六月二五日『大阪朝日新聞』掲載）のなかで彼は、「支那は国の制度の上から云ふと、無限の君主独裁の国である。それと同時に支那は非常な輿論の国である」とし、「それが詰り一つの立憲政治の根柢になるのであらう」（前掲『支那論』附録、二五六、五七頁）とも述べています。しかし中国思想の発展にかんする湖南の基本的な考え方は、前述のように進歩史観的な性格を持つもので、世界の大勢に順応して新しい思想が登場すると考えるものでした。ただその場合、中国の歴史を過去にさかのぼって見れば、新しい思想と結び付く考えは断片的なかたちで見出すことができるというわけです。したがってさきの「共和国謳歌者が亜米利加の政治組織を見て」云々という言い方からも分かるように、革命派の共和制論を中国固有の思想的発展として位置づけることはありませんでした。

共和制の理念を中国古代聖人の「三代の治」に基礎づける孫文や滔天の立場に近い考え方をとった例としては、ほかに永井柳太郎（一八八一―一九四四）をあげることができるでしょう。永井は「支那人に代りて日本人を嘲る文」(『中央公論』一九一三年一月)で、日本人が日清・日露の戦勝に驕《おご》って中国蔑視の態度を改めようとしないことを戒め、中国革命についても「抑も日本人にして真に能く今回の支那革命の真意を解せる者果して幾何《いくばく》かある」と慨嘆しています。そして永井は、この革命について「支那を以て支那人の支那と為さんとする運動也。少くとも国民的自覚より来れる思想上の一大産物也」としますが、共和政治についても、滔天が引用したのと同じ前述の孟子のことばを引き合いに出して、つぎのように述べています。「彼等王者の天命を以て万民の撫育《ぶいく》に在りとなし、此天命を完ふせざる君主は之れを逐《お》ふに躊躇せざりしは誤なき事実にして、其政治的思想の他の東洋諸国に比し遥かに民主的なりしは疑ふべからざる也。依是観之《これによりこれをみれば》、支那人は其思想に於て或る程度まで共和政治に対する訓練を受けたる者といふも可也」と。

また永井は、この論説のなかで、中国革命の援助に奔走する日本の志士たちに対して、「日本の志士倉皇《そうこう》として彼地に赴き、以て之れが応援を為すべく奔馳せりと聞く。吾人はか丶る人士が支那の国民的運動を助くる以前、先づ其母国たる日本の国民的運動を喚起し、……かの日本を以て閥族の手に独占せんとする輩を放逐せんことを希はざるを得ず」と苦言を呈しています。この苦言は、辛亥革命が第二、第三革命と曲折をかさねるなかで、日本の軍閥官僚勢力が中国の軍閥を援助し、中国革命のめざした国民的統一国家の形成に干渉をくり返したその後の経緯を考えると、まことにもっともと言わざるをえません。滔天も、後年、同じような批判に対して、「頭を冷やかにして考へ見れば、自分の生国を打棄て、おいて、他国の革命事業に没頭するなぞは、一種の酔狂沙汰で、常識派の人の決して与みせぬ行動なのです」（「炬燵《こたつ》の中より」一九一九年二―三月、『全集』第三巻、二四八頁）と反省のことばを述べています。しかし滔天は、「私の最初の出発点が世界人類主義であった」ために、共和の理念によって変革された中国の力によって何とか世界に人道主義を恢復させたいとの思いに駆られ、「部分問題を軽視する病」にとりつかれてしまったためと回想しています（同上、二五三頁）。

Ⅱ　北一輝『支那革命外史』について

1　初期の国家論――『国体論及び純正社会主義』から

北一輝（本名・輝次郎《てるじろう》、一八八三―一九三七）が日本の思想界に登場するのは、一九〇六（明治三九）年五月、まだ二三歳の彼が『国体論及び純正社会主義』という著書を自費出版して大きな反響を呼んだときからのことです。この書物は、発売後まもなく発禁処分を受けることとなりますが、その内容は、当時の社会主義思想を対象として、また、学界で大きな権威を振るっていた穂積八束《ほづみやつか》をはじめとする有力な憲法学者の学説を対象として、徹底的な批判を加えることに力を注いだものでした。その後、北は『支那革命外史』（一九一五―一六年稿）と『日本改造法案大綱』（一九一九年稿）を執筆します。前者はのちに取り上げますが、後者は一君万民的天皇と軍隊を中心とした国家改造計画を主張したもので、青年将校たちに影響を与え、結局二・二六事件に連座して処刑されることとなります。そこでまず北が思想界に登場した当時、どのような考えの持ち主であったのかを知るために、最初の著書『国体論及び純正社会主義』に示された彼の思想をできるだけ要約して紹介しておこうと思います。この書物で北が主要な問題として論じているのは、明治憲法体制下の日本の国家を理論的にはどのように捉えるべきかということでした。彼は、国家と社会を概念的には区別せず、同じものとして取り扱っていますが、彼によれば国家とは、本来、社会を構成するさまざまの階層からなる有機体で、それがひとつの個体として存続するなかで歴史的に進化をとげ現在の国家に至ったとしています。日本について言えば、王朝支配や武家支配の時代の国家を「家長国」と呼び、明治維新以後に立憲制を採用した明治国家を「公民国家」と呼びますが、彼は日本の国家を歴史的には「家長国」から「公民国家」へと進化したものと捉えるわけです。

国家が有機体であるとすることは、国家はそれ自体人格を持った自存的存在で、その存在を維持し発展させる意思と、その意思を実現する権利の主体でもあることを意味します。それゆえに北は、明治国家についても天皇主権説を否定し、法的な主権の主体は国家であり、天皇と国民はそれぞれ国家の構成員として、国家の利益と目的を達成すべき立場にあると主張します。したがって明治憲法で定められた天皇による統治権の「総攬《そうらん》」も国家の利益・目的に沿うものでなければならないとし、立法機関も立法大権を持つ天皇と議会とによって組織されると考えます。そしてそれが彼のいわゆる維新以後の「公民国家」という政体の特質であるとするわけです。すなわち彼は、歴史の進化を基本的には「社会意識の拡張」、自由平等の拡大と考え、「日本民族も古代の君主国より中世史の貴族国に進化し以て維新以後の民主的国家に進化したり」(『国体論及び純正社会主義』、『北一輝著作集』第一巻、三五四頁)と、維新後の「公民国家」を基本的には民主主義を目指すものとしています。

このように全体としての国家は君主と国民をともにその部分として包摂し、この国家が主権の主体として――社会の一部である君主あるいは貴族など特権的な階層の利益にではなく――社会全体の利益・目的のために存在するという国家のあり方を、北は「公民国家」=「民主的国家」としての日本の「国体」と考えるべきだとしたのでした。現在の国家および「国体」について彼はこう述べています。「[国家は]君主をも国家の一員として包含せるを以て法律上の人格なることは論なく、従て君主は中世の如く国家の外に立ちて国家を所有する家長にあらず国家の一員として機関たることは明かなり。即ち原始的無意識の如くならず、国家が明確なる意識に於て国家自身の目的と利益との為めに統治するに至りし者にして、目的の存する所利益の帰属する所として国家が主権の本体となりしなり。

此れを「公民国家」と名《なづ》けて現今の国体とすべし」（同上、二一五頁）と。

またこの全体としての国家は、有機体としてそれ自身の人格を持ち法的には主権の主体とされたように、経済的には社会のすべての土地や資本に対する所有権の主体として、これらの生産手段を社会全体の利益のために使用すべきものと考えました。北の言う「純正社会主義」がそれで、彼はその実体を「一切階級を掃蕩して社会が社会の権利に於て社会の利益を図る者」（同上、六六頁）と述べています。

この書物に示された北の基本的な考えは、ほぼ以上のようなところにありました。ただ中国認識という主題との関連で付け加えれば、北がここで説いた社会主義は、その源流を孟子の国家理想に発すると考えたことです。北は、その根拠として孟子が「民の如きは恒産なきときは恒心無し」（「梁恵王篇」上）として、民を道徳に向かわせるためには、まず民衆に生業を与えて生活を安定させ、凶年に遭遇しても餓死から免れることができるように経済を整えることが大切であると説いた孟子のことばなどを紹介します（同上、四一二―一三頁）。そして北は孟子について、「理想的国家論を哲学史の開巻に残したる彼は明らかに社会主義の理想郷を掲げたり」（同上、四一七頁）と、孟子こそが社会主義の歴史の始原をなすものとしたのです。こうして孟子以後、「二千年間の社会の進化」を経た結果、近代物質文明の急速な発達をみることによって、そしてまた社会主義の担い手も君主から国家へと移行することによって、現在の社会主義が登場するに至ったと説くのです。

2　中国革命への思想的立場

北がこの『国体論及び純正社会主義』を世に問うてから数年後、中国は辛亥革命によって清朝支配が崩壊し、共和制のもとで中央集権的な国民国家形成をめざす段階に入ります。袁世凱と妥協して彼に臨時大総統の地位をゆずった孫文ら革命派は、同盟会など革命諸団体を結集して国民党を結成し、議会を基礎にした責任内閣制の確立をはかりますが、一方の袁世凱は大総統による独裁の実現を策し、内閣および議会の革命派に対して高圧政策を進めます。そのため両者のあいだには、早くも深刻な対立が生ずることとなるのです。ことに最初の国会総選挙（一九一二―一三年）では国民党が圧勝を収めますが、一九一三（大正二）年三月、袁は国民党の有力なリーダーの宋教仁を暗殺するなど武断的専制をほしいままにして革命派の追い落としをはかるようになります。追いつめられた革命派は七月、ついにたまりかねて武装蜂起を各地で企てますが、結局、敗北に終わります。これがいわゆる第二革命と呼ばれるものです。その動乱のなか、見切りをつけた革命派リーダーの黄興や孫文は中国を脱出し、日本に逃れて再起をはかることになります。孫文が東京で中華革命党を組織するのは、その翌年のことです。

革命派の反袁蜂起を打破した袁世凱は、一九一三年一〇月、正式に大総統の地位に就くと、ただちに国民党系の国会議員を追放して国会の無力化をはかり、大総統の専制体制がここに確立するに至ります。このような状況の下で、革命派の多くは日本など海外に亡命して雌伏のときを過ごすこととなりますが、袁世凱は、さらに帝制の実現と皇帝即位に対する強い野心を抱き、その目的達成のため心を砕くようになります。そして帝制運動は、一九一五〔大正四〕年一二月、中国参院により袁世凱を皇帝に推戴するところにまで至るのです。さすがにこのような動きに対しては、旧国民党系の人びとをはじめ広範な人たちのあいだで強い不満や反撥が起こり、日本に逃れていた革命派のリーダーたちも、反袁気運の高まりとともに革命運動の再開に踏みきることとなります。そして雲南における挙兵が口火となり、ここに袁世凱に代表される官僚軍閥勢力の打倒をめざす第三革命が勃発するに至ります。革命勢力の決起に直面した袁は帝制計画を撤回しますが、その後まもなく一九一六年六月、動乱のなかで死没します。

北一輝の『支那革命外史』は、彼自身の序文によると、一九一五年一一月、袁世凱が帝制計画を進めつつあるのを知って日本の対中国政策の現状を憂い、自己の見解を「時の権力執行の地位に在る人々」に示そうと考えて急ぎ執筆を開始したとのことです。しかし、その後第三革命が勃発して反袁運動が拡大する情勢をみて、彼は「南京政府崩壊の経過」を取り扱った第八章までで執筆を一時中止し、後半については翌年の五月に執筆を再開し完結（同月二二日稿了）させたとしています。ところで北が中国革命にかかわるようになったのは、前著『国体論及び純正社会主義』を刊行し発禁処分を受けたあと悶々とした日々を送っていたとき、宮崎滔天が主宰する革命評論社の招きで同人として加入することになったのが、直接のきっかけのようです。

革命評論社は、ロシアおよび中国における革命党の決起に勇気を得て、世界の平和と人類の自由を達成するためには「根底ある革命」こそが必要という思いから結成され、機関誌『革命評論』を刊行（一九〇六年九月）するなどして活動を開始しました。このグループは孫文らの中国革命同盟会とも密接な関係にあり、北も同会に入会するなど中国革命に深くかかわるようになるのです。そして北は辛亥革命にあたって中国に渡り、宋教仁とともに革命の成就をめざして奮闘しますが、孫文と袁世凱との妥協に憤慨して帰国するということもありました。こうして北は孫文については一貫して批判的な立場をとり、他方、宋教仁とは厚い信頼によって結ばれた盟友としての関係をたもつこととなるのです。

ところで北がこの書物で披瀝《ひれき》した中国革命観の特色は、まず革命の理念を共和主義の実現にではなく、中国の自立自衛という民族主義に求めた点にありました。「支那の革命は民主共和の空論より起りたるものにあらずして、割亡を救はんとする国民的自衛の本能的発奮なり」（『支那革命外史』、『著作集』第二巻、一二頁）と彼が述べているのがそれです。ここで「民主共和の空論」と言っているのは、おもに孫文が革命の理念として掲げる共和主義を指していました。つまり北によれば、孫文が中国革命でめざしたのは、アメリカ合衆国の大統領制に範をとった共和制を中国において実現しようとすることにあったが、それは歴史的にも文化的にも米国とはまったく違う中国の現実を無視した「米国的夢想」

（同上、七頁）以外の何ものでもないとしたのでした。そして北は孫文について、「一米国的夢想家の他力本願主義によりて誤解せられたる革命援助の声が、今日終に日本の庇護の下に革命せしむべしとする積極的干渉に近きものに変化せざるや。不肖は此の侮蔑と恐怖と、革命後の両国々交に却て重大なる禍因たるべきを憂惧して止まざる者なり」(同上、一三頁)と孫文的立場に危惧の念を表しています。

このように北は、孫文の民主共和の理念を「米国的夢想」にすぎない主張であり「空論」であるとしりぞけ、また外国の援助や理解を期待する孫の外向きの国際主義的な立場は、外国の介入や中国蔑視という将来の禍根につながりかねないとしたのでした。そして北は、中国革命の本質を「国民的自衛の本能」に根ざす内なる民族主義の発露ととらえ、亡国の危機にある中国が現実に必要としているのはむしろ「愛国的革命」であり、その意味で革命の思想を代表するのは孫文ではなく、「一貫動かざる剛毅誠烈の愛国者」であった亡き宋教仁でなければならないとしています。そのうえで孫文と宋教仁との革命運動の違いにつき、彼はこう述べています。

前者の革命運動は国際的にして外邦又は外人の援助を受くるは正当なりとの信念の下に行はれ来りしが故に自ら世界の了解を得易かりき。是に反して後者の其れは理想の国家的なるよりして愛国運動となり、従て外人の容喙《ようぶん》[口先を入れること]を潔しとせず外国の援助の如きは万不得止場合《ばんやむをえざる》と雖も国権を毀損せざる限りに於て受くべしとの熱情に基きて行はれたり。為めに終に未だ隣国に於てすら行動の跡を窺知する機会なかりしは論なし。（同上、二九頁）

このように孫文は国際主義的な立場をとったがために外国の理解も得やすく多くの援助をうけることもできたが、宋教仁は中国の国権の自立を重視する民族主義的な立場をとったがゆえに、その革命活動は隣国の日本においてすらまだよく理解されないままであるとしているわけです。中国革命の本質を「国民的自衛の本能」という民族主義・愛国主義に見出した北は、またこの愛国主義への自覚を中国革命の思想的な原動力へ変換するうえに大きな役割を果たしたものとして日本の国家思想のもつ意義に注目しています。「支那の革命は太平洋の遥なる雲間より来らずして対岸の島国、実に我が日本の思想が其の十中八九までの原因を為せるなり」（同上、一四頁）と彼は言います。そして中国革命のために日本の思想を吸収するうえで重要な役割を果たしたのは、日本に送られた中国の留学生たちであったと、中国留学生の存在に注目しています。「日本の興国的思想は遺憾なく彼等自身の東洋魂を覚醒せしめ、彼等は其覚醒によりて日本の興国学を直ちに革命哲学として受取りたりき」（同上、一六頁）、あるいはまた「支那の革命は我日本に啓発せられたる年少書生の鼓吹し計画し遂行したるものなり」（同上、一七頁）と、北は述べているほどです。

清朝による日本への留学生派遣の計画は、日清戦争後に清朝が当面の改革（「変法」）に必要な人材の養成を目的として開始され、東洋における開化の先進国日本に学生を送って実学の習得を行わせようという構想のもとに進められました。清国では、一八九八年の「戊戌変法」と呼ばれた改革運動が日本の明治維新を有力なモデルとして構想されたことにも示されているように、日本は同じ東洋に位置しながら伝統的文化を損なうことなく西洋文化を摂取し、近代化と国家の富強をいち早く達成した国として高い評価をうけ、その国家建設に注目しようとする動きが高まっていました。そこで政治制度の改革にあたって西洋の近代文化を学習する必要に迫られた清国は、とりあえず隣国日本に留学生を送って西洋の学問を習得させようと考えたのです。

一方、留学生を受け入れる側の日本では、当時、中国保全論の立場から中国が自立自強の道へ向かうことを期待し、中国留学生の教育をとおして愛国心の高揚や国家を担う国民の形成に力を貸すことが今こそ重要であるとする意見が主張されていました。とくに一八九八年三月、三国干渉によって日本が放棄した遼東半島の旅順・大連をロシアが清国から租借し、その勢力を中国東北部へ扶植する構えを強めると、日本ではロシアの脅威に備える障壁として中国の自立自強を求める中国保全論が現実的な意味をともなって強調されるようになります。清末の日本留学運動も、たしかに「変法」という清国自身の内部事情が背景にあったことは事実ですが、実際問題として「始動のキッカケをつくったのは、日本の政軍官紳各界をあげての対清親善工作と留学勧誘だったのではないかと思われてならない。なかでも、イニシャチブを取ったのは日本の参謀本部」（前掲、厳安生『日本留学精神史』一五五頁）という見方もある位です。そして事実、日本の陸軍士官学校で受け入れた中国士官留学生は、第一期（一九〇〇年一二月入学）の四〇名から始まり、日露戦争後の一九〇六（明治三九）年から〇八年の二年間には合計二八四名の多数にのぼっています（同上、一九四―九五頁）。

ところで日本の側で中国留学生の教育に熱意をいだき、実際にも大きな役割を果たしたのは東亜同文会《どうぶんかい》でした。同会は、一九〇一（明治三四）年五月、中国活動を担う人材養成の教育機関として上海に東亜同文書院を設立（院長・根津一）しますが、その際の「興学の要旨」では建学の意義について、「中外の実学を講じ、中日の英才を教う。一は以て中国富強の基を樹て、一は以て中日輯協［友好協力の意］の根を固む。期する所は中国を保全して、東亜久安の策を定め、宇内《うだい》永和の計を立つるに在り」（東亜同文書院滬友同窓会編『山洲根津先生伝』八五頁。原漢文）と述べています。つまり中国人学生の教育と人材育成の事業に日本自身が関与する目的は、中国の富強化による中国保全の実現および東亜の秩序安定にあるとしているわけです。

このような日本の思わくもあって中国の留学生は、日本での留学生活を通して祖国の独立をになう国民としての自覚を身につけていくこととなるのです。中国留学生の気質を見ても、一九〇二年までは「少数良質の時代」と言われ、留学中も比較的落ち着いて勉学し、帰国後は清朝政府に登用され出世コースを歩む者が多かったとのことですが、「良質」組と見られる者ほど、のちに革命家になる者は少なかったのに対して、その後の「多数速成の時代」になると、留学生は質的にも「玉石混淆」と言われて留学目的も多様化し、「留学思潮の面でも古い枠がつき破られ、新しい局面を迎えた時代であった」とされ、「留学界の様相は一転しておもしろくなった」（前掲『日本留学精神史』一二頁）と評されるようになります。

いわば多様な目的と個性を持った「玉石混淆」の留学生が多数来日する時期を迎えて、ようやく日本の受け入れ側が期待した中国の富強化をになう新しい人材養成の条件も整ってきたということなのでしょう。ちなみに「すでに義務教育を受け国の盛衰に関係を有するもの」という意味での「国民」の語が、「日本留学で得た文明新語」として中国にもたらされたのもこのころと言われています（同上、六五―六六頁）。

このように日本留学を通して国家意識にめざめた中国の青年たちが、帰国後、有力な革命の担い手となっていったこの側面に、北一輝はとくに注目し重要性を見出したわけです。北は中国革命と日本留学との思想的関連について、「日本人の支那革命に対して受くべき光栄は当面の物質的助力又は妓楼に置酒して功を争ふ者の個人的交遊に非ず。実に日本の興隆と思想とが与へたる国家民族主義に存するなり」（前掲『著作集』第二巻、四二頁）と指摘し、中国の留学生が日本滞在中に学びとった日本の国家思想や民族主義が中国革命の精神的原動力となったことを強調しています。こうして留学中に日本で国家意識にめざめ愛国主義を学んだ中国の青年たちは、帰国して革命に参加し、皮肉にもやがて日本の軍閥官僚主導の中国政策に反対して排日運動のリーダーとして活躍することになります。この点については、またのちに取り上げることになるでしょう。

3 「東洋的共和政」について

中国革命の本質を民族主義の視点で捉えた北は、革命をとおしてどのような政治体制の実現を理想と考えたのでしょうか。孫文の共和主義を「米国的夢想」としてしりぞけた北は、それに代えていわゆる「東洋的共和政」なるものをあげています。この「東洋的共和政」とは、北によれば「欧米の一政治的形式を取り入れて東洋的消化を経たる共和政体」で、「実に漢民族の政治能力がラテン、チュートン等の其れに劣らざる有力明白なる実証」（同上、五九頁）と彼が自負して命名した政治形態でした。それが「東洋的」として欧米のそれから区別されるゆえんを、北は『支那革命外史』のなかでこう述べています。

支那の共和政が其の大総統を白人の如き選挙運動と議員の投票に求めずして天命と民意の上に立たしむることは、不肖是れを彼と区別せんが為めに「東洋的共和政」と名《なづ》けざるを得ず。「東洋的君主政」は二千五百年の信仰を統一して国民の自由を擁護扶植せし明治大皇帝あり。「東洋的共和政」とは神前に戈《ほこ》を列《つら》ねて集まれる諸汗《ハン》より選挙されし窩闊台汗《オゴタイハン》〔モンゴル帝国第二代のハン〕が明白に終身大総統たりし如く、天の命を享《う》けし元首に統治せらる、共和政体なりとす。近代支那と近代日本との相異は終身皇帝と万世大総統との差のみ。（同上、一五八頁）

中国革命の追求すべき理想として、北がこのような「東洋的共和政」を構想したことには、いくつかの考え方が前提になっています。その一つは、革命の政治的意味についての彼の考え方です。北によれば、そもそも革命というものは旧体制の秩序を支えていた強圧権力が崩壊し、それに代わる新しい統一秩序の形成が追求される権力変動の過程と捉えられ、そのため革命の達成には当然のこととして「強大なる権力を有する専制政治」が不可欠とする考え方です。「凡て革命とは旧き統一即ち威圧の力を失へる専制力が弛緩して、新たなる統一を求むる意味に於て強大なる権力を有する専制政治を待望する者なり」（同上、一四三頁）と彼は説きます。北にとって「統一」とは、強大な「専制」権力（「武断政策」）なくしては考えられないものであったわけです。

しかし他方、北は近代革命の特質としてこの「統一」と同時に「自由」を説き、両者の両立に近代革命の意味があるとしています。「近代革命とは此の統一的専制的権力が自由に発表せらるる国民の政治的理解を代表するものなる観察点に於て自由政治を樹立する者なり」（同上）と述べているのがそれです。いわば自由のための革命独裁です。ただ彼のこの「自由」の観念は、前述のように、近代国家でもっとも典型的な国民の自由な意思表明の方法とされる投票による選挙を否定した上でのものであることを忘れてはなりません。結局のところ北の考える「自由」とは、徳川幕府下の武士階級の支配を崩壊に導いた維新の変革にあたって、政治的象徴の役割を担った明治天皇を「全く自由の擁護者にして、自己の権威の為に権力を私する意味の専制君主に非らざりしことは疑なし」（同上、一五五頁）と断言してはばからないほどのものにすぎなかったわけです。

つまり彼のいわゆる「東洋的共和政」、すなわち「自由」と両立する「統一」のための専制的支配とは、蒙古のオゴタイ・ハンを「共和政の本質」とするように、天命や神託をとおして「民意」を調達し、これを専制的権力と結びつける神政的な独裁政治体制にほかなりませんでした。このように中国革命の目指すべき目標たる共和制を、彼が非合理的なカリスマ的指導者による支配――たとえば「利剣を持てる如来の降下」とか「天の使命を享け国民の渇仰《かつごう》によりて立てるもの」（同上、一五七―五八頁）など――と考えたことについては、北の性行として見られた霊感的・憑依《ひょうい》的性格、および彼がそのころ傾倒していた法華経の信仰などの影響も指摘されています。北の弟の北昤吉によると、「兄には能くいへば霊感があり、悪くいへば憑拠的性格である。恐らく俗にいふ天狗の様なものが憑《つ》いてゐるのではないかと思はれる」とし、たびたび幻覚におそわれるようで、夜は亡き宋教仁ら中国の友人が夢のなかにあらわれて議論するなどと語っていた（「兄北一輝を語る」、北昤吉『思想と生活』一九三七年、二九四頁）とのことです。

北が中国革命の目標としたこの「東洋的共和政」は、具体的な政策としては「武断政策を以て各省を打つて一丸となし以て唐代の郡県制度を近代化せる大統一を敢行すべし」というねらいを持ったものでした。この「武断政策に依る郡県的統一」（前掲『著作集』第二巻、一六六、一六八頁）は、当然のこととして革命中国の軍国主義化を前提とするものでしたが、北はこのように統一され強化された中国をしてロシアと対決させ、日本は中国に進出してきたイギリスを駆逐するためイギリスと対決するという構図を脳裏に描いていたのでした。これは、北にとっては中国保全論のひとつの具体策であると同時に、日中の提携やアジア・モンロー主義の構想とも重なる意味合いのものと捉えられていました。もちろんそうした理念のもとで日本の東アジアへの膨脹が確実に計算されていたことは言うまでもありません。

支那は先づ存立せんが為に、日本は小日本より大日本に転ぜんが為に、古今両国一致の安危を感ずる斯くの如き者あらんや。是を日本の利益より云へば、支那は膨脹的日本の前駆を為す者なり。支那の利益より云へば貧弱なる己を喰はずして豊富なる己の敵を

喰ひ双腕己を抱きて保全を図る者なり。（同上、一八二頁）

北はこう述べて、中国は「瓜分《かぶん》」の危機をまぬかれて統一を確保し、日本は念願の「膨脹的日本」の夢を果たす、これこそが「日支の同盟」というものであり、慶賀すべき「両国の親善」の実現にほかならないとしています。

この北の主張は、言うまでもなく日英同盟と日露協約という日露戦後の日本外交の基本方針と真っ向から対立する方向性を持つものですから、彼は日中両国の親善のためにはそれらの廃棄による日本の外交政策の根本的転換が必要であるとします。そればかりか第三革命以後高まりつつあった中国の排日運動についても、「支那が同文同種の誼《よしみ》に背きて排日を叫んで止まざる所以は、民族的性格にあらず。国家の存立上日英同盟の日本を排し日露協約の日本を排するもの。断じて自己等の盟主としての日本を排する所以にあらず」（同上、一七九頁）としています。つまり排日運動の背景にあるものは、日本側が非難するような「支那民族の道徳的堕落」ではなく、むしろそれは中国民族の「国家に対する道徳的覚醒」の現れであるとし、日本政府の日英同盟・日露協約という外交方針の誤りにこそ日中摩擦の真の原因があるとするのでした。

Ⅲ　大正デモクラシーと中国（一）——吉野作造

1　吉野作造にとっての中国

吉野作造は、前述のように大正デモクラシーの代表的思想家として広く知られています。彼のデモクラシーについての考え方は、通常、民本主義と呼ばれていますが、それは近代の国家で立憲政治の精神とされているものを、政治の目的と政治の方法という視点から集約し、政治の目的は一般民衆の利益幸福にあり、政権の運用は一般民衆の意嚮《いこう》によるというこの二つの原則を、君主主権であれ国民主権であれ主権の法的所在の如何にかかわらず、ひとしく尊重されねばならない主権運用の基本原則としたものでした。この吉野の民本主義は、日露戦争後の民衆運動の台頭を背景にした藩閥打破・憲政擁護の運動を推進するための有力な理論として受け入れられ、大正期を通じて展開した普通選挙運動や政党内閣制の確立を求める運動——いわゆる大正デモクラシー運動——の思想的な支えとして大きな役割を果たしました。

しかし吉野は、日本政治の立憲主義的改革という側面で重要な役割を担ったばかりでなく、対外政治とくに日本の中国政策についても積極的に発言し、中国人民による統一国家の形成と対外的独立への願望についてのよき理解者でもありました。吉野自身によれば、彼の名を高からしめた国内政治の立憲的改革についての議論は、たまたま時流に投じて華々しく受け入れられはしたが、じつは「私自身の密かに自から最も不得意とする」分野なのであり、これに対し中国問題は、「私自身の相当に得意とする支那論」と自ら述べるように、政治史を専門とする吉野がもっとも自信を抱いていた分野でした。その自信を裏づけるものとしてたとえば、「私の支那論の材料は、今日支那全部に亘《わた》つて活動して居る人々からの直接の報道、若《も》しくは之れを直接に見聞した人の直接の報告に基くもので、この点に於ては私以上に確実にして広汎《こうはん》なる材料を得てをるものは、今のところ日本に余り多くないと確信して居る」（「評論家としての自分並《ならび》に佐々政一先生のこと」一九一八年一—三月、『選集』12、六—八頁）と自負しているほどです。

2　初期の中国認識

吉野の中国とのかかわりは、一九〇六（明治三九）年一月、当時、天津に居をかまえ直隷総督の地位にいた袁世凱の長男袁克定の家庭教師として招かれ、三年間の中国での生活を経験したことがその始めでした。それは、吉野が東京帝国大学を卒業し大学院に進んで大学に職を求めて得られず、不遇をかこっていたときでした。そうした将来への不安を抱えていたこともあって、中国での生活は吉野にとり必ずしも満足のいくものではなかったようでした。後年、当時を回想して彼はこう述べています。「僅かの間であるが、それでも色々の人と交際して友人を求めたのでありましたが、実は殆んど一人も心友を得なかった、信頼するやうな人物に遇《あ》はなかつた。故に支那に三年も居つたのだが其時は支那に人物なしときめて大に失望して帰つたのであります」（「支那問題に就いて」一九一九年六月、『黎明講演集』〔復刻版〕第一巻第四輯、三五七頁）と。

また清末の中国についての吉野の評価もきわめて厳しいものがありました。ことに万事にわたって形式を重んじる中国人の生活態度に接して、吉野はこの国の改革や進歩をはばむ壁の厚さを思いやりました。「支那に於ける形式の異常なる今日の発達と云ふものは、如何に深く人類本性の自然的煥発を妨げて居るか、到底吾人の想像の及ばざる所である。……人類本性の自然的煥発が著しく妨げられて居るが為めに、支那人には著しく独立自由の思弁と云ふことが乏しい。独立自由の思弁が乏しいから従て亦高遠なる理想と云ふものがない。理想がないから当然また進歩と云ふことが無い」（「支那人の形式主義」一九〇六年九月、『選集』8、一八一頁）と彼は述べています。

吉野が滞在したころの清朝末期の中国は、立憲的改革に向けて重い腰を上げはじめたときにあたっていましたが、それでも彼の眼に映じた中国の実情は将来への期待を抱かせる何ものもないような閉塞感にみちた世界でした。中国の革命派についても吉野の思いは同じようなものでした。彼は、「支那に於ける不平党乃至革命党の大多数は、現制度其ものに疑問を有する純粋の主義の団体でなくして、只官吏の私利横暴に対する憎悪嫉妬の野党である」（同上、一八三頁）として、こう述べています。「現今支那で革命的暗流が盛《さかん》に流れて居り又革命的機運が余程切迫して居る様に云ふ人もあるけれども、是れ恐らくは皮相の観であらう。成る程遠からざる中に何等の騒擾は起らぬとも限るまい。騒擾を予想するのはマンザラ理由のない事でもない。併し之は決して革命といふべきものではなからう、只暴民の一揆騒動の大袈裟なものに過ぎまいと思ふ。何となれば苟《いやし》くも革命と云ふべきものは、兎に角一定の主義理想に指導せらるゝものでなければならぬ。然るに支那には此緊要な要素が欠けて居るのである」（同上、一八四頁）と。ここでも中国人の理想の欠如という指摘が中国の革命運動にも適用されて、たとえ暴動によって清朝が倒れるようなことがあっても、天下は麻のごとくに乱れるのみであろうと見ていました。

このように吉野は、清末の中国について、その現状にも、またその将来にかんしても、ほとんど望みを託すものを見出すことができない状態にありました。したがって彼が帰国後、辛亥革命により清朝が倒れ共和制へ移行するに至っても、その推移をただ静観する以上の特別の関心を持つことはありませんでした。ということは、吉野も当時の日本で一般的に主張されていた中国保全の立場を基本的には受け入れていたと見てよかろうと思います。その中国保全の立場とは、基本政策としては列強による国土分割の危機から中国の保全を図り、その健全な自主独立を支援すべきだということにあるけれども、他方においてヨーロッパ列強の中国への進出と、中国の富強自立への見通しがなお厳しいという現実がある以上、日本も列強に伍して中国に利権を獲得する用意を怠らないことが必要であるとの主張——つまりタテマエの部分とホンネの部分が不可分にからみ合った両義性を持つ主張でした。

したがって一九一五（大正四）年一月の大隈重信内閣による対華二一カ条要求にあたっても、吉野はこれを「大体に於て最小限度の要求であり、日本の生存のためには必要欠くべからざるもの」（『日支交渉論』一九一五年、同上、一五二頁）と受け入れています。周知のようにこの要求は、中国に対して、日本が第一次世界大戦にあたって奪取した中国山東地域のドイツ権益の承認や、満蒙における日本の特殊権益や優越的地位の確認など、中国を従属国に等しい地位に置くほどの多岐にわたる日本の利権の設定と勢力の滲透を強要したものでした。大隈内閣は、第一号から第五号までの二一カ条におよぶ要求のうち、勧告条項を盛り込んだ第五号を最終的には削ったかたちで、最後通牒という強硬手段に訴えてこれを中国に受諾させますが、日本のこの政策は中国民衆の反感を買い、その後の排日運動の根源となったのでした。

3　第三革命と新しい中国論の形成

しかし吉野は、その直後に勃発する中国の第三革命とともに従来の中国観を見直し、新しい中国認識を築き上げていきます。第三革命は、袁世凱らの旧い軍閥官僚勢力と台頭しつつある青年革命派勢力との対立という新しい中国認識の枠組みを吉野に与えるとともに、中国の将来についての確信、つまり「支那の将来の永遠の中心的勢力となるものは、今日袁世凱の一派に非ずして恐らくは現に祖国の改革を唱へて居るところの幾百の青年であると見るべきではあるまいか」(「対支外交根本策の決定に関する日本政客の昏迷」一九一六年三月、のち改題して『第三革命後の支那』一九二一年、第三章に収録、九一頁)とする見通しを吉野に与えるに至ったからでした。そして第三革命後には、中国の革命運動の根底にあるものが「弊政を改革して新支那の建設を見んとするの鬱勃たる民族的要求」(「支那の革命運動に就いて」一九一六年一一月、前掲『選集』8、二五七頁)にあると、革命運動が同時にナショナリズム運動としての性格を持つことに注目するようになるのです。

このように吉野が中国革命について関心を深め、その意義を明らかにしようと心がけるようになったきっかけには、宮崎滔天や北一輝からの影響もあったようです。吉野によれば、第三革命が勃発して間もないころ、寺尾亨《とおる》らから中国革命史の編纂を依頼され、その折に宮崎滔天の『三十三年之夢』につき聞かされたとのことです。こうしてこの書物をはじめて読んだ吉野は、著者の志の純真さと叙述の巧みさ、そして中国革命にかんする史書としてのこの書の価値に強く惹きつけられたのでした。吉野は著者滔天について、「就中《なかんずく》支那の革命に対する終始一貫の純精の同情に至つては、その心境の公明正大なる、その犠牲的精神の熱烈なる、共に吾人《ごじん》をして遂に崇敬の情に堪へざらしむる」と賛辞を呈し、つづけて「私はこゝに隠す所なく告白する。私は本書に由て啻に支那革命の初期の史実を識つたばかりでなく、又実に支那革命の真精神を味ふを得たことを」（『三十三年の夢』解題」一九二七年五月、『講学余談』一五四頁）と記しています。

ここで吉野が強く心を打たれた「支那革命の真精神」とは何でしょうか。それは、おそらく孫文が初対面の滔天に、中国革命の精神は人民の自治と共和主義にあること、そしてこの革命運動は、中国の復興、中国人民の救済にとどまらず、アジアの解放と全世界の人道の恢復という普遍的な理想に支えられたものであることを熱情こめて語ったという、本書の記述に示された中国革命の——とくに指導者孫文の——持つ普遍主義的な人道主義・理想主義の側面にあったと考えられます。中国革命の持つこうした理念的側面は、吉野が本来持っていたキリスト教的な人道主義や開かれた理想主義とも響き合うものがあり、吉野の共感を呼んだとしても不思議ではありません。

つぎに北一輝ですが、前述のように北は第三革命の勃発を見て『支那革命外史』の執筆を一時休止し、取り急ぎ前半部を時の有力者や識者に送付しましたが、その冊子は吉野のもとにも届きました。吉野はその読後の感想をつぎのように記しています。「北君は……第三革命の始つて間もなく長文の意見書を発表したが、其一本の寄送に与《あずか》つた私は、反対どころか同君の見識の高邁なるに敬服して態々《わざわざ》同君を青山の隠宅に往訪して謹んで敬意を表したのである。尤も北君の意見書の後半には全然承服し難い点はある。けれども其前半の支那革命党の意気を論ずるの数章に至つては、恐らく此種類の物の中北君の書を以て白《はく》眉《び》とすべきであらう」(「評論家としての自分並佐々政一先生のこと」、前掲『選集』12、七—八頁)と。

吉野が賞賛を惜しまなかった「支那革命党の意気を論ずるの数章」とは、具体的にどのようなことを意味していたのでしょうか。それは、北が中国革命の本質を「〔自国の〕割亡を救はんとする国民的自衛の本能的発奮」にもとづく「愛国的革命」と主張している第二章や、その「革命哲学」を学びとるうえに力となったのは、明治維新を成功させ国家的独立を達成した日本の国家精神であり、それを中国の青年たちは日本留学を通じて身につけたとした第三章などにあったであろうことは、ほぼ間違いないと考えられます。ちなみに吉野は、その後の著書『対支問題』のなかでも「青年革命家当年の意気込み」について取り上げ、辛亥革命当時の若い革命家たちは「動念に於ては純愛国的であり目標に於ては徹頭徹尾清朝顚覆」という気分に支配されていたとし、孫文に見られたような「内面的な理想的政策」に目を開くまでの余裕は当時持ち合わせなかったと指摘しています。そして「当時の青年革命家の然うした気分を味《あじわ》うに恰好の参考書」として、北のこの『支那革命外史』を挙げております(前掲『選集』7、三六〇頁)。このことも吉野が北のこの書から得たものが何であったかを物語っているでしょう。

このように吉野は、宮崎滔天をとおして中国革命の根底に流れる普遍主義的な人道主義と理想主義という開かれた精神の存在を学び、北一輝をとおしては革命の本質的な側面として民族主義・愛国主義が存在することに思い至ったのでした。しかもそれは、吉野が中国革命の展開のなかで中国についての関心を新たにし、本格的な研究に向かおうとしていたのと時を同じくすることによって、彼の新しい中国認識の形成を助けることとなったわけです。こうして吉野は、他民族の自由と利益の尊重、帝国主義批判の立場からこれまでの日本の対中国政策を見直し、中国のナショナリズム（民族的独立と統一国家の達成という中国の願望）と日本の国益との両立を可能にする中国政策の追求をみずからの課題とするようになります。

吉野の新しい中国認識を支えるものは、一つは前述のように、袁世凱に代表される古い軍閥官僚勢力に代わって、いずれは民衆を基盤とした新しい青年革命派勢力が中国を担うであろうという確信であり、その運動の精神的支柱をなすものは、民族の独立と国家の統一を追求するナショナリズムと、中国民衆の救済を追求する人道主義にあるとする立場でした。彼の中国認識を支えるもう一つのものは、従来の日本の対中国政策が持っていた帝国主義的性格への反省と「国防的見地」にとらわれた対中国政策からの転換でした。すなわち吉野は論説「我国の東方経営に関する三大問題」（一九一八年一月、前掲『選集』8、二八八頁以下）で、従来の日本の中国政策は主としてロシアの脅威から日本の安全を守るという国防の視点から推進され、満蒙という特定の地域への勢力の扶植や利権の確保に関心が注がれた。しかしそれは、中国の特定地域に日本の政治的・軍事的な勢力の滲透を図るという点で帝国主義的な性格を内包し、結局、日本の侵略的行為として広範な中国国民の反撥を招く結果にもつながったとしています。

こうした反省から吉野は、対中国政策について「国防的見地」よりむしろ「経済問題」「文化問題」を重視する必要を主張することとなります。そして、それによって「国防的見地」にとらわれることから生じた弊害――特定地域にのみ関心が注がれ、中国全体への配慮がおろそかになること、その結果列強の中国進出を許してしまったこと、また特定地域の実力者である軍閥官僚との結びつきを重視し、中国民衆の理解を得る努力に欠けたことなど――を是正することも期待できるとします。すなわち経済的視点の重視は、日本の求めるさまざまな資源を中国の各地から調達する必要から中国全土へ絶えず目配りしなければならなくなるし、日本商品の市場として中国をとらえるならば中国民衆の日本への理解や両国間の全般的な親善関係を長期にわたり安定的に維持することが不可欠になるからです。

吉野が中国政策の転換を主張する際とくに強調したのは、中国民衆の心をとらえることの大切さという点でした。彼は述べています。「対手《あいて》国の民間の輿論を開拓するといふことが、実に其成功不成功を判断すべき最大最高の標準でなければならない」(「対支外交政策に就て」一九一八年六月、同上、二三八頁)、あるいは「日本の官僚は支那の官僚と結んで日支親善を図り得べしと考へました。併し国民を眼中に置かない政策は更に親善の実を挙げません」（「支那問題に就いて」、前掲『黎明講演集』第一巻第四輯、三六〇頁）。これが「国民外交」と彼のいう外交政策についての基本的な姿勢をなすものでした。いうまでもなくこのような吉野の中国政策についての見解は、当時の日本政府が中国軍閥に対する援助と提携を中心とした施策を推進していたことについての根本的な批判を意味していました。

また彼が中国民衆の心をとらえることの大切さを主張するとき、いら立ちを感じざるをえないのは、日本人の偏狭で他者への理解を欠いた「島国根性」でした。この点について彼は、前述の論説「我国の東方経営に関する三大問題」のなかでつぎのように述べています。「自己の立場を主張するに急にして、全然相手の立場を顧みないのは、島国根性の通弊である。我々日本人は、多年割拠的生活を営んだ結果として、特に忠君愛国の念に富む。これ程忠君愛国の念に富みながら他民族の愛国心に同情の無きこと我が日本民族の如きは、また世界に於て甚だ其例に乏しい。若し我々にして支那人の愛国心・朝鮮人の愛国心に多少の同情があつたならば、支那・朝鮮に於ける国権伸張の方法は、もう少し変つた色彩を取つた筈であらうと思ふ」（前掲『選集』8、三〇八頁）と。

4　抗日運動への視線と「満蒙問題」

中国民衆の動向や民族感情に対する吉野のこのような冷静な理解と理知的な態度は、まさに大正デモクラシー運動の指導的な思想家にふさわしいものと言うべきでしょう。しかもこうした発言が、いわゆる二一カ条要求いらい急速に高まりつつあった中国の排日運動を背景としておこなわれたことは、とくに注目に値すると言わねばなりません。この彼のすぐれた中国認識は、一九一九（大正八）年五月、五四運動と言われた中国学生を中心とする反日運動の勃発に際しても遺憾なく発揮され、彼を独自の実践活動へと駆り立てることとなります。

五四運動は、中国山東地域の旧ドイツ権益をめぐる日中間の対立に発していました。すなわち第一次大戦後のパリ講和会議で、日本は二一カ条要求の際の中国の「合意」を根拠に旧ドイツの山東権益の継承を主張、全面返還を求める中国と対立しましたが、結局、中国の主張は列強の容《い》れるところとならず退《しりぞ》けられてしまいます。この事態を亡国の危機ととらえた北京の学生たちは決起し、親日派高官の曹汝霖《そうじょりん》や章宗祥《しょうそうしょう》らを襲撃するなどの行動に出ると、反日運動は各都市、各階層にわたって展開するまでになります。その結果、北京政府はやむなく親日派高官たちを罷免し、講和会議の中国代表は条約の調印を拒否して事態の収拾を図ることとなったのです。

この運動については、日本の新聞の多くが外国の煽動によるとか、一部策士の政治的陰謀という見方をとった（松尾尊兊《たかよし》「五四運動と日本」、『民本主義と帝国主義』八二―八三頁）のに対して、吉野は運動の自発性を強調しました。そしてこの運動で親日派高官らが攻撃の対象となったことからも分かるように、運動の原因はむしろ「彼等が日本の官僚軍閥の薬籠中のものとなり、国を売て私益を計つたと認められたからである」(「北京大学学生騒擾事件に就て」一九一九年六月、前掲『選集』9、二四二頁)としたのでした。その上で吉野はさらに中国の親日派高官についてこう述べています。「彼等が最近に於ける日支各種の交渉の当局者であり、而して其の交渉はすべて国民多数の意嚮と没交渉に行はれた事丈けは明白である。……北京大学々生の運動は、是等の旧式外交を否認して、能く公明に、能く合理的に国家政策を指導せんとする其の熱心なる意図に於て、正に我々と其の立場を同うするものと見なければならない」(同上、二四二―四三頁)と。

このように吉野は、五四運動が、国内的には中国の官僚政治家たちの国民不在の政治に対する抗議＝デモクラシー運動であり、対外的には中国の軍閥官僚と結んで中国大陸への進出を図る帝国主義的な日本の軍閥官僚勢力に対する抵抗＝民族主義運動であるという二つの側面を持っていたことを指摘します。したがってこの運動は抗日運動として展開されたが、運動の主要な担い手となった中国の学生たちが排撃の対象とした日本は、「帝国主義の日本」あるいは軍閥官僚の日本であって、同じく軍閥官僚の支配と戦っている日本の民本主義者たちとは互いに理解し提携できるはずである、というのが吉野の基本的な立場でした。吉野が中国の青年学生について、「彼等の主たる目的は結局に於て官僚軍閥の撲滅に在る事。……若し彼等にして、日本に帝国主義の日本と、平和主義の日本とあるを知らば、彼等は必ずや喜んで後者と提携するを辞せざるべき事」（「日支国民的親善確立の曙光」一九一九年八月、同上、二五八頁）とするのはそのためです。

このような考え方から吉野は、国民レベルにおける日中間の親善を築くため、とりあえず双方の大学教授と学生のあいだの交流と提携を計画し、その旨を北京大学の教授である李大釗あてに手紙で訴えています。李大釗は、かつて吉野が天津の北洋法政学堂で教鞭をとっていたとき吉野の講義を聴いた学生でした。吉野の呼びかけは中国の学生のあいだでも大きな反響をよび、一九一九年暮れから二〇年にかけて日中両国の学生が相互に訪問して交歓し親善を深めることがありました。それは、相手国の「民衆の心をつかむ」ことの大切さを説いた彼の「国民外交」のひとつの試みとしての意味を持つものでした。

山東権益をめぐる日中両国間の問題は、一九二一年末から二二年にかけてのワシントン会議で、山東権益の大部分を中国に返還することによりとりあえず解決します。しかしその後も中国では軍閥間の対立がつづき、国民革命軍による北伐の敢行など内紛がつづくことになります。そのころ軍部を中心とする日本の関心は、主として満蒙に向けられ、中国の東北部に勢力を張っていた奉天派軍閥の張作霖を援助することによって日本の満蒙における特殊的地位を確保し権益の拡大を図ろうとする計画も根強いものがありました。こうした計画について吉野は、「実に荒唐無稽無益有害の甚しきもの」（「武器問題に依て惹起せられたる我が東亜対策の疑問」一九二二年一一月、同上、三〇六頁）と自省を求めています。

満蒙における日本の特殊利益についての吉野の態度は、いささか両義的なものがありました。彼は、「所謂日支条約［二一カ条要求の際の合意を指す］並に其他の従来の取極《とりきめ》に依て日本の支那に於て占むる所の地位は、何と謂っても正当の範囲を超えて居る」（「日支条約改定問題」一九二三年四月、同上、三二二頁）と、日本の満蒙における特殊的地位が現状のままでは正当化しがたいものがあることを認めていました。したがって中国側が二一カ条問題の見直しを求めるのに対して、「支那側の言ひ分は今の所余りに乱暴のやうだ」（同上、三二三頁）としながらも、一切の譲歩を認めまいとする日本側のかたくなな対応については、「譲歩その事が無条件に失態と視られたのは帝国主義時代の謬想《びゅうそう》」として斥け、問題の本質を「正義と平和との着眼点から」冷静に検討する柔軟な態度の必要（同上、三一一―二一頁）を説いています。

またその数年後のことになりますが吉野は、日本の中国に対する特殊的地位や特殊利益の設定にかんして、その背景には当時の中国が「一独立国としての形式を完備しなかつたと云ふ事情」（「無産政党に代りて支那南方政府代表者に告ぐ」一九二七年四月、同上、三三七頁）があったこと、そのため日本としても「彼国の内紛容易に安定せざりしの結果として自衛上種々の特権を要求せねばならなかつた」（「支那の形勢」一九二八年七月、同上、三五五頁）ことなど、それなりの歴史的理由があったとしています。したがって彼は、中国が統一国家としての形を整えつつある今日においては、「単純な理論としては、満蒙に於てすらも決して引続き特殊地位を主張せんとする考はない」（「無産政党に代りて支那南方政府代表者に告ぐ」、同上、三三七頁）とし、日本の既得権益についてはその発生原因の如何にかかわらず一旦これを中国に返還し、もし日本が生存上または国防上必要とするものがあれば、あらためて中国との円満な交渉のうえ合意を得るという手順を踏むべきだと考えたのでした。そのうえで彼はみずからの希望として、「支那に於ける我々既占の特殊地位の中、一部階級の私慾を充たすに過ぎざるものはどうでもいゝが、我国民衆一般の生活に直接の関係を有するものに付ては、その発生原因の如何に拘らず、之を合理的に整正するに際し特に穏当な顧慮を加へられんこと」（同上）をと、民衆生活への配慮を中国側に求めるのでした。

日本の既得権益にかんするこうした処理のあり方にも現れているように、吉野は中国を独立した一つの主権国家として扱う、節度ないし国際的に開かれた視野という点では、揺るぎのないものがありました。そのことは、田中義一《ぎいち》内閣の山東出兵に対する吉野の態度にも示されていました。すなわち、一九二七（昭和二）年五月と翌年四月の二度にわたり、中国国民政府軍が華北への進攻（いわゆる「北伐」）を敢行した際、田中内閣は居留民保護を主たる目的に出兵し、同時に北京に政権を設立していた張作霖の奉天軍の撤退を援護し、また東三省に戦火がおよぶのを防ぐことによって、満蒙の日本の権益を何とか確保しようと目論んだのでした。吉野は、居留民保護を理由に出兵を正当化しようとした田中内閣の態度について、それは独立の主権国家としての中国の立場を無視した日本の独善的な理屈にすぎず、国際的にはまったく通用しない不条理なことと考えました。

彼は「居留民保護」について、つぎのように述べています。「「居留民という資格で」よその国に居て、而もその国の市民が血みどろになつて国運改新の悪戦苦闘を続けて居る真中に踏み留つて、己れの軀には一指をも触れさせまいとするのは余りに虫のよ過ぎる要求ではあるまいか。生命財産が惜くば速に一時引き揚げたがよい」(「対支出兵問題」一九二七年八月、同上、三四四頁)と。ここには、吉野の他国を見つめる節度ある視線と、国境を越えた普遍的な人間感覚の表出を見出すことができます。

吉野は、国民政府軍の北伐によって張作霖の北京落ちという事態に接し、中国の長年の課題であった統一国家の実現が、彼の尊敬する孫文の理想を受けつぐ国民党によりようやくその端緒をひらくに至ったとして、その前途に期待を寄せていました。しかし日中関係の安定と親善にかける吉野の期待は、日本の軍部による中国大陸への無謀な進攻策の強行によりたちまち打ち砕かれることになります。すなわち日本の満州支配にあたって中核的役割を果たすことになる関東軍は、「満蒙問題の解決」を急務として、その根本的な解決策は満蒙を日本の勢力下に置くより他にないとの主張を展開して行くこととなるからです。

たとえば石原莞爾は、一九二七(昭和二)年に起草した「現在及将来ニ於ケル日本ノ国防」のなかで、「我国情ハ殆ンド行詰リ、人口糧食其他ノ重要諸問題皆解決ノ途ナキガ如シ。唯一ノ途ハ満蒙開発ノ断行ニアルハ輿論ノ認ムル所ナリ」と危機感をつのらせ、「日本ノ力に依リテ開発セラレタル満蒙ハ、日本ノ勢力ニヨル治安維持ニ依リテノミ其急激ナル発達ヲ続クルヲ得ルナリ」（角田順他編『太平洋戦争への道　開戦外交史』別巻　資料編、七八頁。句読点・濁点引用者）と主張しています。こうして石原ら関東軍の中心を占めた人たちは、満蒙を日本の領土とすることが満蒙問題解決の根本と強調するようになりますが、満蒙問題についてのこのような考え方の根底にあったのも、「支那人ハ個人トシテハ優秀ナル点ノ多クヲ有スルモ近代国家ヲ造ル能力ニ於テ欠ク所アリ」（石原莞爾「満蒙問題ノ行方」一九三一年一二月、同上、一六〇頁）というような、中国人の政治的能力についての不信感であり、それにもとづく中国蔑視観にありました。

一九三一（昭和六）年九月一八日、関東軍参謀らは奉天郊外柳条湖《りゅうじょうこ》の満鉄線路を爆破し、これを口実に満州の中国軍に対する関東軍の攻撃が一斉に開始されるに至ります。いわゆる満州事変の勃発です。満州事変について吉野が本格的に論じた論説としては「民族と階級と戦争」（一九三二年一月）があります。この論説では、当局の検閲を意識したためと思われますが、日本の軍事行動に対する吉野の批判は間接的な表現に終始し、婉曲な論旨の展開が目立ちます。しかしそれにもかかわらず発表された論説の文章は、痛々しいまでに至るところ検閲による削除を示す伏字に蔽われ、時代の厳しさを物語るものとなっています。

この論説で吉野が取り上げていることは、つぎのような点にありました。一つは、今回の軍事行動を日本の政府とくに陸軍当局は自衛権の発動であると説明し、正当性を主張しているが、拡大をつづける実際の軍事行動は、しだいに自衛権の範囲を逸脱し、これでは帝国主義的侵略と受け取られてもやむをえないという点でした。一般の理解によれば、自衛権の発動によって許容される軍事行動は、自国の重大な利害が不当に侵害されるような危急の事態に限られるのであって、その軍事行動の目的も侵害された利益の回復が中心でなければならない。したがって自衛権発動の目的を拡大して、新たな権益の確認とか、陸軍当局が公言するような満蒙における親日的政権の樹立までも含めるようなことは、きわめて問題であり、「こ、まで行くと実は××××〔侵略行動〕になるのだ」（前掲『選集』9、三六〇頁。［ ］内は『選集』の編者による伏字の注記）と吉野は警告しています。

もう一つの点は、満蒙における権益は日本民族の生存のために絶対必要なものであり、今回の軍事行動はその保護伸張のためという、日本の国民の間に広く見られる考え方についてです。またそれに加えて識者のあいだでは、日本のように土地や資源に恵まれず、しかも多くの人口を抱えている国にとっては、国際社会のなかで「土地及び資源に対する平等の獲得を要求するは正当の権利である」（同上、三六三―六四頁）という議論もありました。吉野はこうした議論に対して「一片の理論としては」正しいとし、「殊更之を日本のやうな国が主張する場合其の特殊な急迫の事情と併せ考へて頗《すこぶ》る強く支持せらるべきであると云はねばならぬ」（同上、三六四頁）とまで述べています。おそらくこれは、吉野にとって今回の日本の国家行動に対してなし得るぎりぎりの弁明であったと思われますが、それも理屈としてはともかく、実際問題としては、国際社会に受け入れられることは難しいであろうというのが彼の実感でした。

このように吉野は、民族の生存にとって絶対必要という場合には、帝国主義的進出もまた「納得せらるべき理由」が一応は成り立つと考えていました。しかし今回の日本の行動において、日本の政府は民族生存上の必要ということでなく、あくまでも自衛権の発動を正当化の根拠としたこと、しかもそれを貫徹するための手段として大規模な軍事行動を選んだということは、当然のこととして相手国の強い反撥を招く結果となり、同時に国際社会の納得を得ることを決定的に困難にしたとしています。日本の大規模な軍事行動の敢行について彼が、「心中ひそかに一種不安痛恨の感を催さざるを得ない」（同上、三六五頁）と述べているのは、偽らない心情の告白というべきでしょう。しかも吉野自身「意外」としているように、日本の新聞論調はこの事変を境にして一斉に出兵謳歌に傾いてしまいます。その後一五年におよぶアジア・太平洋戦争の時代が、こうして幕開けを迎えるのです。

Ⅳ　大正デモクラシーと中国（二）——石橋湛山

1　その思想的特色

吉野作造と並んで大正デモクラシー期に注目すべき中国認識を示した数少ない知識人の一人として石橋湛山《たんざん》がいました。石橋湛山（一八八四—一九七三）は、日蓮宗僧侶を父として東京で生まれ、早稲田大学哲学科に在学中（一九〇四—〇七）とくに田中王堂《おうどう》（本名・喜一《きいち》）の思想から影響をうけたと語っています。王堂は、アメリカでJ・デューイの思想を学び、プラグマティズムを日本に最初に紹介したことで知られていますが、思想的には功利主義的な個人主義の立場を強調していました。たとえば「自分から見ると生活の価値は生活の欲望に根ざし、生活の意義は此の欲望を実現する方便より生ずるのである」（「生活の価値生活の意義」一九〇九年一二月、『書斎より街頭に』四三二頁）と述べているのは、彼のこうした考えをよく示すものでしょう。

湛山の思想の特色も、このような王堂の考えと基本的に重なり合うものがありました。湛山は大学卒業後まもなく東洋経済新報社に入り、以後同社の記者として評論に筆をふるうこととなりますが、その初期のころ、つぎのように述べています。「人が国家を形造り国民として団結するのは、人類として、個人として、人間として生きる為めである。決して国民として生きる為めでも何でもない。宗教や文芸、豈独《あにひと》り人を人として生かしむるものであろう。人の形成《づく》り、人の工夫する一切が、人を人として生かしむることを唯一の目的とせるものである」(「国家と宗教及文芸」一九一一年五月、『石橋湛山全集』第一巻、七三頁)と。こうした彼のことばからも理解できるように、湛山は個人主義の立場から人間の営為の目的を「人間として生きる」こと、あるいは「人を人として生かしむる」ことに求めています。この考え方は、田中王堂のことば「どう考へても、人間にはたゞ一つの目的しかない。其れは生きること、善く生きること、幸福を確保するやうに生きることである」(「自然生活に対する憧憬の心理、倫理」、『徹底個人主義』一九一八年、二〇〇頁)に示された考え方と本質を同じくする哲学でした。

ここで注目されるのは、湛山が同じく大正時代にありながら、同時代の知識人のあいだに広く受け入れられた文化主義あるいは人格主義と呼ばれる立場とは、むしろ対照的な考え方をとったという点でしょう。湛山にあっては、人間が「人間として生きる」という自然で素朴な事実が、人間にとってもっとも大切なこと、つまり唯一の、そして至高の目的価値とされています。「人間は、何処まで行っても、また何処から見ても、飽くまでも唯だ人間である。国民としての人間だの、人間としての人間だの、人間以上としての人間だのというものは宇宙の何処を探したってありはしない」(「国家と宗教及文芸」、前掲『全集』第一巻、七三頁)と彼が語っているように、彼にとって人間の価値とは実存としての人間そのものであったのです。しかし一方、当時の文化主義や人格主義は、人間にとって普遍的な目標となるべき価値を意味するものとして文化とか人格という概念を措定し、そのような観念上の価値の創造や発達に向けて努力すべきことを人間のあり方として主張するものでした。

たとえば文化主義について左右田《そうだ》喜一郎（一八八一―一九二七）は、「論理上の普遍妥当性を具有する文化価値の内容的実現を希図する謂はば形而上学的努力」（「文化主義の論理」一九一九年三月、『文化価値と極限概念』五一頁。傍点引用者）を指すものと述べています。そしてそのような文化を普遍的な価値として、その価値実現に向けて努力する人間主体が「人格」という概念になるわけです。その意味で「人格なきの文化価値はなく、文化価値なきの人格はあり得ない」（同上、五二―五三頁）というように、文化主義と人格主義は本来的に一体のものとされています。この文化主義・人格主義においては、たとえば「文化」は「自然」と範疇的に区別され、文化価値の担い手である「人格」は、文化価値から切りはなされた「自然人」と対比されていたように、「価値」の世界と「事実」の世界の峻別が思考の出発点をなしていました。

これに対して湛山は、前述のように「人間は、何処まで行っても、また何処から見ても、飽くまでも唯だ人間である」として、人間を事実の世界に生きる自然の存在としてとらえることに徹し、「人間として生きる」という自然的な事実それ自体に人間的価値の根源を見出す立場をとりました。「僕は飽までも経験論者《エンピリシスト》である」(「加藤弘之博士の『自然と倫理』を評す」一九二二年一〇月、前掲『全集』第一巻、一一六頁)と湛山が自称するのも、そのことを示すものでしょう。そして彼はこう述べます。「経験的に知らるる自己《イーゴー》は即ち欲望である。生活とは即ちこの人類が欲望の満足を求むる経過である。僕は飽迄もこの経験的事実に立脚して一切を説明して行こうとするものである」(同上)と。このように湛山は、経験的事実から切りはなされた観念それ自体の存在を否定し、価値や規範のあり方についても欲望充足という人間にとっての経験的事実――いわゆる「人間が人間として生きる」という事実――に即して論ずべきとする経験主義的・功利主義的な立場をとったのでした。

こうした思想的立場は、彼が中国について論ずる場合にも貫かれていました。対華二一カ条要求のときのことです。彼は言います。「吾輩は所謂人道なる言葉は嫌いである、恩恵なる言葉は嫌いである。イソップ物語の狼は羊を食わんとした時に、先ず羊に向い、己れはお前の無二の友、無二の保護者だと、恩を推し売りした。人間でも恩を推し売りする者に碌な奴はない、多くは偽善者である、腹の黒き者である。……支那が、我が国民の人道呼ばわり、恩恵呼ばわりを拒絶し、信用せぬは、洵《まこと》に尤もな次第と申さねばならぬ」(「先ず功利主義者たれ」一九一五年五月、同上、四〇五―〇六頁)。彼には、人道とか恩恵という美しい観念が人を惹きつけるとは思えなかった。ではどうすればよいのか、彼はつぎのように述べています。

唯一の途は功利一点張りで行くことである、我れの利益を根本として一切を思慮し、計画することである。我れの利益を根本とすれば、自然対手の利益も図らねばならぬことになる、対手の感情も尊重せねばならぬことになる。……明瞭なる功利の立場から行く時に、始めて我れと、彼れとは十分に理解し合い、信用し合い、而して感情の齟齬《そご》から衝突を惹き起すが如き危険は全く茲に避くることが出来る（同上、四〇六―〇七頁）。

このように湛山の個人主義は、決して排他的な自己中心主義を意味するものではなく、またその功利主義も、真の利益追求――それは相手の利益追求を当然の前提とするから――を媒介として始めて相手側との真の信頼関係も生まれ、相互の理解と尊重も可能になるという、互恵と共存の原理と考えられていたのです。だから彼は言います。「我等は曖昧の道徳家であってはならぬ、徹底した功利主義者でなければならぬ、然る時に茲に初めて真の親善が外国とも生じ、我れの利益は其の中に図らるる」（同上、四〇七頁）と。

2　大日本主義との対決

湛山の当時の中国論の根底をなすものは、大日本主義と呼ばれるような日本のアジア進出・勢力拡大政策に対する厳しい批判にありました。彼が『東洋経済新報』の社説として掲げた「大日本主義の幻想」（一九二一年七―八月）は、台湾・朝鮮・樺太の植民地支配と満州への勢力進出を確実なものとすることが日本の経済的自立と国防上の安全のために不可欠の要件であるとする議論を俎上《そじょう》にのせ、この議論がいかに根拠のない「幻想」にすぎないかを論じた点で異色の論説と言えます。

この論説で湛山は、日本の内地と朝鮮・台湾・関東州とのこれまでの貿易実績を、米国・印度・英国との貿易実績と比較した上で、日本の植民地支配と満州進出が日本にもたらす経済的利益にかんして、こう主張しています。「我国に対する、此等の土地の経済的関係は、量に於て、質に於て、寧ろ米国や、英国に対する経済関係以下である。此等の土地を抑えて置く為めに、えらい利益を得ておる如く考うるは、事実を明白に見ぬ為めに起った幻想に過ぎない」（『全集』第四巻、一八頁）と。このように湛山は、日本の東アジアへの膨脹政策が経済的に何ら日本にプラスとならないことを指摘したのち、さらに国防の面でもまた同様であることを説いています。彼は、朝鮮・台湾・樺太を領土とし満州を勢力範囲におくことが日本の国防上必要不可欠とする議論に対して、一体どの国が日本の本土を侵略しようと考えるだろうかと疑問を投げかけ、むしろこれらの領域への日本の進出こそが外国との緊張関係を生みだす原因になっているとして、つぎのように述べています。

されば若し我国にして支那又はシベリヤを我縄張りとしようとする野心を棄つるなら

ば、満州、台湾、朝鮮、樺太等も入用でないと云う態度に出づるならば、戦争は絶対に起らない、従って我国が他国から侵さるると云うことも決してない。論者は、此等の土地を我領土とし、若しくは我勢力範囲として置くことが、国防上必要だと云うが、実は此等の土地を斯くして置き、若しくは斯くせんとすればこそ、国防の必要が起るのである。(同上、一九頁)

このように湛山は、経済的にも無益であり国防的にも有害である植民地の放棄と勢力範囲とした領域の返還を主張します。そしてこれらの土地を進んで放棄し返還することによって日本ははじめて、中国からも理解と信頼を得ることができる。また同時に、今なお植民地領有をつづける英国や米国に対して「道徳的」に優位に立つことも可能になり、その「道徳の力」を武器に植民地や利権の放棄を列強に迫ることもできるとしています。こうして彼はつぎのように結論づけています。「朝鮮、台湾、樺太、満州と云う如き、僅かばかりの土地を棄つることに依り広大なる支那の全土を我友とし、進んで東洋の全体、否、世界の弱小国全体を我道徳的支持者とすることは、如何ばかりの利益であるか計り知れない」(同上、二九頁)と。

以上見てきたように湛山は、日本が植民地の解放による「諸民族に自由を与うる急先鋒」として、列強に対し道徳的に優位する立場に立つことのできる方途を具体的に示したのでした。しかもその方向を、「人道」という理念の高みからでなく、「利己」の合理的な追求という視点から明示したところに、その真骨頂がありました。彼がそれを「小欲を去って、大欲に就くの聡明」（「一切を棄つるの覚悟」一九二一年七月、同上、一三頁）と呼んでいるのは、また大変味わい深いことではないでしょうか。

3　日本の対中政策について

湛山が論説「大日本主義の幻想」を発表したのは、第一次大戦後の安定的な国際秩序の形成をめざし英米二国の主導で開催されたワシントン会議（一九二一年一一月―二二年二月）の直前にあたっていました。この会議では、海軍軍縮問題とならんで日中両国間の懸案である対華二一カ条要求、満蒙問題、山東問題の解決が議題として取りあげられる状況にありました。会議への出席を要請された日本の政府首脳のあいだでは、国際協調を重視し日本の国際的地位の改善を図ろうとする考えが有力でしたが、中国における既得権益は断固として確保すべきであるとする強硬論も依然として根強く、会議をリードする米国の出方次第という不確定性を残したままで、会議に臨まざるをえないのが実情でした。湛山がこの論説で、朝鮮・台湾・樺太の放棄と中国における利権の返還という大胆な提案をしたのは、ワシントン会議に向けての日本のあるべき基本姿勢を示すという、きわめて実際的な意味を持った試みだったのです。

しかし海外の植民地や権益を放棄すべしとする湛山の意見は、一朝一夕のものでなく彼のかねてからの「宿論」でした。一九一四（大正三）年一一月、日本は第一次世界大戦勃発を好機とばかりに、ドイツが租借し都市と港湾を建設していた中国山東省の青島を占領し領有しましたが、このとき湛山はつぎのように述べて、これに反対しています。「此問題に対する吾輩の立場は明白なり。亜細亜《アジア》大陸に領土を拡張すべからず、満州も宜く早きに迨《およ》んで之れを放棄すべし、とは是れ吾輩の宿論なり。更に新たに支那山東省の一角に領土を獲得する如きは、害悪に害悪を重ね、危険に危険を加えるもの、断じて反対せざるを得ざる所なり」（「青島は断じて領有すべからず」一九一四年一一月、前掲『全集』第一巻、三七五頁）と。したがって、青島占領につづいて日本政府が中国の大総統袁世凱に向けて二一カ条要求を突き付けたのを見て、「露骨なる領土侵略政策の敢行」あるいは「帝国百年の禍根をのこすもの」（「禍根をのこす外交政策」一九一五年五月、松尾尊兊編『石橋湛山評論集』〔岩波文庫〕五五、六二頁）と、激しいことばでこれに抗議したのは当然でした。

その後、先述のように蔣介石の国民政府軍による「北伐」に際して、田中義一内閣が在留邦人の生命財産の保護を理由に、一九二七年につづいてその翌年にも山東出兵を断行すると、湛山は「支那の政治は、善くも悪くも、之を支那人の好む所に任せる外はない。これが、列国が多年支那を相手にして散々に手を焼いた揚句の結論である」（「無用なる対支出兵」一九二八年五月、『全集』第六巻、二一七頁）と、田中内閣の強引な中国への干渉政策が中国国民の反感を買うのみであることを指摘し、むしろ中国の自主的な解決に任せるほうが賢明であるとしています。このことばは、中国の長年にわたる内部対立と混乱の実態を考えるとき、あるいは投げやりな態度と受け取られるかもしれません。しかし、統一政府の樹立に苦悩する中国の現状を前にして、軍事力行使による国益の確保という、とかく走りがちな方法を退け、中国国民の自主性に任せよとの判断は、彼独特のリアリズムを示すものでした。

それは湛山が、インドやアイルランドなどにおける民族独立の感情の高まりを冷静に観察しながら、「思うに今後は、如何なる国と雖も、新たに異民族又は異国民を併合し支配するが如きことは、到底出来ない相談なるは勿論、過去に於て併合したものも、漸次之を解放し、独立又は自治を与うる外ないことになるであろう」(「大日本主義の幻想」、前掲『全集』第四巻、二三頁)と述べているように、自由独立を求める民族主義の成長は、もはや善悪を超えた抗しがたい現実であるとする認識が、彼の考え方の根底をなしていたからです。したがってかつての二一カ条要求についても、当時の日本政府が中国の「領土保全」の原則を一歩進めるものと正当化に努めたのに対して、湛山はその誤りであるゆえんを「一個の堂々たる独立国が、自国の領土の保全に関して、斯く斯くすべし、せざるべしなど、他国と約定する如きは、蓋し如何なる国民と雖も、自尊心の容易に許さざる処なるべく……」(「所謂対支二十一個条要求の歴史と将来」一九二三年四月、同上、一三九頁)と述べているように、中国の国民的自尊心を傷つけるという観点からその不当性を指摘したのでした。

このように中国の国民感情――あるいは人間としての感情――への配慮を重視する立場は、満州事変をめぐる日本の中国政策についての、湛山の厳しい批判の基調となったと言っても過言ではないと思います。湛山は、中国が日本の満蒙への政治的進出を拒み、しきりに排日行動に出るのに対して、日本の側では過去の歴史や条約などを根拠に中国側を非難しその不道理を説くという有様に、日本国民の反省を求めてつぎのように述べています。

> 彼国人が、彼等の領土と信ずる満蒙に、日本の主権の拡張を嫌うのは理屈でなくして、感情である。……例えば如何に善政を布かれても、日本国民は、日本国民以外の者の支配を受くるを快とせざるが如く、支那国民にも亦同様の感情の存することを許さねばならぬ。然るに我国の満蒙問題を論ずる者は、往々にして右の感情の存在を支那人に向って否定せんとする。明治維新以来世界の何れの国にも勝《まさ》って愛国心を鼓吹し来れる我国民の、之は余りにも自己反省を欠ける態度ではないか（「満蒙問題解決の根本方針如何」一九三一年九、一〇月、『全集』第八巻、二四頁。傍点引用者）。

この湛山の文章は、満州事変の発端となった柳条湖事件の前後に執筆し発表されたものです。ここでは独立国家の国民として中国民衆が抱くであろう当然の感情に思いを及ぼそうとしない、日本人の閉じた内向きな姿勢に対する、いらだちにも近い思いが表れています。中国の国民感情を重視する湛山のこの立場は、その後も彼の中国論＝日本の中国進出論批判を特色づけるものとして受けつがれました。

ところで、満蒙を中国本土より分離独立させ、これを日本の支配下に置こうとする計画は、かねてから日本の軍部を中心に画策されていたところでしたが、彼らにとって満州事変はその計画実現への第一歩とみなされていました。この満蒙独立論は、本来、ロシアに横取りされた満州を、日本が尊い血と財を費やしてロシアと戦った結果、取り戻したものであり、名は中国の一部であるが、実は日本のものであるという認識が前提となっていました。しかしいうまでもなくその議論は、東三省をも含めた中国の統一政府を樹立するという中国革命の目標と根底から対立する考え方であり、その意味で湛山は満蒙独立論を「帝国主義の出遅れ」と呼んでその危険性を指摘していました（「対支強硬外交とは何ぞ」一九二八年一二月、前掲『全集』第六巻、二三五頁以下）。

したがって満州事変勃発とともに一層テンションの度を高めた満蒙独立論に対して、湛山は憂慮を深め、批判のことばもまた激しさを増すこととなります。「記者のここに甚だ懸念に堪えざるは、此頃満州に在る軍部の新人等々の中には、往々にして検討不十分な空想を恣《ほしいまま》にし、此際満蒙を一の理想国家に仕上げんなどと、真面目に奔走せる者があると伝えらるることである。所謂理想国家とは何《ど》んなものか知らないが、日本の国内にさえも実現出来ぬ理想を、支那人の住地たる満蒙に何うして之を求め得ようか。……然るに左様の見当違いの考えを抱く日本人が満州に勢力を占むる所以は、つまり日本人の間に、満蒙乃至支那に対する正しき認識が欠けているからである。満蒙乃至支那は、結局支那人の住地たる外ないと見定むれば、到底そんな空想は湧き来らぬ筈だからだ」(「支那に対する正しき認識と政策」一九三二年二月、前掲『全集』第八巻、五七―五八頁)と湛山は述べています。すなわち湛山はここでも、「満蒙乃至支那は支那人の住地」という単純で明白な生活事実――それはまさにナショナル・アイデンティティの重要な要素でもあった――こそが、美しいことばで飾られた「理想」――たとえば「王道楽土」のような理念――よりも、人間に対して根源的な強さを持ちうるという信条を保ちつづけていました。

しかし湛山の憂慮にもかかわらず、事態は日中両国の関係をますます悪化させる方向へと進んでいきます。そして一九三二(昭和七)年三月には満州国の建国が宣言されるところまで行きつきます。彼はこの新しい「国家」を、「我軍隊の息がかかり、其保護乃至干渉に依って、辛くも生れ出でたる急造の国家」(「満蒙新国家の成立と我国民の対策」一九三二年二月、同上、六六頁)と評し、言論不自由な状況のもとで可能な精一杯の抗議の意思を表したのでした。

第五章　「東亜協同体」論をめぐって

Ⅰ　背景としての日中戦争

一九三二（昭和七）年三月、満州国の建国宣言がおこなわれます。つづいて九月には「日満議定書」が結ばれ、日本は満州国を承認し、他方満州国は、日本の既得権益の確認ならびに日満共同防衛と日本軍の無条件駐屯を受け入れることなどが約定されます。まさに、かいらい国家の成立です。一方、満州事変にかんする国際連盟の調査委員会報告書（いわゆる「リットン報告書」）は、日本の軍事行動を合法的な自衛行動と認めることはできないとした上で、日本軍は満州から撤退すること、東三省には自治政府を設け、日本を中心とする列強の共同管理下におくことを提案しました。この報告書では、満州における日本の排他的な勢力圏の設定は否定するものの、日本の優先的な地位を認めるという宥和的なかたちを取ることによって、日本が国際連盟と妥協することを期待したのでした。しかし、すでに満州国を承認した日本は、日本軍の撤退を内容とするこの提案を拒否し、国際連盟がこの報告書の採択と満州国不承認を可決すると、日本は一九三三年三月、連盟から脱退する道をえらぶこととなります。

その後も日本は、関東軍を中心に武力を背景として勢力の拡大をはかり、華北を中央から切りはなし日本の勢力下に置こうとする政策（華北分離計画）を執拗に推進、結局失敗に終わると、一九三五年一一月にかいらい政権（のちの冀東《きとう》政府）を強引に樹立するなどして、中国の反撥と抗日救国の気運をさらに高める結果を招くこととなります。中国内部では、蔣介石の国民党と毛沢東の指導する共産党の対立は内戦にまで発展していましたが、一九三六年一二月の西安事件を契機に蔣介石は対日抗戦の決意を固め、ここに国民党は華北の失地回復と内戦停止の方針を決定、国共合作による抗日民族統一戦線を結成する方向へと進みます。

こうした情勢のなかで、一九三七（昭和一二）年七月、北京郊外の盧溝橋《ろこうきょう》付近で日中両軍の衝突（盧溝橋事件）が起こり、それを発端として「支那事変」と日本が呼ぶ日中間の全面的戦争へ突入することとなります。それは、近衛文麿内閣（第一次）が成立してから一カ月ほど後のことです。近衛内閣は政府声明を出して、盧溝橋事件の根本的原因は南京政府が「排日抗日ヲ以テ国論昂揚ト政権強化ノ具」としているところにあるとし、今回の日本の軍事行動の目的も中国における「排外抗日運動ヲ根絶」して「日満支三国間ノ融和提携ノ実」をあげようとすることにあるのであって、「固ヨリ毫末モ領土的意図ヲ有スルモノニアラス」（「蘆溝橋事件に関する政府声明」一九三七年八月一五日、外務省編纂『日本外交年表竝主要文書』下、三六九―七〇頁）と、日本の立場の弁明をおこなったのでした。

ところで戦端が開かれると、日本軍は優勢を維持してたちまち国民政府の首都南京にせまり、この年の一二月には南京を占領、その機会を捉えて近衛内閣は、中国に対し「反省」と事態の収拾を求めて和平交渉を試みます。しかしもとより応ずるはずもなく、日本政府は交渉の打ち切りを通告するとともに「国民政府ヲ対手《あいて》ニセズ」の政府声明を発表（一九三八年一月一六日）、そのなかで「帝国ト真ニ提携スルニ足ル新興支那政権ノ成立発展ヲ期待シ、是ト両国国交ヲ調整シテ更生新支那ノ建設ニ協力セントス」（同上、三八六頁）という新方針を明らかにし、新たに親日政権の樹立をめざすこととなります。

この方針は、その数日前に御前会議で決定した「「支那事変」処理根本方針」（一月一一日）にもとづくものでした。そこでは、つぎのように記されていました。「帝国不動ノ国是ハ満洲国及ヒ支那ト提携シテ東洋平和ノ枢軸ヲ形成シ、之ヲ核心トシテ世界ノ平和ニ貢献スルニアリ、右ノ国是ニ基キ今次ノ支那事変処理ニ関シテハ、日支両国間過去一切ノ相剋ヲ一掃シ、両国国交ヲ大乗的基礎ノ上ニ再建シ、互ニ主権及ヒ領土ヲ尊重シツツ、渾然融和ノ実ヲ挙クルヲ以テ窮極ノ目途トシ」（同上、三八五頁）と。そして中国の中央政府が和を求めてこない場合は、現中央政府を相手とすることをあきらめ、「新興支那政権」の成立を助長して、これと両国国交の調整を行い、「更生新支那ノ建設ニ協力」する。現在の中国政府は日本の手で壊滅させるか、または「新興中央政権ノ傘下ニ収容」されるように施策を進めることを基本方針として定めていました（同上）。

要するに近衛内閣は、南京占領をひとつの節目として事態の転換を図ろうと考えたのです。それは現政権に代えて親日政権を作り上げ、その政権と国交の調整をおこなって抗日運動を転換させようということでした。そのためには、まさに日中両国間に横たわる「過去一切ノ相剋」を「一掃」するに足りる新しい両国関係の未来像を提示することが求められていたと言ってよいでしょう。しかしそれは、「自衛」のためというような分かりやすい「戦争の大義」とは違って、きわめて困難な課題と言わねばなりません。両国の関係を「大乗的基礎ノ上」に再建するとか、互いに「渾然融和ノ実」を挙げるという前記「根本方針」のことばは、そうした未来像を描くことのむつかしさを如実に物語っているかのようです。

中国と日本が手を携えて追求すべき新しいヴィジョンの提示は、その後も近衛内閣の緊急課題となりました。たとえば一九三八年七月一九日の「支那政権内面指導大綱」（五相会議決定）では、中国における抗日的風潮を一掃し「一般漢民族ノ自発的協力」を促進するための方策として、「威力」を背景とする強圧手段、「国民経済」の向上による人心収《しゅう》攬《らん》、そして「東洋文化」の復活による指導精神の確立の三点セットを挙げているのですが、最後の「東洋文化」の復活については、また「漢民族固有ノ文化就《なかんずく》中日支共通ノ文化ヲ尊重シテ東洋精神文明ヲ復活シ抗日的言論ヲ徹底禁圧シ日支提携ヲ促進ス」（同上、三九〇―九一頁）と記しています。これも抗日の一点で統一した中国の状況を転換させるための苦心の表れと言えるでしょう。こうして同年一一月三日になると、日中「提携」の未来像として「東亜新秩序ノ建設」を謳《うた》った、いわゆる第二次近衛声明が出されることとなります。そこではこのように述べられています。

コノ新秩序ノ建設ハ日満支三国相携ヘ、政治、経済、文化等各般ニ亙リ互助連環ノ関係ヲ樹立スルヲ以テ根幹トシ、東亜ニ於ケル国際正義ノ確立、共同防共ノ達成、新文化ノ創造、経済結合ノ実現ヲ期スルニアリ。是レ実ニ東亜ヲ安定シ、世界ノ進運ニ寄与スル所以ナリ。（「国民政府と雖ども拒否せざる旨の政府声明」、同上、四〇一頁）

日本政府は、このような「新秩序」建設の理念を提示することによって、中国もその任務を日本とともに「分担」するという新しい位置づけを、このなかで行っています。そしてその任務を理解し日本と協力するならば、先に「対手ニセズ」と切り捨てた蔣介石の国民政府も拒否するものではないと誘いの手を差しのべたのでした。

ところで、ここで語られた「新秩序ノ建設」ということばは、これ以後、日本の国内外に重くのしかかった閉塞感を打破する現状変革の護符的な言語象徴として人びとの心を惹きつけ、日本の言説空間のなかで広く流通することとなります。そして東亜協同体論が提唱されるのは、そのような政治状況を背景としてのことでした。

Ⅱ 「東亜協同体論」の提唱――蠟山政道

「東亜協同体」という新しい概念を論説の形で世に問うたもっとも早いものの一つに蠟山政道の「東亜協同体の理論」（『改造』一九三八年九月）があります。* 蠟山政道（一八九五―一九八〇）は政治学者で、当時は東京帝大教授の職にありました。それではこの論説で蠟山は、東亜協同体という概念をどのようなものと考えたのでしょうか。彼によれば、それは「日本の大陸発展の内在的原理」としての意義を持つものであって、「一定地域における民族が協同関係に立つ地域的運命協同体」と規定するより外ないもの、それが彼のいわゆる東亜協同体の概念を基礎づけるものとしています（「東亜協同体の理論」、『東亜と世界』一九四一年、一九頁）。

* ほかに杉原正巳『東亜協同体の原理』（一九三九年）があり、同書には「東亜協同体建設」について述べた文章（一九三八年七月）が収録されています。

蠟山の述べる「一定地域」とは言うまでもなく日本と中国、つまり当時のいわゆる「日満支」を指しますが、そこで中心をなすのは「地域的経済の開発」、すなわち「国防経済とそれと密接に関係する経済開発計画を伴ふ地域的協同経済」（同上）とされています。ただそこで強調されている点は、西欧的帝国主義下の「植民地経済」と本質的に異なるということであり、それはその地域における「運命の共同性」の存在という特質にあると説いています。彼が「東亜協同体」の本質を「地域的運命協同体」と規定するゆえんです。たとえば彼は、このように述べています。

スペインの南・中米植民地でも、英帝国内の諸自治領にしても、その手段は征服と植民の両箇の併用であるが、その発展形態は海洋を以て連続する水平的発展であつて、その統一的原理は地域的運命共同体たり得ない。さういふ水平的発展形態の植民地統一は母国の海軍力及び経済力が絶対に優勢でない限り、到底維持し得ない。そこには運命的共同性が欠けてゐるからである。これに反して日本の大陸的発展は国防力の及び得る接壌的地域と海洋的方面との結合より成る地域への側面的発展であつて、そこにある地域は文化的に且つ生活的に運命共同体たり得るのである。（同上、二二頁）

つまり日本の「大陸的発展」は、国防力のおよぶ範囲の東アジア隣接地域に限定されたものであるが、その地域に居住する住民（諸民族）の生存と福利は、たがいに隣接した地域に居住するがゆえに、必然的に相互扶助的で共生的な新しい秩序形成を必要とすると言うのです。そしてその新しい秩序形成の必要性についての意識は、「生活本能の感知する運命意識」から生まれるというのが蠟山の考えでした。彼はつぎのように説いています。

東洋が地域的協同体となる動因は、先づ、その精神と心意にある。その民族の地域的運命（Raumsschicksal）の意識から発生するのである。民族の存在を支配する運命が特定地域と結合してゐるといふ意識から生れて来なければならない。東洋民族の生存と復興と向上とがその特定地域における平和と建設とに懸つてゐるといふ生活本能の感知する運命意識から生成して来るのである。（同上、二七頁）

東洋を一つの東洋たらしめているのは、じつにこの「地域的運命の意識」にほかならぬと蠟山は言っているのです。そして言うまでもなくこの「地域的運命の意識」は、西洋における西洋文化のような統一の文化を持たない東洋にあって、国家を横断する特定地域の共同性を生みだす役割を果たすものとされたのでした。

東洋の諸民族に国家を横断する地域的共同性を自覚させるもう一つの外的契機として蠟山が重視したのは、国際的な状況、とくに第一次世界大戦後のそれでした。それは一言で要約すれば、西洋という特定地域の歴史や文化を普遍的なものとする西洋中心主義的な普遍主義です。そこでは、西洋的世界がじつは世界そのものに置きかえられ、英米を中心とする西洋先進諸国の歴史が世界史にほかならないとされることによって、東洋という地域の世界的な存在性が忘却され、東洋そのものの疎外につながるという問題が生ずるからです。こうした西洋中心主義的発想が内包する問題性についての指摘や批判は、明治初年の西洋文明の導入いらい、機会あるごとに、またさまざまな視点やレベルで提起されたことはすでに第二章で述べたところです。たとえば「抑《そもそも》欧洲の所謂文明道徳なる者は、悉皆《しつかい》耶蘇教内の事にして、之を異教の人に推さんとする誠意ある事なし」という伊藤博文の慨嘆、あるいは「泰西ノ政治家動《やや》モスレバ則チ曰ク、万国公法曰ク公道正理ト。而シテ彼等亜細亜地方ノ諸国ニ対スルニ至リテハ、公法モ道理モ顧ル所ナキガ如シ。故ニ彼輩ガ言フ所ノ万国公法ナル者ハ欧米二洲ノ万国公法ナリ、彼輩ガ言フ所ノ道理ナル者ハ欧米二洲ニ通用スル道理ナリ……」と訴える明治初期の新聞論説を思い起こせばよいでしょう。

このような西洋による普遍主義の僭称に対する批判的言説は、日露戦争以後、日本が新しい強国として国際社会で注目される存在となるにともない、日本のオピニオン・リーダーたちのあいだでも一つの顕著な傾向を形づくるようになります。蠟山の場合について言えば、第一次大戦後の国際連盟の誕生は、英米を中心とする西欧先進諸国の支配秩序を、国際連盟の名のもとに体制化し普遍化する試み以外の何ものでもないとの認識を彼に与えます。この国際連盟の誕生が意味する世界秩序からの東洋の疎外は、逆に西洋的世界の実態について東洋諸民族をめざめさせ、世界における東洋の存在を自ら確認し主張する重要な契機になったと考えました。「東洋の覚醒」について蠟山はつぎのように述べています。

東洋の世界的覚醒は、国際聯盟が西欧思想の具現化であり、その主要国の制覇を意味してゐるに拘らず、一箇の世界体制として東洋にまで布かれてからである。欧洲大戦及びその後の聯盟機構によつて世界といふことが具体的に考へられなかつたならば、東洋は東洋として自覚することはなかつたであらう。（同上、八頁）

こうして蠟山は、国際連盟に具現された西欧の世界制覇を支える秩序原理として、近代国家の主権概念と民族自決主義もしくは一民族一国家の原理を挙げ、これらの原理を止揚する新しい秩序原理として、「東亜協同体」という広域秩序の原理――彼のいわゆる「地域主義」――を提示するに至ったというわけです。したがってこの「東亜協同体」の構想にあっては、従来の主権国家の原理や一民族一国家の原理にとらわれることなく、東洋の一定地域の住民を「地域的運命」の意識によって結び合せる「地域的協同体」という新しい秩序概念へ向うことになったのでしょう。もともと極東地域の特殊な政治状況から、その地域では、一民族一国家の原理にもとづく多元的な秩序の形成であれ、また一主権国家による他国家の帝国主義的支配というかたちでの一元的な秩序の形成であれ、いずれのかたちも確立不可能であるという不安定要因が存在し、満州事変の勃発に至った根本原因も、このような地域の実情と既存の近代的政治原理との矛盾にあったとの見解を、蠟山はすでに表明していました（「満洲事変と日満関係」、『日満関係の研究』一九三三年、二四一頁。「満蒙問題の「重大化」」一九三一年九月、『世界の変局と日本の世界政策』一九三八年、九頁）。蠟山による東亜協同体論の唱道の背景には、以上のような西欧の近代政治原理に対する不信があったことは留意すべきことと思います。

ところで蠟山が東亜協同体論を提唱するにいたった直接の契機としては、その半年余り前、一九三八（昭和一三）年一月の第一次近衛声明――「国民政府ヲ対手ニセズ」の政府声明――として浮き彫りにされた日中間の紛争の深化に、一政治学者としてどう対応すべきかという問題があったことは言うまでもないところでしょう。彼の論説「長期戦と日本の世界政策」（一九三八年二月、前掲『世界の変局と日本の世界政策』三〇三頁）によれば、彼はすでに、当時の日本が当面している事態を「東亜政局の局部問題ではなくして、世界の政治体制に触れた世界秩序の問題」と捉え、日中間の戦争を「生活共同態の地域的再編成の運動」と理解する態度をとっていました。そしてそれは従来の植民地経営とは性質を異にし、「地域的聯関と文化的接触と技術的建設を根幹とした新帝国体制の出現」につらなる試みであって、当然のこととしてそれは「旧来の世界秩序と牴触《ていしょく》し、現存の列強の権益と衝突せざるを得ない」ものと考えていました。

ここには彼の「東亜協同体」の理論的な骨組みがすでに揃っていることは、誰の目にも明らかでしょう。だから彼はこの論説のなかで、「日本の正に樹立すべき世界政策は、この東亜といふ地域に於ける生活共同態を基本とするものでなければならないし、その地域的経済の範囲に於いては文化的技術的に科学的な、自由創造性を有する開発がなされねばならない」（同上、三〇七頁）というところまで説いているほどです。「東亜協同体」という語こそ使っていませんが、その内実はそこに語られていると言ってもよいでしょう。ただこの論説で説かれている協同体の概念は、地域的経済の「開発」を根底に据えた自由で科学的技術的な色調の目立つものになっています。したがって、「地域的運命の意識」とか「生活本能の感知する運命意識」というような協同体形成の非合理的側面は、のちの「東亜協同体の理論」において新しく概念化されたものと考えられます。このことは、蠟山の東亜協同体論の形成過程において、どのような意味をもつのか検討すべき一つの問題と言ってよいでしょう。

論説「長期戦と日本の世界政策」で強調されている地域的経済の「開発」という、蠟山の協同体論のなかでも合理的な色合いをもつ側面は、もちろんその後の論説「東亜協同体の理論」でも重要な部分を占めていますが、近代的な科学技術の導入によって中国の経済発展を促し民生の向上をはかるというこの構想は、日本の中国政策に対する中国民衆の支持を広げ、「抗日」運動の沈静化にも役立つものとして、すでに蠟山によって主張されていました。たとえば日中戦争の勃発後まもない時点で執筆した論説「北支政治工作の文化的基礎」（一九三七年一〇月、前掲『世界の変局と日本の世界政策』二一〇—二二〇頁）も、その意味で注目すべき内容が含まれているように思います。彼は、そのなかで両国間の深刻な対立を克服するためには、中国人民も納得できるような「政治上の指導原理」を確立することが必要であるとし、その観点から論を展開しています。そしてこの指導原理を考案するにあたっては、中国人民にも受け入れやすい実際的な方法として、中国国民党の指導原理である三民主義に再検討を加え、「その誤ったところを是正し、足らざるところを補足して行くことが最も実際的である」（同上、二一二頁）とします。

ではどう是正し、何を補足するのでしょうか。まず蠟山が、三民主義のなかの「民族」、「民権」、「民生」の三つの主義にかんして「是正」すべきところとするのは、「民族」についてでした。彼は、この民族の概念について、それが国民党により政治上の実際運動に引きつけて理解され用いられたため、「今日の如き日支衝突の最大原因たる抗日思想に堕落し、人民戦線論の袋小路に陥入するの止むなきに至つた」と、中国民族主義の現状に対する厳しい批判のことばを投げかけています。そして中国の民族主義がこのような現状に至った原因を蠟山は、国民党によって理解され実践された民族の概念が「文化的概念として民族たるよりは「一民族一国家」即ち十九世紀的政治概念に近い点」にあると指摘します。

したがって彼は、この「一民族一国家」的な民族の考え方を、非政治的な文化概念としての民族へ「修正」する必要を説くのでした。こうして彼は、三民主義の民族・民権・民生についても、「三者の価値の順位づけに誤謬がある」とし、これを民生・民権・民族という逆の順位づけにするだけでも「実際問題としては大いに役立つであらう」（同上、二一二―二一三頁）と述べています。ここには中国の民族主義に対する蠟山の根深い不信と、民生主義への強い期待が、それぞれ表裏の関係をなして示されている点に注目したいと思います。

このように新しく確立すべき政治上の指導原理において重視すべきものとされた民生主義は、蠟山によれば、その実践的方策にかんして「日本の帝国主義的要求と土地の住民の為めの民生主義的施設と一般日本国民の大衆的利益との三者が如何に調和されるかが問題」とされ、したがって「日支両国国民の民生的立場から、その衝突杆〔扞《かん》〕格《かく》を避けられるやうに、その経済政策を純科学的に企画統合すべきである」（同上、二一八―二一九頁）と主張されています。こうした民生主義の実践にあたっての科学性の重要性は、のちの開発主義においてもつねに強調される点となっていました。

この蠟山の民生主義は、科学的に企画統合された日中両国にわたる経済政策の遂行をはじめとして、中国の「文化思想の研究創造」のための施設や、「北支那の風土、習慣、村落、農業、商工業等の生活に関する科学研究所」の設立、さらには教育制度の全般的改革などを通して「郷土並びに国家としての中堅分子並びに一般民衆の教化指導」(同上、二一六頁)を行うというような広範囲にわたる構想に支えられたものでした。こうした蠟山の構想は、冀東政権の樹立に見られたような華北の政治工作に力を注ぐまえに、日中の対立解決のため為すべき重要な課題として、中国の経済開発や民衆生活の安定など「東亜という地域の文化的基礎」にかんする問題を考える必要があるのではないか、という問題提起的な意味を持つものでもありました。

彼がこの論説で、「今日までの長い排日運動の歴史から見ても、支那の知識階級が我々日本人と異つた政治理想を有し、敵対行為に出でて人民を煽動するには深い根柢があるやうに思ふ。この知識階級の誤れる政治理想や文化観念を是正し、補導することが肝要なことではあるまいか」(同上、二一五頁)と述べて、中国の知識人たちも納得して従うことができるような「道徳的権威のある思想的文化の建設」が今こそ必要としたのもそのためでした。彼による東亜協同体論の提唱は、その一年後のことですが、それはこうした彼の問題提起の延長線上にあったと言ってよいでしょう。

Ⅲ　東亜協同体論と新しい全体主義——三木清

この東亜協同体論は、蠟山政道の提唱以後、日中両国の全面的な軍事衝突を解決に導くための将来構想ないし考え方を具体的な形で示したものとして、日本の多くの知識人によって取り上げられることとなります。とくに東亜協同体論の深化に向けて推進的な役割を担ったのは、蝋山もその有力な一員であった昭和研究会のメンバーたちでした。なかでも三木清・尾崎秀実《ほつみ》はそれぞれ独自の視点から東亜協同体論の意義についての議論を展開しました。昭和研究会は、もともと近衛文麿のブレーン的な意味をもつ研究的な会合として発足し、一九三六（昭和一一）年一一月、広く各界の有力者の参加をえて、内外の政策にかんする調査研究の機関として設立されたものですが、その翌年に勃発した「支那事変」解決のための方策の開発は、研究会にとっても当然のことながら重要な課題でした。昭和研究会が、『新日本の思想原理』（一九三九年一月）および『新日本の思想原理 続篇――協同主義の哲学的基礎』（同年九月）を刊行し、「東亜の統一」を実現すべく東亜協同体についての構想をそのなかで展開したのもそのためでした。

　この正続二篇の冊子は、昭和研究会のなかに設けられた文化部会の討議にもとづいて、その際の委員長をつとめた三木清（一八九七―一九四五）が執筆し、昭和研究会の名で公刊されたものです。* ここでは、「東亜の統一」を実現するための東亜協同体は、どのような思想原理によって基礎づけられねばならないかという点について、三木の考えがかなり包括的に展開されています。東亜協同体論をめぐって三木が終始強調している点は、日本と中国の親善・提携＝「東亜の統一」が実現するためには、その前提として個別の民族文化の枠を超えた「新しい東亜文化」の成立が必要なのであり、その創造がまさに東亜協同体の使命であるということでした。たとえば、「東亜協同体はもとより単に経済上のブロックたるに止まるべきものではない。政治、経済、文化、国防の諸方面に亙つて日満支の連環の形成されることが必要であり、かくして初めて協同体の名に値するのである。嘗てオリンピック競技によつて象徴された統一的な所謂「ヘレニズム文化」はギリシアに於ける民族聯合の上に花開いたものであつた。東亜に於ける諸民族の協同の上にヘレニズム文化の如き世界的意義を有する新しい「東亜文化」を創造することが東亜協同体の使命でなければならぬ」（『新日本の思想原理』、『三木清全集』第一七巻、五一一―一二頁）と説かれています。

＊『新日本の思想原理』およびその続篇『協同主義の哲学的基礎』は、三木の筆になるものであり、内容的にも三木の他の論説と重なる点が多いところから実質的には三木の思想を示す著作と考えてよいと思います。『三木清全集』（一九六六年一〇月―八六年三月、岩波書店）の第一七巻に「資料」として収録されています。そこで三木の東亜協同体論についての思想を示す一つの資料として、ここでは正続二篇の同書も利用することにしました。

この東亜協同体が創造すべき「東亜文化」は、同時に「民族を超えた全体」としての東亜協同体の「結合の基礎」をなすものとして、三木により不可欠のものとされました。「東亜協同体は民族を超えた全体として、その結合の基礎は血といふ如き非合理的なものではなく、東洋文化の伝統といふ如きものでなければならぬであらう」(「知性の改造」一九三八年一一、一二月、『全集』第一四巻、二一一頁)と彼は言っています。この意味で、東アジア諸民族の文化の伝統とどう向き合うかは、三木の東亜協同体論にとって無視できない課題でした。『新日本の思想原理』のなかでも、「東亜の伝統に対する反省は新しい東亜文化の創造にとつて大切である」(前掲『全集』第一七巻、五一三頁)とか、「東亜協同体の文化は東亜に於ける文化の伝統につながるものでなければならぬ」(同上、五一五頁)と、東アジアの文化的伝統の重要性について言及しているとおりです。

＊ 三木がここで「東洋文化の伝統」と言っているとき、西洋世界と同じような意味で、東洋という一つのまとまった世界を基礎づける統一的な文化の存在を前提としているわけではありません。それは、たとえば彼が、「東洋といふものはこれまで、西洋がギリシア文化とキリスト教以来一つの内面的統一を有する世界を形成してゐるのと同様の意味において一つの内面的統一を有する世界を形成してゐなかつた。これは津田左右吉博士の明瞭に論ぜられてゐるところである」(「現代日本に於ける世界史の意義」一九三八年六月、前掲『全集』第一四巻、一四五―四六頁)と述べているところからも理解できるでしょう。したがって「東洋文化の伝統」とは、東アジアにおける諸国ないし諸民族の個別的な文化的伝統の意味、あるいは日本で通常「東洋文化」ということばでしばしば呼ばれる儒教を中心とした文化の意味に解すべきものと思います。

『新日本の思想原理』によれば、東アジアにおける伝統的文化――それは、三木によれば、儒教の五倫の道を念頭においたものと思われるが、「共同社会に於ける人倫的諸関係」を前提とする「東洋的ヒューマニズム」と総括されている――の継承といっても、それはもとより、いわゆる東洋文化にまつわる「「ゲマインシャフト」(共同社会)」的な封建性の単なる復活に終わるべきものではなく、むしろ西洋的ヒューマニズムの特色である「ゲゼルシャフト」(利益社会または集合社会)」的文化と、東洋の伝統文化の特色である「ゲマインシャフト」的文化との、綜合としての「高次の文化」という特質を持つものでなければならぬと言っています。そしてそのためには、「所謂アジア的渋滞」からの脱却、東洋文化と世界文化との接触、あるいはまた「東洋文化並びに西洋文化の再認識」などを通して、伝統文化に内蔵されながらまだ眠っているその「世界的価値」を掘り起こす努力が求められると三木は考えるのでした(同上、五一四―一六頁)。

ところで三木が東亜協同体を基礎づける原理として強調した「新しい東亜文化」の創造にあたって、東洋の伝統文化の継承と同時に、西洋近代の文化との接触・綜合による「高次の文化」の形成、あるいは東洋における伝統文化に内在する「世界的価値」の発見を説いたのは、東亜協同体が単に「東亜の統一」を達成するだけでなく、新しい真の「世界」の形成につながる「世界史的意味」も同時に担うものと考えたからでした。換言すれば、東亜協同体という構想は、東アジアの地域における新しい秩序の形成と、西洋中心の世界秩序に代わる新しい世界秩序の形成という、二重の環によって結びあわされた使命をみずからに課していたところに特徴がありました。東亜協同体が担うべき新しい世界秩序の創設については、蠟山政道にかんしてすでに述べましたが、三木においても同様でした。三木が、「支那事変の世界史的意義は、空間的に見れば、東亜の統一を実現することによつて世界の統一を可能ならしめるところにある。これまで「世界史」といはれたものは、実はヨーロッパ文化の歴史に過ぎなかつた。それは所謂「ヨーロッパ主義」の立場から見られたものであつたのである」(『新日本の思想原理』、同上、五〇八―〇九頁)と述べているのは、そのことを物語っています。だから彼は、「東亜の統一を実現することによつて真の世界の統一を可能ならしめ、世界史の新しい理念を明かにするといふことが支那事変の有すべき意義でなければならぬ」(同上、五〇九頁)と言っているのです。

この東亜協同体論に課せられた「東亜の統一」と「世界の統一」という二重の使命は、三木の場合、その新しい「東亜文化」のあり方にきわめて複雑な構造を与えることとなります。三木は、日中戦争勃発直後の時点で、これまで日本の国内で流布していた日本精神論に対し、あたかも引導を渡すかのようにこう言っています。「支那事変は思想的に見て少くとも先づ一つのことを明瞭に教へてゐる。即ち日本の特殊性のみを力説することに努めてきた従来の日本精神論はここに重大な限界に出会はねばならなくなつて来たのである。そのやうな思想は日支親善、日支提携の基礎となり得るものでないからである。日本には日本精神があるやうに、支那には支那精神がある。両者を結び附け得るものは両者を超えたものでなければならない」(「日本の現実」一九三七年一一月、『全集』第一三巻、四四二頁)と。この「両者を超えたもの」が、三木のいわゆる「東亜思想」あるいは「新しい東亜文化」など東亜協同体を基礎づけるものでした。

またこの論説から一年後、東亜協同体ということが口にされはじめたころ、彼はこのようにも言っています。「事変の発展は日本主義が単なる民族主義に止まることを許さなくなつた。今日要求されてゐるのは日支両民族を結ぶ思想である。事変の発展は支那における民族主義の強化を促し、三民主義といつても特にその民族主義の要素が前面へ押し出されることになつたのであつて、必要なのはこの民族主義を超克し得るやうな思想であり、いはゆる東亜協同体の理念もかやうなものとして考へられる」(「日支を結ぶ思想」一九三八年一一月、前掲『全集』第一四巻、一八五頁)。

昭和研究会を中心とした東亜協同体論は、中国の抗日運動を単に「膺懲《ようちょう》」の対象としてひたすら抑圧の姿勢でのぞむのでなく、近代における世界的潮流である民族主義の表れとして対処する必要を認めるなかから生まれたという特徴的な側面を持っていました。先の蠟山も、「抑々東亜協同体の理論が提唱せられるに至つた根本動機は、支那における「民族的統一」又は「民族主義運動」の存在が如何なる意味においても、軽視し無視し得ぬといふ認識に発足してゐる。これは総ての東亜協同体論者の一致してゐるところであると言つてよい」(「東亜協同体の理論的構造」一九三九年三月、前掲『東亜と世界』一六一頁)と述べています。また尾崎秀実も同じように、「「東亜協同体」論の発生をもっとも深く原因づけているものは、支那における民族の問題を再認識したところにあると思われるのである」(「「東亜協同体」の理念とその成立の客観的基礎」一九三九年一月、『尾崎秀実著作集』第二巻、三一一頁)と、東亜協同体論の登場が中国における民族主義の問題と深く関係していることを指摘しています。

ところで、その背景となった中国の抗日運動をめぐる新しい動向というのは、抗日のための民族統一戦線の結成でした。すなわち国民党は中国共産党と激しい対立をくりかえしていましたが、一九三六(昭和一一)年一二月の西安事件を契機に中国共産党の提唱する抗日統一戦線の結成に合意し、共同の敵とすべき目標を日本とする連合に踏み切ったのでした(一九三七年九月、第二次国共合作)。こうした中国における抗日運動の党派や階級を超えた挙国的な結束の動きに直面して、日本の知識人も多かれ少なかれ中国認識を見直す必要を感じはじめたということなのです。それは、中国問題の処理にとって本質的なことは、中国の政府やその担い手をどうするかではなくて、民衆をもふくめた中国国民の心をどのようにして捉えるかにあるとする、中国に対する視座の転換を意味するものでした。尾崎はこう述べています。「低い経済力と、不完全な政治体制と、劣弱な軍隊とをもつ支那が、とにもかくにも今日まで頑張り続けている謎は実にこの民族の問題にあるのである。これは単に国家的規模についてのみではない。問題のゲリラ戦の戦士はもちろん、いっさいの政治的勢力と不協同の態度をもって、ただ大地のみを相手にしているかのごとき農夫や、街頭のルンペン少年にいたるまで、それぞれの形をもって貫いている問題なのである」（同上、三一二頁）と。

したがって中国の民族主義をどう評価し、どのように取り扱うかは、それぞれの東亜協同体論の特質を大きく左右するものでもありました。蠟山は、近代の民族自決主義そのものに批判的なこともあって、中国の民族主義については否定的な姿勢を持していました。では三木の場合はどうでしょうか。たしかに彼も、「東亜協同体は民族を超えた全体」であると見なし、前引の文章でも「民族主義を超克し得るやうな思想」のなかに「東亜協同体の理念」を求めていました。しかし三木の場合、民族という存在は東亜協同体の下でも依然として重要な意味を担うものとして位置づけられていました。東亜協同体を形成する諸民族について、「東亜協同体といふ如き全体はそのうちに開放的に諸民族を含まねばならず、またそこにおいては諸民族がそれぞれの個性と独自性を失ふことなく自己の発達を遂げ得るのでなければならないのである」（「知性の改造」、前掲『全集』第一四巻、二一二頁）と彼が述べているのもそのためです。

したがって三木は、中国の民族主義についてもその重要性をしばしば強調しています。たとえば「我々は支那における民族主義が支那の近代化にとつて有する歴史的必然性と進歩的意義とを十分に認識しなければならぬ。この認識なしに支那の民族主義的傾向を単純に排撃し、その三民主義にいふ民族主義を抽象的に否定するが如きは却つて反動的なことになるであらう」（「東亜思想の根拠」一九三八年一二月、『全集』第一五巻、三一一頁）と。そして彼は、「支那の近代化こそ東洋の統一の前提であり、従つてまた東亜協同体の形成にとつての前提である」（同上）とするのです。

このように各民族は、その独自性を保持し発達させながら、しかも全体としての協同体を構成する部分としてそれを担うというところに、三木は東亜協同体の特質を見出すと同時にまた民族主義の意義を見ていました。また民族とは、歴史的な個別性と地理的な特殊性のなかで形づくられた生活様式や伝統的文化を社会的同一性《アイデンティティー》の核として凝集した集団という意味で、それは近代的個人の普遍的・抽象的な特性に対して、すぐれて「具体的」な存在と考えられました。そのことは、近代的世界主義が「抽象的」なそれに陥ってしまった今日にあって、そうした「抽象的な世界主義」を克服するための「否定的契機」として民族主義が重要な意義をもつとする三木の見解にもつながっていました。彼が民族主義の今日的な意義について、「それは現在抽象的なものになつた近代的世界主義もしくは国際主義の克服にとつてその否定的契機となり、そこから新しい意味における世界主義の発展してくることが可能にされるといふ意味において重要性を有してゐる」（同上、三一〇頁）と述べているのは、そのことを示しています。

近代的な世界主義を「抽象的」と特徴づける三木の捉え方は、「世界史」とこれまで呼ばれていたものがじつは単にヨーロッパ文化の歴史にすぎなかったとする「ヨーロッパ主義」＝ヨーロッパ中心主義批判と重なり合うものですが、基本的には近代西欧の個人主義・自由主義に対する彼の批判的な立場から発していました。つまり近代の自由主義的個人主義のもとでは、独立した個人は普遍的な理性と平等な権利の担い手という意味で等質的合理的な存在と見なされ、しかもそのような「アトム」的な個人がすべての存在に先行する原点をなします。したがって個人は社会に先だって存在し、この自由な個人の関係性のあり方が社会の存在性を作りだします。政治社会としての国家も、国際社会としての世界も、同様のものと考えられていました。「近代的な世界主義は如何なる意味において抽象的であったであらうか」という問いに答えて、三木はこう言います。

それは各々の民族の有する固有性や特殊性に対する深い認識を有しない点において抽象的であると云はれるのがつねである。それは実に近代的原理の上に、言ひ換へれば自由主義の上に立つてゐるが故に抽象的であるのである。近代的自由主義は個人主義である。即ちそれにとつては個人が先であつて社会の［はヵ］後のものである。アトムの如く独立な個人が先づ考へられ、社会はしかる後にかやうな個人が本質的には個人的立場から取結ぶ関係として出来てくるものの如く考へられる。あの社会契約説は近代的社会観の典型的なものである。（同上、三一七頁）

こうして彼は、「近代的社会はアトミズムの体系であるといはれるやうに、近代的世界主義もアトミズムの体系にほかならない」（同上、三一八頁）とするのです。民族主義が、肌の色、土の香りをイメージさせる生き生きとした有機体的な結合のゆえに「具体的」であるとすれば、近代的世界主義は透明で無機的な「アトミズムの体系」のゆえに「抽象的」と特徴づけられたということでしょう。「抽象的」なものよりは「具体的」なもののなかに、三木は新しい時代の真実性の「形」を見出したのでした。彼のことばを紹介すれば、「どのやうな世界的意義を有する事柄も、抽象的に普遍的に実現されるものでなく、却《かえ》つてつねに一定の民族において最初に実現されるといふ意味において、言ひ換へれば、どのやうな世界史的な出来事もつねに一定の民族の行動として開始されるといふ意味において、民族主義には正しい見方が含まれてゐるのである」（同上、三二〇頁）。

このように近代の個人主義を「抽象的」として排し、民族主義を「具体的」であるがゆえにその「否定的契機」として評価する三木の立場は、必然的に限りなく全体主義に近いものとなります。「全体主義は近代の個人主義、自由主義、資本主義に対するものとして重要な意義を有してゐる。現代の思想はいづれにしても全体性の思想を基礎としなければならぬ」（『新日本の思想原理』、前掲『全集』第一七巻、五一八頁）ということばは、そのことを語っています。しかし、民族主義という全体主義が、閉鎖的・排他的で独善に陥りやすい傾向を備えていたことは、もとより三木の十分認識するところでした。したがって三木は、既存の全体主義の弊害を排除した自己の全体主義的立場を、しばしば「新しい全体主義」として従来のいわゆる全体主義から区別しています。

その点では、たとえば三木と同じく西欧近代の個人主義・自由主義をアトム的個人に基礎を置く「抽象的」思考として排し、民族を中心とする全体主義の立場から東亜協同体を論じた杉原正巳が、既存の国家主義的全体主義をほとんど無条件に受け入れたのとは明確な違いがありました。杉原は東亜協同体のめざす新しい秩序を、資本主義および共産主義に代わる「第三秩序」と呼んでいますが、彼の説明によれば、「その基本性格は、国家、国民、民族と言ふ人類生活の現実の土台を、基底とする生活秩序の建設なのである。故に、抽象的なる個人、階級等は第二義の存在であり、国家、民族が常に第一義的実在となる。従つてその第三秩序の基本性格は全体主義性格とならざるを得ぬ」(「東亜協同体の政治的社会的理論」、前掲『東亜協同体の原理』二三六―二三七頁)としています。

この杉原の全体主義においては、国家はつねに個人や個人的集団に対して価値的に上位に位置づけられ、個人の自立的な存在性は国家生活の下にあっては否定されることになります。つまり「人間は一定の国家内に生存する事によつて、始めて生活をなし得るものであり、国家は常に個人及び個人集団の精神的上位にある歴史的な生命を持つ全体生命なのである」(「東亜協同体の思想的基礎理論」、同上、二七七―七八頁)とあるように、全体社会としての国家がまさに永続的な「全体生命」の主体と考えられているわけです。さらにつづけて彼はつぎのように述べています。「この生命の全体観こそ一君万民、一国一家と言ふ、個人と国家を対立せしめざる主客一体の精神なのであり、国体に帰一する生命と言ふ、日本の歴史的国民本能なのである。この新しき全体観から生まれる政治的機構は、自由主義、個人主義のそれとは全く相異る性格を持つものとして現れる」（同上、二七八―七九頁）と。こうして彼は、全体主義の政治機構として、政党政治に代えて権威政治を、多数決原理に代えて指導者原理を、そして国民組織については「国民の自主的のものであり乍《なが》ら、しかも国家と一体的な組織」という性格をもつ「一国一組織」と彼が呼ぶものを想定するのでした（同上、二七九―八二頁）。こうした彼の構想からも明らかなように、彼の全体主義は個別多様な立場や意見の存在をいっさい認めまいとする画一主義、つまりファシズム的な性格を色濃く持つものでした。

　このような杉原の全体主義とくらべれば、三木の全体主義はまさに「新しい全体主義」と呼ぶのにふさわしいことが分かるでしょう。彼がこの新しい全体主義について強調するのは、全体主義が自由主義の単なる否定に終わるのではなく、「自己のうちに自由主義を弁証法的に止揚するもの」（「東亜思想の根拠」、前掲『全集』第一五巻、三二〇頁）でなければならないとする点でした。すなわち従来の全体主義の弊である全体による部分の抑圧を排し、個人の独自性や自主性を大切なものとして尊重すること、したがって「世界」という全体概念の考え方についても、「近代的世界主義におけるアトミズムを克服して世界を実在的な全体と考へ、それぞれの民族がどこまでも独自性を有しつつしかもその中に包まれてゐるといふ全体として世界を把握する」(同上)という思考方法の上に立つものが、彼の考えた新しい全体主義でした。このように、新しい全体主義においては、全体に対する部分である個の独自性の尊重が、国民のなかの個人についても、東亜協同体のなかの個々の民族についても、そして世界という全体のなかにおいても、一貫した原則をなしていました。

この新しい全体主義は、三木の執筆した『新日本の思想原理 続篇――協同主義の哲学的基礎』では、協同主義としてその哲学が取り上げられています。* そして、「協同主義は個人主義と全体主義とを止揚して一層高い立場に立つものである。それは全体主義の如く社会を個人よりも先のものとし、社会に個人の存在の根拠としての実在性を認める。併しそれは個人の独自性を否定することなく、個人主義の如く個人の人格、個性、自発性を尊重するのである。協同主義に於ては社会は個人に対し単に超越的でも単に内在的でもなく、超越的にして内在的、内在的にして超越的であると考へられる」(『新日本の思想原理 続篇』、前掲『全集』第一七巻、五八一頁)と、全体としての社会の実体性・優位性にもかかわらず、個人の人格や個性や自発性の尊重という、先の「新しい全体主義」と基本的に同様の思想的特質が語られています。

＊　ちなみに協同という概念について、三木はこれを東洋の思想にもとづくものとし、つぎのように述べています。「我々が東洋に発見し、以って西洋の思想を是正するに足ると見るものは、その独特なる連帯の思想であり、協同の思想である。帰一と云ひ、王道といひ、その根柢には極めて実践的なる協同思想が働いてゐるのである」（『新日本の思想原理　続篇』緒論、同上、五三七頁）。

またこの協同主義が内包する「全体」の概念について、つぎのように説いています。「協同主義は全体の立場に立つが、この全体を段階的に発展的に考へる。協同は先づ国民の協同であり、次に東亜諸民族の協同の如きものであり、更に世界に於ける協同である。併しかやうな段階は直線的にのみ考へられるのでなく、国民的協同は同時に東亜的協同の基礎に於てあり且つこれの実現の方向を含み、東亜的協同は同時に世界的協同の根拠に於てあり且つこれの実現の方向を指示してゐるのである」（同上、五八一頁）と。つまり協同的な全体は、国民（民族）的協同、東亜（地域）的協同、世界（人類）的協同の三段階に分かれるが、前段階の協同はつぎの段階の協同に発展する方向性を内包することによって、この三つの協同的全体は下位から上位へと有機的な連環の下で発展するものと考えられています。そして協同体を構成する個性的で自主性を認められた各民族と、その民族に「内包」され個性と自発性の尊重を許された個人は、三木によってきわめて重要な役割を与えられることとなります。

既述のように民族あるいは民族主義には、近代的世界主義の「抽象」性を克服するための「否定的契機」として重要な存在性が認められるだけでなく、また「どのやうな世界史的な出来事もつねに一定の民族の行動として開始される」（前掲「東亜思想の根拠」）と言われるように、新しい世界史を創造するにあたって民族には積極的な役割が期待されていました。しかしさらに注目されるのは、このような民族の積極的な役割を支えるものとして、三木は自覚的な個人の果たす役割がきわめて重要なことを指摘している点です。それについて彼は、つぎのように述べています。

もとより歴史において如何なる世界的意義を有するものもつねに一定の民族の活動を通じて実現される、民族の媒介なしに世界的なものが直接に実現されると考へることは抽象的であらう。しかるに他方において、民族的なものが世界的なもの、人類的なものになるためには、個人の媒介が必要であることを歴史は示してゐる。個人が盲目的に民族のうちに埋没してゐる限り、その文化は世界的意義を有するものとなり得ず、民族のうちにおける個人の自覚、その自律的な活動を通じて民族的文化は世界的意義を有するものとなり得るのである。（「青年知識層に与ふ」一九三九年五月、前掲『全集』第一五巻、三五三—五四頁）

たしかに民族という集団に生きる個人がすべて無自覚に集団に埋没するようでは、その民族は独善的で排他的な集団に陥り、世界的・人類的に意義ある文化的目標追求の使命を果たすことはできないでしょう。三木は、民族が新しい世界史的使命を担う主体となるためには、自主的な個人が近代的世界の「アトミズムの体系」を離れ、民族という「具体的」な集団の一員として再生することが必要と考えたのでした。

三木の東亜協同体論は、以上のような思想構図のなかで捉えられていました。彼は、東亜協同体を主として文化の視点から論じましたから、歴史と伝統を備えた文化の担い手としての各民族が新しい東亜文化の創造に中心的な役割を果たすことはもとより、世界的協同を基礎づける人類文化の形成にも重要な媒介的役割を担うものとしたのでした。こうした民族観に支えられた三木の東亜協同体論は、当然のこととして、当時の日本の全体主義者や国家主義者たちが自己の民族的立場にのみ終始して、中国独自の民族的文化に思いを及ぼそうとしない彼らのかたくなさに対して自省をうながす、実践的な意味を当時の状況下で持つこととなります。三木のつぎのようなことばは、そのことを示していると言えましょう。

今日我が国では日本民族の特殊性といふことが頻りにいはれてゐる。しかるに自己の民族の特殊性を認めるものは、また他の民族の特殊性を認めるものでなければならぬ。自己の文化の伝統を重んずるものは、また他の文化の伝統を重んずるものでなければならぬ。もし民族主義が自己をのみ絶対化して他の民族主義を認めないといふのであれば、それは帝国主義に等しいであらう。……いま支那を視て感じることは、やはり支那の伝統と独自性とを顧ることが足らず、日本的なものを押し付けようとすることがあまりに多いといふことである。（「国民性の改造」一九四〇年六月、同上、四一三―一四頁）

このように日本主義が声高に叫ばれる状況のなかで、三木が中国民族の伝統とその独自性を尊重することの大切さを、日本の国民に向かって強調してやまなかったのは、「民族を超えた全体」としての東亜協同体においても、自主性を持った諸民族の多元的な共生と自発的な活動こそが協同体そのものの活力を生むという確信が根底にあったからでした。

Ⅳ　東亜協同体と東アジアの統一性について

東亜協同体論において理論上越えなければならない困難な問題は、協同体の成立を可能にする東アジア諸民族の共通の基盤をどこに求めるかという点にありました。それは、これまでもたびたびふれてきたように、西洋的世界における西洋文化に対比されるような統一的文化を東アジアは持たなかったからです。したがって東亜協同体の構想にあたっては、何らかのかたちでその欠落部分を補わなければなりませんでした。既述のように蠟山政道の場合は、民族間の紐帯として、その地域内の民族が共通に抱くであろう「地域的運命」の意識を挙げていました。蠟山のことばを借りるとそれは、「東洋民族の生存と復興と向上とがその特定地域における平和と建設とに懸つてゐるといふ生活本能の感知する運命意識」（前掲「東亜協同体の理論」）を意味するとしていました。蠟山が東亜協同体の性格を「一定地域における民族が協同関係に立つ地域的運命協同体」と規定したのもそのためです。

また三木清の場合は、日本と中国それぞれが特色ある伝統と文化を育ててきたが、両国の親善と提携による「東亜の統一」を達成するためには、民族文化の枠を超えた「新しい東亜文化」の創造が必要であるとする立場をとっていました。そしてその「新しい東亜文化」は、東アジアの伝統的文化の継承とその新たなる意味づけ、西洋近代の文化との接触・綜合による「高次の文化」の形成などをとおして、「世界の統一」につながる方向性を内包すべきものと考えられていたのでした。つまり三木においては、西洋世界における西洋文化のような東アジアの統一的文化を、東亜協同体の形成をとおして創造して行くこと、そしてその「新しい東亜文化」を踏み台として、ヨーロッパ主義的な従来の世界像に代わる、真に普遍的な意義をもつ「全体」としての世界的協同体の実現を追求することが構想されたわけです。

そこでもう一人、同じく当時、東亜協同体についての論説をしばしば公にしていた社会学者の新明正道（一八九八―一九八四）をとりあげ、東亜協同体の共通の基盤にかんする問題を考えてみたいと思います。新明は、蠟山や三木の東亜協同体論について基本的にはこれを支持する立場に立っていました。たとえば彼は、蠟山の「東亜協同体の理論」と、三木の「東亜思想の根拠」の二つの論説の名をあげて、これらの論説が提示した東亜協同体論は、結果的に「東亜新秩序ノ建設」を謳った近衛声明の「理論的な発展」としての意味を持ったばかりでなく、日中の軍事衝突という日本の直面する現実問題にとって、「最も優秀な事変処理の思想たり得る」（「東亜協同体論の動向」、『東亜協同体の理想』一九三九年、一九五―九六頁）ものと高い評価を与えました。そして抗日運動を展開する中国の「強さ」についても、彼はこう記しています。

支那を強くしてゐるのは、その兵隊でも、第三国の援助でも、農業国であるためでもない。問題はむしろ支那の民族主義にあると云ふ見方が有力に成つて来た。支那人が民族として自覚を有つて団結するにいたつたところに、その抗戦意識の熾《さかん》な原因がある。そして、これが支那の強く成つたと云ふ事実の根柢をなすものだといふのである。（「日支事変の教へるもの」一九三九年八月、同上、一一頁）

このように「何時の間にか日本の伝統」になっていた「支那を無視する傾向」に代わっ

て、民族主義の視点から中国を再認識するところから出発する点でも、新明の立論は蠟山や三木の東亜協同体論と結び合うものがありました。それだけに新明においても、蠟山や三木の場合と同様に、日本や中国という個別国家の民族主義と、東亜協同体というより高次の社会結合体の秩序価値との整合性をどう理論的に構成するかが、乗り越えなければならない重要でしかも困難な課題となります。

つまりアジアの民衆にとって民族主義とは、維新後の日本がそうであったように、ヨーロッパ先進諸国の帝国主義的進出に抵抗し、国家的統一と独立を実現する運動の精神的支柱としての意味を持つところにその特質がありました。したがってヨーロッパ中心主義に抗して新しい世界秩序の形成を使命とする東亜協同体論においても、当然、民族主義の存在は無視しがたい意味と重さを持つものでした。しかし当時の日本にとっては、中国のその民族主義がまさに「抗日」戦争の精神的力の源泉として重要な役割を果たし、日本を悩ましつづけているというまぎれもない現実が、もう一方にありました。東亜協同体の理論構成にあたっての困難な課題とは、中国の民族主義が日本に対して突き付けているこの矛盾した二つの面を、理論的にどう整理するかということにほかなりません。「東洋の統一はナショナリズムの超克から生れて行かねばならぬ」(「東亜協同体の理論」、前掲『東亜と世界』一六頁)とした蠟山は、中国民族主義の持つ「抗日」の側面を重視しましたが、他方、三木は、「どのやうな世界史的な出来事もつねに一定の民族の行動として開始される」

という彼のことばが示すように、民族主義の持つ反ヨーロッパ主義的側面を強調したと言えるでしょう。

したがって蠟山にあっては、「如何にせば支那における誤れる反日抗日の民族主義的潮流を是正し得るやの問題こそが、この東亜協同体論の発生的基調であると言ってよい」（「東亜協同体の理論的構造」、同上、一六二頁）と述べるように、中国民族主義の「誤り」を是正することが協同体論の出発点となりました。そして日本の「大陸発展」を「西欧的な帝国主義」と誤った中国民族主義の「誤解」を解くべく提示した新しい概念が彼のいわゆる「地域主義」でした。だから彼は、「日本の大陸発展に内在してゐる原理は本来西欧的な帝国主義ではなくして、防衛又は開発の為めの地域主義なのである」（「東亜協同体の理論」、同上、一七頁）と懸命に弁明するのです。他方、三木は、中国の民族主義に対して終始、積極的な評価の姿勢をとりました。東亜協同体論との関係についても、「東亜協同体論の一つの出発点が現在における支那の民族主義の歴史的必然性と歴史的意義との認識にあることは明か」（「文化の力」一九四〇年一月、前掲『全集』第一四巻、三三二頁）という立場に立ちました。そして「民族を超えた全体」としての東亜協同体においても、その枠内にあって各々の民族がそれぞれの個性と独立性と自主性とをもって活動することは、協同体の存在とその発展にとって重要不可欠であるというのが、三木の一貫した主張となっていました。

これに対して新明は、東亜協同体論におけるこのような民族主義の扱い方、とくに民族を超えたものとして東亜協同体を意味づけ、「民族主義の超克」を必要とするような考え方に疑問を投げかけています。彼によれば「東亜協同体が超国民的な社会として成立するためには、これに相応しい新しい構成原理が必要と成つて来る。……しかし、この論理的な追求の結果として生み出された原理を見ると、必ずしも民族主義の問題を超剋してゐないで、これを未解決のまゝに残し、そこに理論的な薄弱さを生じてゐるものも見受けられる」(「東亜協同体と民族主義」、前掲『東亜協同体の理想』四八頁)とし、その点に東亜協同体論にとっての「最大の弱点」があると指摘しています。そして彼はこの「弱点」を克服する方向として、「民族主義の発展そのもののなかにおいて超国民社会的な綜合への契機の存在することを検証してかゝるのが最も現実的な方法」(同上、四九―五〇頁)と主張し、「我々は民族主義の本然的な性格のなかに十分協同体の成立を可能ならしめる要因を求めることが出来るのである」(同上、五五頁)と述べています。

こうして新明は、東亜協同体の形成にとって民族主義は何ら障碍となるものでなく、むしろその不可欠の基礎となるものであるとし、「民族主義は自主的であるが、排他的であるを要しない。国民社会は自己を民族として意識するとともに他の価値をも亦認識し、自ら相互的な尊重を通じて協同することが出来る」(同上、六三頁)と主張しています。このように民族主義は本質的に相互性や協同性を具えているが、とくに東亜協同体論が対象とする東アジアの諸民族（とくに「日支満」）にあっては、「相互の間に最も濃厚な接触の可能性」が存在し、「社会的な類似性」もさまざまな分野で見られること、さらに人種的な類似性なども考えると、「汎組織への可能性」はきわめて大きい（同上、六六―六七頁）と新明は論じています。そしてこれらの要因に加えて、東アジアの諸国民がこの半世紀いらい「一様に欧米の帝国主義的進攻の対象と成り、運命的に共通の地位に立たされてゐる」（同上）という「世界史的」な立ち位置を考慮すると、東アジアの諸国民には民族主義を基礎として東亜協同体を組織する必然的な意味が存在するとしています。

東亜協同体組織の基礎として、むしろ東アジアの諸民族主義がもつ意味を重視する新明のような見解は、同じく社会学者で当時京大教授の高田保馬（一八八三―一九七二）もまた提示していたところでした。彼も民族主義には、「排他的発展を意味する民族主義」と、もう一つ「自衛互譲を意味する民族主義」の二つの意味があることを指摘し、前者が「集団的利己主義の徹底せる形」であるのに対して、後者は「民族が自己の発展を求めるけれども、同時に他の民族の発展を認め、……各自の特有なる個性の発揮の為に互譲する」と説いています（「東亜主義と東亜文化」一九三九年二月稿、『東亜民族論』一九三九年、一二四―一二五頁）。そして高田は、民族主義のこの後者の意味ないし側面を前提として、東アジアの諸民族（現実には「日満支」）の提携による「一種の超民族主義」ともいうべき広域的な一つの「東亜民族主義」が成立する可能性を主張したのでした。

こうした考え方から高田は、この「東亜民族主義」の担い手となる「東亜民族」の形成について説いています。これは東アジアの諸民族の結集によって生み出されたいわば「超民族」であり、「幾つかの民族を包括する民族」というかたちをとった集団を意味するものでした。そしてこのような超民族的集団の成立を基礎づける要因として、彼は東アジア民族間に見出すことのできる「血液の接近、文化の類似、及び住域の隣接」(同上、一二五頁)をあげ、「かくて東亜の諸民族は、同種、同文、同域といふ三同の紐帯によつて維がるべき宿縁をもつて、今日極東に位してゐる」(「東亜民族の形成」一九三八年一一月稿、同上、八四頁)と述べています。

このように高田は、日中両国の民族のあいだに横たわる社会的文化的な類似性を指摘して、両者を綜合する「東亜民族」という超民族的な広域集団成立の可能性を主張しました。そしてその視点から彼は、蠟山が地域的運命の概念を用いて東亜協同体を地域的運命協同体と規定したことに対して、「此見解は東亜の社会的性質を見誤れるもの」と厳しい批判を加えてもいます。すなわち彼によれば、「東亜は如何なる意味に於ても現在まで運命協同体であつたことはない」とし、「隔離対立を原則的状態とした日支の間に如何なる運命の共同があつたといふか」(同上、九〇頁)と難じています。

そしてそれにつづけて、あるいは運命協同体の形成は東亜の課題であり目標であると言うかもしれないが、それは本末を転倒するものだと反論しています。つまり「運命の共同はたゞすでに強き結束があり、団結の中に「我等」といふ意識があることによつてのみ、体験し得られる」（同上、九一頁）とし、「東亜の団結」こそがめざすべき目標なのであり、運命の共有はその団結が進んだ結果にほかならないとします。その意味で運命協同体を課題とするのは、まさに本末転倒と彼は説くのでした。また彼は、蠟山の地域主義についても、「地域協同体であるといふならば、何故に東西比利亜《シベリア》の露人を入れないのか」（同上）と疑問を投げかけ、地縁の意義を認めないわけではないが、それを掲げるならば同時に文化と血縁の面での「同文同種の紐帯」を重視すべきであると自説を主張するのでした。*

＊　蠟山は、高田保馬の批判に応えて、「地域主義は東亜協同体の構造要素の総てではなく、他の要素との一定の状況又は仕方における結合又は聯関を予想して始めて意味を有するものであると考へるの外はない」と地域主義の補正を行い、「民族又は民族主義が東亜協同体の重要なる構造要素であることは、高田氏の所説を俟《ま》つまでもなく明白なことであり、筆者もその点を十分認識してかかつてゐるのである」（「東亜協同体の理論的構造」、前掲『東亜と世界』一六〇、六一頁）と弁明しています。

また高田は、東アジアの諸民族を提携と協力（「東亜主義」）に向かわせる基礎として、「三同の紐帯」という連帯のための客観的な三つの要因だけでなく、さらに内面的要因として「白人の覇権」からの解放と自衛という共通の目的およびその達成への願望が存在する点を挙げます。「最近四百年、亜細亜特に東亜は白人の覇権の下に屈服してゐた。東亜の自衛は此屈服から自らを自由にすることである。東亜主義は何よりも東亜の自衛であり、東亜の自衛は何よりも東亜の解放である」(「東亜主義と東亜文化」、前掲『東亜民族論』一三〇頁)と述べているのは、そのことを意味しています。このことは、逆にいえば、高田における東アジア諸民族の提携、すなわち「東亜民族」の形成が、西欧先進国のアジア進出に対する「東亜の自衛」という明確な目的意識によって裏づけられていることを物語るものでした。その意味で彼は、日中戦争の意義にかんして、多年にわたる両国の対立を解決して「東亜の統一」を達成し、その基礎となるべき「新しい東亜文化」を創造する点にあるとした三木らの主張についても異論を投げかけました。

高田の論説「東亜主義と東亜文化」は、彼自身の解説によれば、「東亜の文化によつて東亜協同体を基礎づけようとする多数の人々(ことに昭和研究会)の意見の成立し得ざることを明に」(前掲『東亜民族論』自序、一九三九年二月稿)する点にあったと、その趣旨を語っていますが、そこでは三木らの論を二つの点で疑問としています。第一は、「東亜文化といふ一の同質的なる文化が成立し得るやうな地盤はない」ということで、「来るべき東亜文化といふものも、其実、各民族各国家に特有なる文化が相互の交通の間に栄え、其間に共通の色彩が加はつてゆくといふに過ぎぬであらう」と高田は主張します。第二は、「東亜に於ける文化の完成又は発達といふことの為には、必ずしも政治的なる協力乃至統一を必要としないであらう」という点でした。彼によれば、伝統と個性をもった独自の民族文化であるならば、むしろ相互の政治的結束などという枠組みのない方がよいのであって、そこでは「其固有の民族性が伸びのびと展開せらる、ことによつて、自ら形成せらる、であらう」（「東亜主義と東亜文化」、同上、一三六―三七頁）とし、「東亜の統一」と「新しい東亜文化の形成」とを一体のものとして論じた三木らの立場を批判しています。要するに高田にとっては、東アジアにあって第一義的なものは「東亜の自衛」という政治的課題なのであり、「東亜民族」の形成もまさにそのためにほかならないということでした。

以上のように、高田の「東亜民族」論は、東アジアの諸民族のあいだに存在する「血液の接近、文化の類似、及び住域の隣接」という「三同の紐帯」、そしてそれに加えて「白人の覇権」からの解放と自衛という共通の目的など、社会的・文化的・歴史的な諸要因を指摘することによって、各民族が自発的に結束して一つの「民族」を形成する可能性を論じたものでした。高田のこの主張は、東アジア諸民族ないし民族主義の意義・役割および潜在的能力についての積極的な期待を前提にするものということができるでしょう。

社会学者としての高田の視点からすれば、東アジアの諸民族は、所与においてすでに社会的な同一性ないし類似性を相互に持つがゆえに、いわば潜在的に、それらを紐帯として結ばれている一つの民族、すなわち「東亜民族」として存在するものと考えました。しかし他方、中国の民族主義がいま現に「抗日」の旗のもとに日本ときびしく対決しているということの現実を、厳然たる事実として高田もまた認めないわけにはいきませんでした。その意味において「東亜民族」は、社会学的な位相からは所与であるにもかかわらず、政治的実践の位相からは将来に実現されるべき課題として位置づけられねばならないものと彼は考えたのです。「東亜民族」が担うこの二重の位相を、高田はつぎのようなことばで語っています。

東亜民族は単に与へられたる事実として認めらるゝに止まらぬ。それはまた将来に於て実現せらるべき課題である。与へられたるまゝの東亜民族は上に述べたるが如き紐帯によつて自ら成立してゐるところの結合である。意識の表面に於ては抗日の反感がうづまき、過去の戦禍による不快の感情が顕著であらうとも、其底流にはかゝる自らなる親和が各民族を融合せしめる。たゞ世界の状勢が東亜の諸民族に強ひつゝあることは、この自然なる超民族的結合を自覚にまで上せ、それの強化と発展とを意志的に追求することである。(「東亜民族の形成」、同上、八六―八七頁)

ところで日中両国の提携による東アジア共同体の構想が提起されたのは、既述のように日本が日中戦争の解決、具体的には中国の「抗日」民族主義運動にどう対処すべきかという問題に直面した状況下のことでした。したがってこの構想の理論的な思考枠組みをめぐっては、基本的には二つの類型に分けることができるでしょう。一つは、相対立する日中の民族主義を超えたところに共同体の基礎を求めようとする「民族主義の超克」論であり、もう一つは、日中両民族のあいだに存在する社会的・人種的な類似性や同一性を重視して両者の提携融和を実現しようとする「民族主義の発展」論とも言うべきものです。これまで取りあげてきた蠟山や三木は前者に、他方、新明や高田は後者に属すると言えます。蠟山は地域主義や地域開発論を主張して東亜協同体の基礎づけを説き、三木は新しい東亜文化の創造を謳って協同体の形成を意図しました。しかし新明が指摘したように、蠟山にせよ三木にせよ「民族主義の超克」は明確性を欠き、民族の果たす役割はなお重要なものとして残されることとなったのでした。

新明は、そうしたところから東亜協同体論に賛意を表しながら、むしろ「民族主義の発展」論に同調し、東アジアの民族主義を基礎とした東亜協同体の組織を指向することとなります。すなわち彼によれば、「東亜協同体と民族主義とは相容れない概念として分離するものでない。東亜の諸国民が民族主義を基礎として東亜協同体を組織することは、これにとつて論理的に一貫した意味を有つものである」(「東亜協同体と民族主義」、前掲『東亜協同体の理想』六九―七〇頁)とするのが、その見解でした。それは民族についての彼の考え方、つまり「善かれ悪かれ民族は最も有力な人間関係の綜合としての全体をなしてゐることを認めなければならぬ。これは近代国民社会以後において特に明瞭な事実である」(「東亜協同体論の動向」、同上、二三六頁)という認識にもとづくものでした。そして高田と同様に東アジア諸民族の文化的・人種的・地域的な親近性を重視しますが、高田のように「東亜民族」というような「超民族」概念の提示にまでは踏み込まず、東アジアの諸民族をそれぞれ主体とする東亜協同体の形成に向かったわけです。

彼は、高田との見解の相違点を、高田が「同文同種同域」のなかでも「同種的事実により多くの強調点を置いて」いたのに対して、自分は「東亜協同体への社会的な必然性とか、日支国民の利害的連帯とか云ふやうな社会学的な因素を重視し、これを第一に理論的な基礎におくことが必要」(同上、二一七―一八頁)と考える点にあるとしました。こうして新明は自己の立場をつぎのように述べています。「私は東亜協同体論の出発点としては、東亜諸民族――人種的に同類であり且つ地域的に接続してゐる――を前提とし、その社会的発展方向における歴史的必然性のなかに東亜協同体への傾向をみとめ、且つこの事実を第一義的に強調することが最も適当であり、またこれがその実現を最も速かならしめる所以と考へるものである」(同上、二一八頁)と。

また、このように東亜協同体論の基礎づけにあたって社会学的視点を重視した新明は、「新しい東亜文化」による基礎づけを説いた三木清については批判的な立場をとることとなります。すなわち新明は三木の東亜協同体論を評して、「それは先づ文化的協同体を意味してゐるのであつて、むしろその基礎となるべき社会的協同体は第二義的な意味をしか与へられないのである」(同上、二三〇頁)と不満をもらし、東亜協同体形成の「現実的な条件」にかんする認識が不十分ではないかと疑問を投げかけるのでした。そしてさらに「その論理的な構成があまりに抽象的に社会の現実的な認識を超越して行はれてゐるために理論的に重大な欠陥が生じてゐる」（同上、一三九頁）と、厳しい批判のことばを残してもいます。

しかし上述のように東亜協同体の形成を東アジア諸民族の「社会的発展方向における歴史的必然性」によって基礎づけようとした新明も、中国の民族主義が日本の大陸政策を帝国主義とみなして「抗日」戦の貫徹を目指しているこの現実を認めないわけにはいきませんでした。さきの高田は、中国の抗日と反感とにもかかわらず所与として底流にある民族的「親和」が日中民族を融合させるであろうと、その点には楽観的でしたが、新明はちがいました。

まず彼は、日本の「大陸発展」は維新いらい根本において「自衛的国防的な関心を中心として展開されて来たもの」であり、日本の中国政策も、紆余曲折《うよきょくせつ》はあったけれども、全体的には「ヨーロッパ的な帝国主義を飜訳的に実践したものでなく、東亜的連帯の維持を基礎にして進められて来た」として、日中の軍事的衝突が日本の帝国主義的中国政策によるものではないことを力説しています。そしてこの「東亜的連帯」を理解しようとしない中国に、もっぱら非難の矛先も向けられることとなります。彼は「支那が無反省にも日本の民族主義の東亜的連帯性を無視し、それが英仏露等の政策以上に帝国主義的なものであつたと見るならば、政策的な歪曲も亦甚しいとしなければならぬ」(「東亜協同体と民族主義」、同上、七三―七四頁)と述べて、日本の中国政策に対する中国側の無理解を批判します。そして「支那の民族主義を肯認するとしても、我々は東亜的連帯の意識のない民族主義に対してはあくまで批判的に対抗せざるを得ないのである」(同上、七八頁)と、中国に対する厳しい対決の姿勢を崩そうとしなかったのでした。

こうした中国の現状に対する新明の厳しい態度をみると、彼にとって中国の抗日救国の戦いを民族主義と捉え直すことの意味は一体何であったのか疑問となります。中国の「抗日」戦の本質が民族主義にあると捉えることは、中国の「抗日」を日本の明治維新いらいの民族主義と同じ目線で見直すことを意味し、それは日本の民族主義の自己中心的な絶対化の見直しという日本自身の問題にはね返ってくる性格のものであるはずです。たとえば三木はこう述べています。「もし日本において民族主義が今日何等か重要な意義を有するとすれば、それは支那においても同様の意義を有すべき筈である。また逆に支那における民族主義に一定の制限が置かれねばならぬとすれば、日本における民族主義にも同様の制限が認められねばならぬ筈である。かやうに考へてゆくのが東亜協同体的な考へ方であると云ひ得るであらう」(「東亜思想の根拠」、前掲『全集』第一五巻、三一二頁)と。東亜協同体論には、このように、少なくとも日本の当時の民族主義や日本主義の相対化につらなる考え方が想定されていました。この点は留意すべき重要な点と考えます。

V　尾崎秀実の東亜新秩序論

尾崎秀実（一九〇一―四四）は、前述のように蠟山政道・三木清らとともに昭和研究会に参加し、近衛のブレーン的役割を果しますが、日中戦争解決のため中国問題の調査研究に全力を傾倒した一人でした。尾崎は東京に生まれ、父が台湾日日新報の記者であった関係から、生後まもなく父母とともに台湾台北市に渡り、中学卒業までの少年期を同地で過ごしました。そこでの現地人との接触は、「民族問題に対する異常なる関心を呼び起す原因となり、また支那問題に対する理解の契機となつたやうに感ぜられます」（尾崎の東京刑事地方裁判所判事宛ての上申書、一九四三年六月、『現代史資料(2)、ゾルゲ事件(二)』みすず書房、五頁）と後年、彼は回想しています。

尾崎が中国問題の研究に関心を寄せるようになるのは、東京帝国大学の法学部政治学科を卒業して大学院に進むころからと言われています。その後、東京朝日新聞社に入社し、一九二七（昭和二）年に大阪朝日新聞支那部に転勤、翌年、朝日新聞社の特派員として上海に派遣されます。彼にとってはまさに、かねてから関心が深かった中国に渡る夢を果すこととなったというわけです。当時、中国は国民革命軍による北伐が完了し、蔣介石を主席とする国民政府が南京に成立したばかりで、中国統一の大業がひとつの区切りを迎えた時期にあたっていました。学生時代いらい社会主義への関与を深めていた尾崎は、そのころの感慨をつぎのように述べています。「支那問題は私にとつては出身地たる台湾以来切つても切れない深い関係がありました。ことに一九二五年以来の所謂大革命の時代は一つ一つの出来ごとが深い興味を呼びました。左翼の立場からする支那問題の把握は完全に私を魅了しました」（同上、七頁）と。

尾崎が日本に帰国するのは一九三二年のことですが、中国滞在をとおして目の当りに接した「支那問題の現実の展開がマルクス主義理論への関心を深めるといつた関係にあつた」（同上）と彼は自己分析をしています。そしてとくに中国滞在が、その後の彼の中国認識に深く刻印づけたものは、一つは中国がいわゆる半植民地の地位にあるという実態であり、したがってそれとの関連で中国における民族解放ないし民族問題一般について強い関心を抱くに至ったこと、もう一つは「支那に支配的な立場を占めてゐる英国をあらゆる角度から現実に観察し、これこそは支那のみならず世界の被抑圧者の最大共通の敵であると確信したこと」（同上、八頁）の二点を挙げています。こうして一九三八年、長年勤めた朝日新聞記者をやめ、第一次近衛内閣の嘱託として近衛の政策課題である「東亜ニ於ケル新秩序ノ建設」について、これを理論の面から協力することとなるのです。

ところで尾崎は、日中戦争後に建設すべき「東亜新秩序」について、基本的にはつぎのような原則にもとづくべき観念として受けとめていました。それは、第一に、「古き秩序の断片をよせあつめての復旧ではなくして、新しい秩序の創建でなければならない」ということ。第二に、その秩序においては、東アジア各国が「堅き相互連環の紐帯」によって結ばれ、しかもその結びつきは「単なる連繫」でなく「一層の内面的な緊密さ」を持つものであること。第三に、各国は各々その独立を保ち、「一国が他の一国を搾取するが如き帝国主義対植民地の関係を清算せるもの」であること。第四に、「東亜新秩序は根本的には排他的なものではなくして、世界新秩序の一環たらんとするもの」であること（『最近日支関係史』一九四〇年一月、『著作集』第三巻、一五二頁）というものでした。そして東アジアの目指すべき新秩序についてこのような立場をとっていた尾崎は、東亜協同体論に対してもその積極的な意義を認め、それを推進するための努力を惜しむことはありませんでした。

しかし当時の東亜協同体論を見るかぎり、とかく理念に走る傾向を脱け出ることができず、中国の民族主義についての理解も概して観念的で、中国民族主義が実践的には救国抗日運動として日本と対決している厳しい現実をどう処理するかという実際的な視点は一般にきわめて弱いと言わざるをえないものがありました。尾崎が、東亜協同体論を取り上げるにあたって、「筆者は元来「東亜協同体」論の発生の必然性を見、その将来の発展可能性を信ずるものである。しかしながら「東亜協同体」は現実の問題としては幾多の弱点と実践の上の難点を有しているのである。現在においては、むしろこの点を明確にすることが問題を発展せしめる上において絶対に必要なりと信ずるがゆえに」云々（「「東亜協同体」の理念とその成立の客観的基礎」一九三九年一月、前掲『著作集』第二巻、三一〇頁）と、東亜協同体論の発想そのものには意味を認めながら、その将来の発展のためには、現実の問題を見据えた実践的な論の構築が必要とする視点をとったのは、そのことを示しています。

したがって中国における民族の問題にかんしても、「支那における民族問題の動向は現在において完全に日本と背馳する方向にあるのである」（同上、三二二頁）と、まず日中の対立という現実の直視から出発します。そしてその上で東亜協同体論の前提にある「中国における民族の問題の再認識」ということも、日本が中国問題の処理に手を焼いた結果の窮余の策とか、日本の中国進出政策を取りつくろうためのものなどと便宜的に受け取られるべきものではないのであって、より真摯にまた深刻に取り組むべき問題だと彼は説くのでした。彼はこう言っています。「真実の東亜協同体は支那民族の不承不承ではなしの積極的参加がなくしては成り立ちえないのである。それは決定的な事実なのである。このことは東亜協同体論が始められた動機や、その政治的方策として取りあげられた理由よりは、さらに深いところに位置している厳然たる事実である」（同上、三二三頁）と。つまり東亜協同体論にとって、中国民族の心からの積極的な協力の必要ということは、日本側の説く動機とか政治的理由とかいう観念とは比べものにならないほどに深く重い「事実」なのだと彼は述べているのです。そのことは、「民族問題との対比において「東亜協同体論」がいかに惨めにも小さいかはこれをはっきりと自ら認識すべきである」(同上、三一四頁)という、民族問題の重要性を強調した彼のことばと、まさに対応し響きあっているものと思われます。

このように東亜協同体論が現実論ないし実践論の面において持っている矛盾やひ弱さを尾崎が指摘し危惧するのは、日本の中国理解そのもののおどろくべき水準の低さ、あるいは現実の中国からかけ離れたステレオタイプの観念的な中国イメージの横行という問題が、日本の知的世界に存在していると考えたからでした。それまでの日本における中国研究の実状を概括して彼はつぎのように述べています。

日本に支那研究が存在しなかったのではない。寧《むし》ろあまりに所謂支那通の多きを憂うるのである。支那のもつ厖大性と一種の卑近さと、複雑性とは研究の端初的困難さとともに一般の真率なる研究の興味を呼ぶ事少なく特殊の一部の研究家のみの研究対象として委せられたのであった。かくてこれらの少数の研究家たちは思い思いの方面と角度からこの支那の巨体に分け入って、思い思いの結論を導き出していたのである。この結果は一方に於て支那に対する一般の驚くべき無理解と無関心と同時に他方殆んど各人各様の支那観と無数の支那に関する断片的知識のうづ高き堆積を齎《もたら》したのである(『嵐に立つ支那』自序、一九三七年九月、『著作集』第一巻、三頁)。

このように中国研究を多年にわたって混乱と不毛の状態に導き、中国を「一種の謎」として放置した根本的な原因は、尾崎によれば、学問内在的には「方法論の欠如」、とくに「科学的方法の不採用」であり、学問外的には、中国の理解を混乱のままに放置することに「利益とする事情が存在していること」、とくに「我が大陸政策の本原的方法のためには、その方がより好ましいとする誤れる観念があった」としています(「支那論の貧困と事変の認識」一九三七年九月、同上、二二〇―二二一頁)。しかも日本の中国理解をめぐる問題は、ただそのレベルの低さや混乱と不毛ということにとどまりません。彼は言います。「もっと困ったことは、一般は支那に対する理解の方法の代りに、一概に相手を軽蔑する方法を以てしていることである」(同上、二二〇頁)と。ちょうど一般の政治的無関心が体制支配の現状を肯定し支持する役割を結果として果すように、一般国民の中国に対する「驚くべき無理解と無関心」は、その代償として伝統的な中国蔑視観の無恥で無反省な流入を許すこととなるわけです。

こうした旧態依然とした日本の中国認識=無理解がつづくなかで尾崎は、中国の真実を見きわめようと彼なりの信念をまげることなく努力をかさねます。それは、現実に即した新しい方法を追求するにあたって、少なくとも中国民衆へのまなざしを忘れまいとする姿勢を貫くことでした。彼は一種の自負をこめてこう語っています。「一方に於てともすれば陥らんとする観念的公式的な理論の拘泥《こうでい》を脱し、支那の真実な姿を把握せんがための努力を継続し得たことは、実に一見盲目的にして方向を知らぬかに見えながら、しかも驚くべき根強さをもって土に即し営々として生きつつある支那の民衆の姿から眼を放たざることを念として来たからであると信じて居る」(『嵐に立つ支那』自序、同上、三―四頁)と。

このように民衆的視座を守りながら真実の中国を直視する姿勢を持ちつづけた尾崎にとって、抗日統一戦線の下に結集した中国民族を相手に、東亜協同体の理想を理解させ、その実現に協力させることがいかに困難な事業であるかは、他の誰よりも痛切に感じ取っていたところに違いありません。「ただ単に「隣邦に位置する」ことや、「同文同種」などという事実のみに頼って、日支間の理解をいつか取戻すことができるであろうなどと考えるのは、百年河清を待つに等しいであろう」(「支那論の貧困と事変の認識」、同上、二二〇頁)という彼のことばには、日本の中国理解の貧しさに対するいら立ちとも嘆きとも知れぬ実感がこもっています。

では「東亜ニ於ケル新秩序ノ建設」について、相手側の中国はどのような受け取り方をしていたでしょうか。国民政府主席の蔣介石は、近衛声明のいわゆる「新秩序ノ建設」を取りあげ、「東亜新秩序建設は中国併呑の別名である」と断定して、これに強い拒否の姿勢を明らかにします。そして「近衛声明の所謂「東亜新秩序建設」は日本の東亜に於ける独占的制覇と中国の消滅を必要とするのである」*と述べて、日本の大陸進出政策の本質は帝国主義的な侵略以外の何ものでもないとしたのでした。既述のように、吉野作造や石橋湛山など日本の良心的知識人もすでに、当局の眼をはばかって控えめながらも、日本の大陸政策にひそむ帝国主義的な侵略性を危惧していたほどですから、それは当然のことです。

＊一九三九年四月一七日、蔣介石の重慶における内外記者団との会見談話のなかの一節。尾崎『現代支那論』（前掲『著作集』第二巻、二八六頁）所引による。

したがって中国における民族の問題の「再認識」を契機に登場した東亜協同体論が、日中戦争の解決と東亜協同体の理想の実現に向けて中国の積極的な協力を取り付けるためには、まずその前提として、少なくとも日本自身によるその帝国主義的志向の克服こそが不可欠の要件となるべきものでした。しかも日本は、日露戦争以後、東アジアに植民地を擁する帝国主義国家への道をみずから歩みながら、西欧先進諸国を中心とした世界秩序の形成を批判し、ヨーロッパ帝国主義からのアジアの解放を使命として掲げる矛盾を矛盾ともせずに大陸進出政策を強行してきました。第一次大戦前後の「亜細亜モンロー主義」の唱道や、近衛文麿の論説「英米本位の平和主義を排す」（一九一八年一一月稿、『日本及日本人』）に象徴されるようなヨーロッパ中心主義の批判は、そうした新興帝国日本による既成のヨーロッパ帝国主義体制への挑戦を主張する思想的潮流の表れと言ってよいでしょう。＊泥沼化の様相を深めてきた日中戦争の解決をめざして提起された東亜協同体論も、基本的にはそのような思想的潮流の延長線上に位置するものでした。

＊　当時、ヨーロッパ帝国主義からのアジアの解放を新興の帝国日本がみずからの使命として主張した一つの例として、山県有朋の「対支政策意見書」（一九一四年八月、大隈重信首相・加藤高明外相・若槻礼次郎蔵相宛）があります。山県はこの意見書のなかで、大戦が終ればヨーロッパ列強はふたたび「東洋の利権」をめざして進出を策し、「白人は皆な相合《あいがっ》して我有色人の敵となる」時代が到来するかもしれないとして、日中両国の提携による対抗の必要を説いています。すなわち「東洋に於ける有色人種にして、所謂る文明の進歩せる白人種と競争し、数千年来の歴史を保存し国家の独立を維持して、白人をして対等民族として親交せしめんとするには、同色且つ同文なる日支両国が相親善して互に其利を進め害を除くに非ざれば不可なり」（前掲『山県有朋意見書』三四二―四三頁。濁点・読点引用者）と述べています。

ただ、東亜協同体論がこれまでのアジア主義と違って多くの知識人の注目と期待を集めたのは、それがいわゆる近衛新体制の提唱を背景に登場したからであり、人びとは日中戦争という対外問題の行き詰まりのみならず、国内的な閉塞状態をも打開する革新への契機――その方向性は両義的で不透明ながらも――を内包するものと考えたからでした。東亜協同体論とこれまでのアジア主義との相違については、尾崎もつぎのように述べています。「思うに「東亜協同体」論の発生が他の同系の理論と異なる点は、これが支那事変の具体的進行につれて支那における民族問題の意義に気づき、ひるがえって自国の再組織へ想い到った真剣さにあるのである。この点は東亜制覇の雄図を基として描かれた他のもろもろの東亜民族の大同団結的計画案とは異なった謙虚さをもつものであろう」(「「東亜協同体」の理念とその成立の客観的基礎」、前掲『著作集』第二巻、三一八頁)と。このように尾崎は、東亜協同体論が日本のアジア主義の系列のなかで持つ独自の意義を、日本自身のあり方を問う「真剣さ」と「謙虚さ」に求めたのでした。

しかし、ヨーロッパ帝国主義のみならず自国である日本のそれをも等しく対象とした帝国主義の克服を東亜協同体論の方向性として盛り込んだ論者は、もとよりきわめて少数でした。既述のように蠟山政道は、日本の大陸進出政策について「日本の大陸発展に内在してゐる原理は本来西欧的な帝国主義ではなくして、防衛又は開発の為めの地域主義なのである」(前掲「東亜協同体の理論」)と、日本の東アジア政策が帝国主義とは無縁であることを力説していましたし、新明正道も日本の「大陸発展」は「自衛的国防的な関心を中心として展開されて来たもの」とし、全体的には「ヨーロッパ的な帝国主義を飜訳的に実践したものでなく、東亜的連帯の維持を基礎にして進められて来た」(前掲「東亜協同体と民族主義」)と、日本側の意図が「連帯」にあったことを説いてヨーロッパ帝国主義との相違を強調するという状況でした。*

* 一方で新明は、論説「東亜協同体と国民再編成」(一九四〇年六月)では、東亜新秩序の建設と平行して「十九世紀の支配的潮流をなして来た帝国主義や資本主義への反省」が生まれている点を指摘し、新秩序の基礎として「新しい水準」の必要を説いています。そして日本もこの「新しい水準」に即して

新体制を組織することは「その指導的な地位から考へて当然である」とします。しかしこの「新しい水準」は、主に「自由主義の政治経済的原理に基いた組織の破綻と行き詰まりを克服」しようとするもので、具体的には「国民的協同に立脚した統制的計画的な組織」への転換を意味していました。しかも実際には、「革新官僚」によって追求された「全体主義的統制主義的な体制」の導入について――「国民的な見地」に立つことなく「単に官僚として革新を考へてゐた」点にその誤りを見ていたとはいえ――「彼等の活動を以て、方向的に誤つてゐたとは考へない」と述べるように、基本的にはこれを支持するものでもありました（『政治の理論』一九四一年、二八六―九〇頁）。このような点から彼の言う「新しい水準」が、これまでの日本の中国政策における帝国主義的側面についての「反省」をも含んでいたと考えることは、とうてい困難と言わざるを得ません。

そうした状況下にあって、日本主義や日本のナショナリズムの自己中心的な性向に繰返し自省を求めた三木清が、東亜協同体実現のためには欧米諸国の帝国主義を中国から駆逐するだけでなく、日本自身もまた自らの帝国主義を克服することが必要と説いていたことは留意すべき点でしょう。たとえば三木はこう述べています。「支那の独立を妨げてゐるのは列国の帝国主義である。日本の行動の意義は支那を白人帝国主義から解放することにあると云はれるのである。この解放なしには東洋の統一は実現されない。しかしまたもし日本が欧米諸国に代つて支那に帝国主義的支配を行ふといふのであれば、東亜協同体の真の意義は実現されないであらう。白人帝国主義の駆逐といふ場合、駆逐さるべきものは帝国主義であつて白人ではない。……東亜協同体の建設を目標とする日本みづからも同様に帝国主義的であることができぬ」(「東亜思想の根拠」、前掲『全集』第一五巻、三一二―一三頁)と。しかも彼は、帝国主義が資本主義という制度に根ざす構造的な問題であることも理解していました。したがって帝国主義を俎上《そじょう》にのせるということは、資本主義そのものを問題とすることになります。だから彼は、「帝国主義の問題は資本主義の問題である。かくて東洋の統一といふ空間的な問題と資本主義の解決といふ時間的な問題とは必然的に一つに結び付いてゐる」(同上、三一三頁)という言い方をするのでした。

中国の民族問題について人一倍その重要性を認識し強調していた尾崎も、三木と同様に、あるいは三木以上に強い実践的な意志をもって、欧米の帝国主義のみならず日本自身の帝国主義的指向に対しても批判の視線を注ぎました。マルクス主義の立場を選んだ尾崎にとって、それは当然と言うべきかもしれません。彼は、日本が現実に帝国主義的政策を中国に対して推し進めながら、他方では西欧列強の進出から中国を防衛することに自らの使命を見出そうとしているその矛盾した姿を、つぎのように指摘しています。「日本の外交は一方において、東亜大陸を依然としてその帝国主義的進出の対象と見つつある列強から「東亜協同体」を防衛する任務に直面している。……しかも日本自身、内部には欧米列強と少なくとも客観的には選ぶなき主張と要求とを残存せしめているというすこぶる困難なる立場なのである」(「「東亜協同体」の理念とその成立の客観的基礎」、前掲『著作集』第二巻、三一六頁)と。そしてそれにつづけて彼は、「ここにはたしかに真に「東亜における新秩序」の観点からして清算さるべき夾雑物を多く包含していると感ぜられるのである」（同上）と付け加えることを忘れていませんでした。

「清算さるべき夾雑物」とは、帝国主義的主張と要求を日本内部で推し進める勢力や機構にかかわるさまざまなものを指すのでしょう。当時の尾崎がひそかに胸中に抱いた構想は、日本の資本主義機構からの「離脱」を図ることでした。それについては、彼がゾルゲ事件に関連して逮捕（一九四一年一〇月）された翌年二月、東京拘置所での司法警察官による訊問に応えて述べているところです。すなわちそのなかで尾崎は、「東亜新秩序社会」なるものを「世界共産主義社会実現に至る迄の一つの過程」として位置づけ、その実現を意図していたこと、そしてその「東亜新秩序社会」については、「ソ聯」および「資本主義機構を離脱したる日本」、それに「中国共産党が完全にそのヘゲモニーを握った形の支那」という三者の提携を未来像として念頭に描いたうえで、「此の三民族の緊密な結合を中核として先づ東亜諸民族の民族共同体の確立を目指すのであります」（尾崎に対する「第九回被疑者訊問調書」、前掲『現代史資料(2)、ゾルゲ事件(二)』一二八―二九頁）と述べています。

つまり東亜協同体の実現に至る条件としては、国外的には中国共産党の支配にもとづく新しい統一中国の登場と、さらに加えてソ連からの側面援助を思い描き、国内的には日本自身が政治経済の面で体制の再編成を実行することにあると考えていたわけです。そのような構想を当時の状況下で明示的に主張することは、もちろん許されるものではありません。したがって尾崎の論壇における発言は、ごく控えめなかたちで示されるにとどまりました。

たとえば彼の論説「「東亜協同体」の理念とその成立の客観的基礎」では、「東亜協同体の理想を現実の問題として発展させていくため、少なくとも国内的には「本来の帝国主義的要求がむき出しに現われてくることを押えていかねばならないであろう」(前掲『著作集』第二巻、三一四頁)と日本の帝国主義に婉曲な批判を表し、また「東亜協同体の理念が実践の過程を伴なって発展しうるか否かということは、日支抗争の力関係にも、国際関係にもむろんよることではあるが、日本国内のこれを推進すべき勢力の結成が最大の問題となってくると思われるのである」とし、つづけて日中戦争を終結に導き、「大陸における復興建設の大業を遂行」するためには、「日本の政治経済をかかる目的に照応せしめて編成しなおすということは絶対の必要とわれわれには思われるのである」(同上、三一七頁)とも論じています。そして日本のこの「国民再編成」については、中国においても東亜協同体論の真の理解者たちはその成り行きを注視しているところであって、「彼らが日本自身従来の主張を変え、根本的指導精神を変更して来るのでなければ、従うことができないとすることはきわめて理由のあることと思われる」(同上、三一八頁)としています。

したがって尾崎は、近衛内閣によって「東亜ニ於ケル新秩序ノ建設」とならんで「国民再組織」の問題が提唱されたことを高く評価します。そして「国民再組織問題が近衛内閣によって具体的に取上げられようとしたことは「東亜新秩序」論者に非常なる勇気を与えたのである。日本自らも自己の本身を変化せしめることなくしては大陸問題を解決し得ないということは国民一部の深い信念である。支那側の協同体論協力者は特にこの点に異常な関心を持っていることは何人も想像し得るところであろう」（「東亜新秩序論の現在及び将来──東亜協同体論を中心に──」一九三九年四月、同上、三五八頁）とここでも論じています。ここに言う「日本自らも自己の本身を変化せしめること」とはなにを意味するか、あるいは先の論説に言う日本の「根本的指導精神の変更」や「日本の政治経済を編成しなおすこと」とは具体的にどのような内容を想定してのことかは、もとより確定できませんが、先述の「訊問調書」の記述と重ね合わせるとき、彼が意図した骨太の構図がおぼろげながら浮かんでくるように思われます。

しかし日本の現実は、尾崎が早くから予見し、そしてもっとも危惧していた「破局的世界戦争」への道を突き進むことをやめませんでした。第一次近衛内閣は一九三九（昭和一四）年一月に総辞職し、東亜協同体論はやがて「大東亜共栄圏」の構想へとその姿を変えていきます。この共栄圏構想が日本のアジア政策を形づくるひとつの概念《コンセプト》として公にされたのは、一九四〇年六月二九日、米内光政内閣の有田八郎外相によってと言われています（ピーター・ドウス「殖民地なき帝国主義──「大東亜共栄圏」の構想」、『思想』一九九二年四月）。すなわち有田は「国際情勢と帝国の立場」と題するラジオ演説のなかで、以下のように述べています。

東亜ノ諸国ト南洋諸地方トハ地理的ニモ、歴史的ニモ、民族的ニモハタマタ経済的ニモ極メテ密接ナル関係ニアリマシテ互ニ相倚リ相扶ケ有無相通シテ共存共栄ノ実ヲ挙ケ、以テ平和ト繁栄トヲ増進スヘキ自然ノ運命ヲ有スルノテアリマス。故ニ之等ノ地域ヲ一括シテ共存ノ関係ニ立ツ一分野ト為シ、ソノ安定ヲ図ルコトカ当然ノ帰結ト思ハレルノテアリマス。（前掲『日本外交年表竝主要文書』下、四三四頁）

この有田演説にある東アジア諸国と南洋諸地方とを包括する「共存共栄」のための広域ブロックの形成という構想は、一九四〇年七月一九日に近衛が第二次内閣の組閣にあたり、中心となる閣僚候補である東条英機（陸軍）、吉田善吾（海軍）、松岡洋右《ようすけ》（外務）と会談したいわゆる荻窪会談の「覚書」のなかで、戦時経済政策強化のための構想として具体化します。すなわちそのなかで、「東亜及隣接島嶼ニ於ケル英仏蘭《オランダ》葡《ポルトガル》殖民地ヲ東亜新秩序ノ内容ニ包含セシムルタメ積極的ノ処理ヲ行フ」（同上、四三六頁）とあるのがそれです。ここではまだ「大東亜共栄圏」の呼称は登場していませんが、第二次近衛内閣発足にあたって決定された「基本国策要綱」（一九四〇年七月二六日）では、「皇国ヲ核心トシ日満支ノ強固ナル結合ヲ根幹トスル大東亜ノ新秩序ヲ建設」（同上）という表現が眼にとまります。そしてその後の閣議決定＊などでは「東亜共栄圏」または「大東亜共栄圏」の語が用いられるようになります。この「東亜共栄圏」の考え方については、尾崎がつぎのように述べています。

第二次近衛内閣は「東亜共栄圏」なる言葉を掲げたのである。この言葉の意味は特別に公式な解釈は与えられてはいないが、第一次近衛内閣の標語たる「東亜新秩序」なる言葉に対して具体的には南方問題を取入れたところに、範囲の広さと経済的な南方とのつながりを含むものと理解されているのである。「東亜新秩序」の発展形態としての「東亜共栄圏」が主張されなければならなかった理由はどこにあるかといえば、世界戦争の現在の段階までの発展においては「東亜新秩序」の範囲として一応考えられた日満支三国中心の考え方をもってしては不充分であって、これらの外圏たる南洋が直接にこの三国と結びつかねばならないという考えが基調となっていると見ることが出来るのである。（「南方問題と支那問題」一九四〇年一二月、前掲『著作集』第三巻、一九七頁）

＊　たとえば一九四〇年八月二七日の閣議決定「小林特派使節携行対蘭印交渉方針案」では「東亜共栄圏」の語が、また同年一〇月二五日の閣議決定「対蘭印経済発展の為の施策」では「大東亜共栄圏」の

語が用いられています（前掲『日本外交年表竝主要文書』下、四四〇頁および四六三頁）。

つまり第二次近衛内閣で登場する「東亜共栄圏」の観念は、さきの第一次近衛内閣のいわゆる第二次近衛声明（一九三八年一一月）で表明された「東亜新秩序」――いうまでもなくその在野における理論の一つが東亜協同体論でした――と比較した場合、二つの点で相違が見られたということです。一つは地域がいわゆる日満支三国からその外辺に位置する南方諸地域にまで拡大されたこと、もう一つは南方の経済的資源の獲得が重要な要素として前面に出てきたことです。

少なくとも「東亜新秩序」論の場合には、日本の大陸進出を正当化するための大義の提供という指向と同時に、他方では欧米帝国主義からのアジアの解放、それも日本自身の帝国主義に対する自己批判という、いくつかの方向ないし要素を可能性として内包していました。しかし「東亜共栄圏」になると、そうした多様な可能性は極限にまで圧縮され、日本の戦争遂行のための国力強化策という方向が露骨に示されている点が目をひきます。したがって尾崎はこの「東亜共栄圏」論に対して、「我々は「東亜共栄圏の確立」の言葉をもって、資源を追求してひたぶるに南進を説く一部の論者とはその見解を異にしているのである。東亜共栄圏の確立の最大の要件は、共栄圏を構成すべき諸国民の内部的な組織化と、相互諒解の進展にありと信ずるものなのである」（「東亜共栄圏の基底に横たわる重要問題」一九四一年三月、前掲『著作集』第三巻、二二三頁）と異論を投げかけ、間接的な表現で日本の帝国主義的な収奪に警告を発していました。また別の論説のなかでは、装いを新たにした「東亜共栄圏」の提唱について、「我々は今日「東亜新秩序」建設の中心目標の完成に全力を傾倒せずして新しい目標を追うて移動せんとするが如き近年の日本人に現われた或種の軽薄なる傾向に危険性を感じる」云々（「南方問題と支那問題」、同上、一九七頁）と不満を述べてもいます。察するに、「東亜新秩序」論には彼なりの構想を托してその実現に期待を抱いていただけに、早々の転換には残念の思いを禁じ得なかったものと思われます。

終章　結び

一七世紀はじめの儒者たちの中国認識から出発して、二〇世紀初期の東亜協同体論にいたるまで三〇〇年あまり、日本思想の主要な担い手たちが中国をどう見ていたかを取り上げながら、その流れをたどってきました。その長い道のりをふり返ると、中国認識という問題を取り上げることの重さを、今さらのように感じざるをえません。それは、隣国ながら異国の中国と正しく接し正しく認識することの難しさと危うさについて、教えられることの多い作業だったからです。そこで最後に近代日本の中国認識について注目される問題点を簡単に要約してこの考察を終わろうと思います。

I　蔑視の思想

近代日本の中国認識は、ひとつの問題状況についての認識によって枠づけられていました。それは、西欧列強のアジアへの進出についての日本の危機感であり、日本と隣接する中国はその防壁として重要な位置を占めるという状況認識でした。いうまでもなくそれを支えたのは、中国におけるアヘン戦争と、それにつづく日本の開国という歴史経験でした。そして日清戦争による清国の敗北までの明治前半期は、日本も同じく不平等条約の下で国家の対外的独立と平等の確保を課題とする後進国という意味では、中国と共通する立場にありました。したがって中国と提携して西欧列強の帝国主義と対決しようという発想＝連帯論が生まれるのも当然でした。

またそのためには、日本が「富国強兵」をめざして文明開化政策に大きく舵を切ったように、中国も速やかに伝統的な体制を脱して近代国家の形成へ向かうことが期待されたのでした。しかし中国の現実は日本の期待を大きく裏切ります。清朝支配の中国は、アヘン戦争に敗れて西欧列強の進出を許す苦境にありながら、依然として伝統的な儒教的規範の世界に固執し、近代西洋文明の価値や原理を拒みつづけたからです。中国を「固陋の国」として蔑視する中国認識はこのような文脈の下で生まれたのでした。たしかに清国の旧態依然ぶりは、たとえば一八七四〔明治七〕年、琉球の島民が台湾の原住民によって殺害された事件で、解決策として合意をみた清国の賠償金の支払いを清国が「撫恤金《ぶじゅっきん》」の名目に固執したため難航したり、朝鮮の改革をめぐって日本と清国が対立したときも、清国は宗主国と朝貢国という伝統的な冊封《さくほう》体制の考え方を取って譲らなかったことなど、隣国として扱いにくいものがあったのは事実でしょう。

しかし日本の西洋文明への傾倒も、いささか度を越すものがありました。条約改正のため政府が欧化政策を推し進めたいわゆる鹿鳴館時代はその最たるものでした。政府が社交場として建設した鹿鳴館（一八八三年落成）では、内外の外交官や上流人士が招かれて園遊会や舞踏会などが連日のように催され、欧風模倣による風俗改良の風潮はたちまち社会を蔽うほどのありさまでした。それは、「羅馬字《ローマじ》会《かい》の如き、其他演劇改良、音楽改良、衣食改良の如き一として西人の為に擬《ぎ》せざるなく、甚しきは人種改良を唱へ、大和民族の血に換《か》ゆるに高架索《コーカサス》人種の血を以てせんと云ふに至る」（板垣退助監修『自由党史』下〈岩波文庫〉一五三頁）と言われるほどでした。こうした日本の西洋文明についての過度の傾倒が、清国の伝統的価値にこだわる態度を「因循」あるいは「固陋」と蔑視するような認識を生む一因にもなったと思われます。

たとえば陸羯南は、逆に鹿鳴館的な欧化主義に反対して国民主義を唱道し、西洋文明についてもその国の自主的な判断を重視する立場を取りました。そして、そうした観点から彼は、西洋文明に対する清国の態度に注目しました。すなわち清国は、一八六〇年代に入ってからは伝統的な儒教の価値体系を保持したまま、軍事力強化の必要から軍事関係の部門に限って西洋の科学技術の導入に踏み切ったのです。彼はこの清国の「欧化」のあり方に、むしろ日本には見出せない国家のあるべき姿を見る思いを強くしたのでした。彼は、日清両国の「欧化主義」を比較しながらつぎのように述べています。「均しく是れ欧化主義なり。然れども、清国の欧化主義は、全く我国の欧化主義に異なり。清国の欧化主義は、自から其採択選定の方ありと雖ども、我国の欧化主義は毫《ごう》も其方あるを見ざるなり。蓋し清国の泰西文物を採用するの順序を見るに、実益を先にし虚形を後にし、事の必らず西洋ならざるを得ざるものは、必らず之れを西洋にし、事の西洋なるを要せざるもの、又は事の西洋なる時は実際に害あるものは、之れを西洋にせざるが如し」(「日清の欧化主義」、『全集』第三巻、二〇一頁)と。

「中体西用」論としばしば呼ばれたこの清国の西洋文明との接し方のなかに羯南は、清国のすぐれた自主性と国家のあるべき姿を見出したのでした。このように中国蔑視観とは一線を劃した羯南のユニークな見方は、鹿鳴館的欧化主義に象徴されるような明治政府の自主性を欠いた外見的な欧化主義と常に距離をおいた彼の姿勢のゆえに生まれたものと思われます。こう考えると、中国を「固陋の国」と蔑視する中国認識は、日本の欧化主義の歪みとまさに表裏の関係に結びあう面があったと言えるでしょう。

また日本は、近代化という点で中国に一歩先んじていたとはいえ、西欧列強に比すればいずれも国力の面で遅れをとった国という意味で同列にありました。それゆえ前述のように、中国が「中体西用」論にもとづいて西洋の科学技術を取り入れ、軍事力の急速な強化を遂げるに至ったことは、連帯して列強に当たるという点では歓迎すべきことながら、隣接の国として互いに朝鮮への勢力進出をめぐって競い合う間柄としては、日本にとって脅威となるのはまぎれもない事実でした。山県有朋が「夫《それ》隣邦兵備ノ強キ、一ハ以テ喜ブ可ク、一ハ以テ懼《おそ》ル可シ」（前掲「進鄰邦兵備略表」）と述べたことばは、当時の日本の中国観に内在する矛盾を象徴的に示すものと言えましょう。

日清戦争における日本の勝利は、日中間の力関係が軍事的、政治的そして文明的などすべての面で中国より優位にある証しとされ、それまでの中国についての相矛盾するイメージを一挙に解消する結果となります。そして蔑視論的な中国認識だけが、以前より一層はげしく露骨なかたちで引き継がれました。ただ蔑視の理由は、これまでの「固陋」という文明的な価値態度にかかわるものから、中国の国家形成能力の欠如という政治的評価にかんするものへと代わったことが注目される点です。すなわち中国は、日清戦争での敗北ののち対外的には西欧列強の進出によって分割の危機さえ口にされる状況に陥り、対内的には光緒帝を擁した康有為・梁啓超らの変法維新の運動や西太后の「戊戌《ぼじゅつ》の政変」など不安定な政情がつづき、やがて革命の気運も高まるという状況でした。日清戦争後の中国が直面したこのような内外の困難な状況は、はたして中国に国家形成の能力があるのだろうかという疑念を日本の識者に抱かせ、中国に対する蔑視へとつながったわけです。本論（第三章Ⅱ）では、尾崎行雄の「清国滅亡論」や山路愛山の「日漢文明異同論」あるいは内田良平『支那観』などを取りあげて、中国あるいは漢民族は本来的に政治的能力ないし国家的組織の能力が欠けているとする議論を紹介しました。

中国は本来的に国家形成能力が欠けているというこの中国認識＝蔑視観は、のちに関東軍参謀としていわゆる「満蒙問題の処理」に中心的役割を果たした石原莞爾にもまた見られます。満蒙問題の根本的解決には、日本の主導の下で満蒙に新国家を建設することが必要と彼が主張するとき、その正当化の根拠として彼が援用するのは他でもないこの中国人の国家形成能力の欠如でした。たとえば、「満蒙（即チ支那）禍乱ノ根本原因ハ支那人ハ個人トシテハ優秀ナル点ノ多クヲ有スルモ近代国家ヲ造ル能力ニ於テ欠ク所アリ」（前掲「満蒙問題ノ行方」）、あるいは「漢民族ハ優秀ナル民族ナリト雖自ラ近代国家ヲ造ル能ハサル欠陥アルモノト断セサルヲ得ス」（「満蒙ニ関スル私見」一九三二年八月、前掲『太平洋戦争への道』別巻　資料編、一八五頁）という彼のことばは、そのことを物語るものでしょう。このように中国人は近代国家を自力で達成する能力がないとする中国認識は、日清戦争以後、日本による中国への帝国主義的進出を支える格好の根拠を提供したのでした。

ところで明治前期の「固陋の国」という中国蔑視に、当時の日本の西洋文明心酔の裏返し的なものがあったように、中国の国家形成能力の欠如という中国蔑視は、「富国強兵」や「忠君愛国」の言語象徴が示すように、天皇制国家下での政治的価値の優位という日本を支配した特徴的な価値態度の裏返されたものと言ってもよいと思います。ここで言う政治的価値の優位とは、個々人の私的な生活利益よりは、国家という政治社会の存続・発展につながる全体的利益（およびそれに携わる人間＝官僚・軍人・政治家など）を常人よりも価値的に高いとする考え方を意味します。たとえば、明治初年の自由民権運動は明治国家の下で最初に人民の自由獲得を掲げた在野の運動ですが、そこでも要求の中心は民撰議院の設立、つまり個人の私的自由でなく人民の政治参加という公的自由＝政治的自由権にありました。そして民権運動を担う日本最初の政党には愛国公党の名が付けられ、全国各地の民権政社を横につなぐ組織は愛国社、その機関誌は『愛国志林』（のち改題して『愛国新誌』）というように、「愛国」の語は自由民権運動の重要なシンボルでした。つまり「忠君愛国」は明治政府が作りあげた国民的スローガンでしたが、「愛国」のシンボルは決して政府だけのものではなかったわけです。このように日本における最初の自由のあり方にも、いわゆる「国家からの自由」よりは「国家への自由」が強調されるというかたちで、政治的価値の優位を見ることができました。

民権運動のこのような側面については福沢諭吉も、日常的な個人の私的自由の大切さについての認識も十分に持ち合わせないままで、一挙に政治的自由の要求に向かう唐突さをつぎのように述べて批判しています。「西洋諸国の人民は、既《すで》に已に自身の位の重きを知り、其身に属する私権の大切なるを悟り、其自衛の為めに遂に政権の部内に入らんことを求めたるものなれども、我日本国に於ては未だ私権論の発達を見ずして、俄に政権論の盛なるを得たり」（「私権論」一八八七年一〇月、『全集』第一一巻、三八七頁）と。また明治の末年に、河上肇（一八七九―一九四六）は日本における国家と個人のあり方についてつぎのように述べています。「日本に在つては個人を以て自存の価値あり自己目的性を有すと看做す能はず、独り自存の価値を有し自己目的性を有する者は只だ国家あるのみと為す。故に日本人には天賦人権の思想なくして、天賦国権の思想あり」（「日本独特の国家主義」一九一一年三月、『河上肇全集』六、一一九頁）と。日本では天賦の権利を有するものは国家であって個人ではないという河上のことばは、政治的価値の優位を特質とする天皇制日本の価値構造を端的に指摘したものでしょう。このように何をおいてもひたすら国家の強化および国家の目的達成へ尽力することを美徳とする日本の精神風土にあっては、とりわけ中国における国家意識の乏しさや国家形成能力の貧しさということが、欧米帝国主義のアジア進出を前にして中国蔑視につながったものと思われます。

Ⅱ　正しい中国認識に向けて――「軽蔑する方法」の克服

中国蔑視の問題に関連して、尾崎秀実が日本における中国研究の不毛さと中国理解のレベルの低さを慨嘆するなかで述べたつぎのことばを、思い起こします。それは、「もっと困ったことは、一般は支那に対する理解の方法の代りに、一概に相手を軽蔑する方法を以てしていることである」（前掲「支那論の貧困と事変の認識」）ということばです。この中国に対する「軽蔑する方法」は、ことに日清戦争以後の日中関係に絶えず歪みや摩擦や衝突を醸《かも》しだし、ついには長期にわたる全面的な戦争に突入するという最悪の事態を招く原因にもなったものです。もちろん他方では、その過程のさまざまな時点において、「軽蔑する方法」のゆえに生じた日本の中国観や中国政策の矛盾や不合理を指摘し、正しい中国理解のための視点や思考の枠組みを提示する試みも少なからずありました。本書でもその点にかなりのスペースを割きましたが、その簡単な総括をここでしておきたいと思います。

一つは、日本の帝国主義的な中国政策にかんしてです。周知のように日本は、日清戦争の勝利によって台湾と澎湖列島の割譲を得て植民地としたのち、日露戦争では南樺太の割譲や遼東の租借権をはじめとする利権を満州（中国東北部）において確保し、さらに朝鮮の植民地化をも達成してアジアの強国としての地位を手にします。その後の日本は、西欧列強の東アジアへの帝国主義的進出に対して中国の独立を確保するという大義を掲げながら、他方では「中国保全」あるいは「大陸経営」の名の下に中国に対して自ら帝国主義的進出を図るという矛盾を内に秘めたまま中国政策を進めることとなります。しかもこの矛盾を矛盾とも自覚することなく、もっぱら「大陸進出」を正当化する根拠としては、中国各地の軍閥勢力の対立紛糾や中国民族の国家形成能力の貧困などを挙げ、さらに日本民族の生存に不可欠な条件として満蒙の特殊利益の確保を主張するという日本の対中政策の姿勢は、まさに「相手を軽蔑する方法」の一つの表現ということができるでしょう。

中国大陸に対する西欧列強の帝国主義的進出を阻止するという日本の対中政策の大義と、日本自身の対中政策が内包する帝国主義的性格というこの矛盾は、大正デモクラシー期の体制批判的な日本の知識人によっても問題として取り上げられていました。たとえば吉野作造は、日本の中国政策の矛盾した実態をつぎのように指摘しています。「日本が満蒙以外の地に於て他国の勢力範囲の設定に抗議すれば、然らば満蒙は如何と反撃せらる、恐がある。而《しか》も日本が満蒙に於ける其特殊利益を強く主張せんとすれば、他国も亦之に倣《なら》つてそれ〴〵の地域に於ける特殊利益を主張せんとする。此が従来の苦しき立場であつた」（「我国の東方経営に関する三大問題」、前掲『選集』8、三〇二―〇三頁）と。吉野の言わんとするところは、日本の満蒙における特殊利益の正当性を世界に納得させようとするためには、日本が抱えているこうした論理矛盾を乗り越えられるだけの明確な根拠と、それにもとづく明快な説明が必要であるとする点にありました。特殊利益にかんする吉野の見解はさておき、ここで注目されるのは、日本の置かれている立場を世界の視点から客観的に捉えようとするその姿勢です。日本に身を置きながら日本と距離をとり、日本を相対化しつつ捉える吉野のこの視点は、中国理解を深めるうえに不可欠な「方法」に結びつくものと言ってよいでしょう。

一つの事例を挙げれば、一九二七（昭和二）年五月、田中義一内閣が居留民保護を主たる理由に断行した山東出兵に吉野が批判を加えたときのことです。吉野は、出兵の理由に居留民保護を掲げるのは、主権国家としての中国の立場を無視した日本の独善的な理屈に過ぎないとして、ある仮定の問題を示します。それは、仮に日本で騒乱が起こった場合、米国や中国は当然の権利として在留自国民の保護を理由に日本に出兵することが、はたしてできるであろうかという設問です。そして彼は述べています。「居留民保護を名とする我国今日の対支出兵の理論的根拠を疑はぬものは、同様の理由で前記仮定の場合に於ける支那や米国の出兵をも拒むことは出来まい」(「支那出兵に就て」一九二七年七月、『現代憲政の運用』四二四頁)と。吉野はそれでもよいのかと山東出兵容認論者に詰め寄っているわけです。

つまり日本が出兵される側であったならば、誰ひとり他国軍の出兵を認める者はいないであろう。それなのにどうして今回の山東出兵を容認できるのかと彼は、日本を中国の立場に入れ替えることによって、今回の出兵の不当性を理解させようとしているのです。この吉野の思考方法は、まさに自分自身を日本から切りはなして日本自体を操作の対象とし、対象化された日本を特定の状況に置き替えることによって、問題の是非を考えさせることにありました。ここに示された思考の方法は、日本と中国を相互に置き替え可能な対等な存在とする点で、さらにまた特殊で絶対的な存在としての日本を操作可能な対象として相対化している点で、「軽蔑する方法」に代わる「理解の方法」を示したものと言えるでしょう。

ところでさきに取り上げた、西欧帝国主義からアジアを解放するという使命を掲げつつ自ら帝国主義の道を選んだ日本の矛盾を、いわば逆転の発想によって捨て身の解決策を提示して見せたのは石橋湛山でした。彼の有名な論説「大日本主義の幻想」（一九二一年八月）がそれです。このなかで彼は、「朝鮮、台湾、樺太または満州と云う如き、之ぞと云う天産も無く、其収入は統治の費用を償うにも足らぬが如き場所を取って、而して列強に其広大にして豊饒なる領土を保持する口実を与うるは、実に引合わぬ話しである」（前掲『全集』第四巻、二六頁）と述べています。そしてそうした観点から、日本はむしろ進んで植民地を放棄し、「広大なる支那の全土を我友とし、進んで東洋の全体、否、世界の弱小国全体を我道徳的支持者とすること」（同上、二九頁）をめざすべきであるとします。なぜなら、そのことによって日本は、列強に対しはじめて道徳的に優位に立ち、「道徳の力」で植民地の放棄を彼らに迫ることができるからである、そして、そのほうがはるかに有効な方策である、とするのが彼の主張でした。この湛山の発想は、中国を日本の帝国主義的支配の対象としてしか捉えることのできない「軽蔑の方法」を棄てて、対等な経済活動の相手あるいは通常的な生活上のいわば隣人と捉えることから出発していることを、ここではあらためて指摘しておきたいと思います。

中国に対する「軽蔑する方法」を批判する湛山の柔軟な思考は、つぎのような事例からも知ることができます。それは、対中強硬外交で知られる田中義一内閣が登場（一九二七年四月）した当時のことです。日本は軍部を中心に、満蒙の特殊権益確保をめざして同地域を日本の支配の下に置こうと画策しますが、中国の国民はこれに抵抗し、排日行動を活発化するという状況が進行します。そのようななかで湛山は、中国国民の感情を理解しようとしない日本側の無神経さを指摘して、つぎのように述べています。すなわち「例えば如何に善政を布かれても、日本国民は、日本国民以外の者の支配を受くるを快とせざるが如く、支那国民にも亦同様の感情の存することを許さねばならぬ。然るに我国の満蒙問題を論ずる者は、往々にして右の感情の存在を支那人に向って否定せんとする。明治維新以来世界の何れの国にも勝《まさ》って愛国心を鼓吹し来れる我国民の、之は余りにも自己反省を欠ける態度ではないか」（前掲「満蒙問題解決の根本方針如何」）と。ここで湛山は、日本の国民については自明とされる民族自治や自国を愛する感情を、中国国民に対しては認めようとしない満蒙論者たちの不当さを批判の俎上にのせていますが、このように中国の普通の国民感情についての理解を妨げているのは、言うまでもなく中国に対する「軽蔑の方法」のゆえでした。湛山が「自己反省を欠ける態度」と批判するのも、上述のような中国国民に対する無反省な差別の感情こそがこの「軽蔑の方法」の前提とするものであったからです。

また三木清や尾崎秀実らの東亜協同体論も、その理想を実現するにあたって多くの力をそそがねばならなかったのは、依然としてこの「相手を軽蔑する方法」から抜け出ることができずにいた日本の中国認識の是正でした。そもそも東亜協同体論が蠟山政道・三木清・尾崎秀実といった昭和研究会のメンバーたちによって唱道されるようになった思想的な契機も、日中戦争下における中国の民族運動について再認識を迫られたことにありました。ことに中国では西安事件後、国共合作が成り、日本を唯一の対象にした抗日救国統一戦線が成立するという新しい事態が生まれるに至って、中国における抗日運動の本質は何かという点について真剣に取り組むことを日本の知識人たちにうながしたと考えられます。

当時、抗日運動については、もっぱら中国側の日本に対する不信と無理解によるという見方、あるいは「日支提携による東亜の自主的確立を欲せざる欧米諸国竝びにコミンテルンの画策」（文部省教学局編纂『臣民の道』一九四一年、一五頁）、およびそれに乗ぜられた中国の一部指導者の誤りとする見方が、一般を支配していました。そして「暴支膺懲《ようちょう》」という当時流行のスローガンが何よりも物語っているように、それはまさに「軽蔑する方法」にもとづく中国認識そのものでした。したがって三木や尾崎らの東亜協同体論の提唱も、こうした中国認識の克服から出発しました。そのことは、「東亜協同体論の一つの出発点が現在における支那の民族主義の歴史的必然性と歴史的意義との認識にあることは明か」（前掲「文化の力」）という三木のことばが示しているとおりです。

このように東亜協同体論は、これまでの中国認識にかんする日本国民としての反省を踏まえて登場したという意味で、ある種の革新性を特質とするものでした。たとえば尾崎秀実は、東亜協同体論とこれまでのアジア主義系列の理論との違いを指摘して、こう述べていました。「思うに「東亜協同体」論の発生が他の同系の理論と異なる点は、これが支那事変の具体的進行につれて支那における民族問題の意義に気づき、ひるがえって自国の再組織へ想い到った真剣さにあるのである。この点は東亜制覇の雄図を基として描かれた他のもろもろの東亜民族の大同団結的計画案とは異なった謙虚さをもつものであろう」（前掲「「東亜協同体」の理念とその成立の客観的基礎」）と。このように尾崎は、東亜協同体論が中国の民族運動としての「抗日」に触発されて、日本自身のあり方を自ら対象化しつつ問い直す態度をとった点に「真剣さ」と「謙虚さ」を感じてこれを評価したのでした。

この「謙虚さ」は、三木のつぎのような文章からも受け取れるでしょう。「支那事変は思想的に見て少くとも先づ一つのことを明瞭に教へてゐる。即ち日本の特殊性のみを力説することに努めてきた従来の日本精神論はここに重大な限界に出会はねばならなくなつて来たのである。そのやうな思想は日支親善、日支提携の基礎となり得るものでないからである。日本には日本精神があるやうに、支那には支那精神がある。両者を結び附け得るものは両者を超えたものでなければならない」（前掲「日本の現実」）。こうした日本自身に対する反省という「謙虚さ」が、三木を東亜協同体論に向かわせたのでした。日中両国が戦いをやめ、東アジアの新しい秩序形成に向けて提携し協力する関係を構築するためには、まず日本の「謙虚さ」がなぜ必要なのか、その理解の一助として、三木も言及している当時の「日本精神論」なるものの実態について、その一端を紹介してみましょう。

たとえば哲学者で「皇国学」の唱道で知られる鹿子《かのこ》木《ぎ》員信《かずのぶ》（一八八四―一九四九）は、「日本精神論」の代表格と言ってもよいでしょうが、彼には論説「東亜協同体の理念」（一九三八年稿）があります。彼はそのなかで、「東亜協同体の根本原理たるべきところのものは、実にわが皇国日本の「肇国《ちょうこく》の精神」に外ならない」と主張しています。そしてこの「肇国の精神」を彼はつぎのように解説します。「わが皇国「肇国の精神」は、「言向け」と「掃《はら》ひ」に依りて「すめらみこと治《しろ》しめす、やはぎ平ぎまつらふ国」をつくり出すにあつた。之を現代の言葉を以て言へば、思想宣布と武力掃蕩とに依りて、天皇の治《しろ》しめす、天皇に帰一し奉る和平秩序の世界を打成創建するにあつた」（『すめらあじあ』増訂版、一九四〇年、四二―一三頁）と。また彼の別の論説「東亜新秩序建設の原理」（一九三八年稿）でも、中国を救う道は「確固不抜、永遠不動の政治的社会的中心を樹立すること」にあるとし、そのためには「皇道」に依拠するよりほかの道はあり得ないとして、つぎのように述べています。「王道は、我が皇道を俟《ま》ちて始めてその完きを得る。王道の欠陥に基く支那民族数千年の苦悩は、今や我が皇道に依りてその救ひの日を迎へんとしつゝある。支那を救ふの道、支那再建の原理は、皇道を措《お》きて他に之を求むることはできぬ」（同上、四三五頁）。いかにも確信にみちた論じ方をしていますが、ここには相手の立場も、そして相手の存在すらも、まったく眼中にないかのごとくです。これこそ尾崎のいわゆる「相手を軽蔑する方法」が生み出した中国認識の最たるものというべきでしょう。

このように、日本の特殊性のみを力説する「日本精神論」が幅を利かせる日本の思想状況のなかで、冷静に日本自体を対象化する視点を保ちながら「日本には日本精神があるやうに、支那には支那精神がある」と、中国にも日本と同じようにその独自性を認めるべきことを説く三木の立論の「謙虚さ」は、注目に値するものと言えます。尾崎や三木の東亜協同体論が内包するこの「謙虚さ」は、日本の現実のさまざまな歪みについての反省にもとづくものですから、日本の現状変革を求めるある種の革新志向性と結びつくこととなります。三木は、東亜新秩序の建設にあたって主導的な役割を果たさねばならない日本のあり方を論ずるなかで、「日本も日本の文化もこの新秩序に相応する革新を遂げなければならぬ。日本がそのままであつて東亜協同体が建設されるといふことは論理的にも不可能である」（「東亜思想の根拠」、前掲『全集』第一五巻、三二五頁）と日本自らの変革の必要を説き、むしろ「国内における革新と東亜協同体の建設とは不可分の関係にある」（同上）としたのは、そのことをよく示しています。この点については尾崎も同じ考えをしばしば表明していました。たとえば彼は、「日本自らも自己の本身を変化せしめることなくしては大陸問題を解決し得ない」（前掲「東亜新秩序論の現在及び将来——東亜協同体論を中心に——」）とし、また東亜協同体の理念を日中戦争解決のためのひとつの実践形態と捉えるならば日本自身の変革が必要であるとして、つぎのように述べています。「最近におけるこの歴史的大事件によって、戦いの相手方たる支那のみが変わったと考え、自分たちの足下は絶対に動くことがないと考えている人々にとっては、この協同体の理念は絶対に理解できないところである」（「「東亜協同体」の理念とその成立の客観的基礎」、前掲『著作集』第二巻、三一〇頁）と。こうして尾崎は、協同体の理念を、単に「戦勝者たる日本が東亜大陸における覇業を確立するための手段」と考えたり、「覇業を緩和するための外衣」にすぎないと受けとめる人たちの姑息な考え方を批判するのでした。

ところで日本自身が自らを変えることについて三木や尾崎がもっとも重要としたのは、日本の中国政策が持つ帝国主義的性格を改めることでした。その点についてはすでに本書（第五章）のさまざまな文脈のなかでふれたところです。たとえば三木は、中国の独立を妨げている欧米列強の帝国主義から中国を解放することなしには東亜協同体のめざす「東洋の統一」は実現されないとし、したがって「もし日本が欧米諸国に代つて支那に帝国主義的支配を行ふといふのであれば、東亜協同体の真の意義は実現されないであらう」（前掲「東亜思想の根拠」）と論じていました。尾崎もまた、東亜協同体の理想を現実に発展させていくためには、日本の内外において「大きな闘争」を必要とするとし、「内部的には本来の帝国主義的要求がむき出しに現われてくることを押えていかねばならないであろう」（前掲「「東亜協同体」の理念とその成立の客観的基礎」）と論じているとおりです。

このように三木と尾崎の東亜協同体論においては、日本が協同体のパートナーである中国に対する蔑視観を改めることが重要とされ、たとえば中国の民族主義を日本のそれと同じ目線で対等なものとして理解すべきこと、あるいは日本の中国政策における帝国主義的性格の排除、そして日本自身の変革の必要などが説かれました。しかし、東亜協同体論の提唱には中国における民族主義についての再認識が出発点になっていたということは、中国の民族主義についての正しい理解という側面と同時に、民族主義の超克というもうひとつの側面が含まれなければなりませんでした。すなわち民族主義を超え、東アジア諸民族を結ぶ思想の形成です。

三木が、「事変の発展は日本主義が単なる民族主義に止まることを許さなくなつた。今日要求されてゐるのは日支両民族を結ぶ思想である。事変の発展は支那における民族主義の強化を促し、三民主義といつても特にその民族主義の要素が前面へ押し出されることになつたのであつて、必要なのはこの民族主義を超克し得るやうな思想であり、いはゆる東亜協同体の理念もかやうなものとして考へられる」(前掲「日支を結ぶ思想」)と述べたのは、まさに後者の「民族主義の超克」でした。先に引用した三木の文章の「日本には日本精神があるやうに、支那には支那精神がある。両者を結び附け得るものは両者を超えたものでなければならない」ということばも、民族としての中国の独自性を尊重しなければならないとしながら、同時に日中の両国を結びつけるもの、あるいはその媒介をなすものは、それぞれの国家ないし民族の個別的・特殊的な精神や文化を「超えた」ある一般的なものでなければならないと考えたのです。三木が、日中の提携、そして東亜協同体の形成を基礎づける思想として、彼のいわゆる新しい「東亜文化」を立ち上げる必要を主張したのはそのためでした。三木はそれを、儒教に代表されるいわゆる東洋の伝統的哲学思想の継承や、その新しい時代に即した組み替え、あるいは西洋の近代文化との融合、とくに「科学的文化」の媒介などをとおして創りあげることを構想していたようでした。

このように三木は、東亜協同体の理論化の役割を担った代表的思想家にふさわしく、民族主義の新しい意義についての弁証と、他方では民族主義の超克による「東亜文化」の創出という、東亜協同体の二つの側面を二つながら達成しようとした点でユニークな存在でした。しかし、前者すなわち民族主義の新しい意義の弁証については、次項で取り上げる、「抽象的」なアトム的個人に代わる「具体的」な民族という新しい歴史的主体の提示や、「新しい全体主義」の主張など注目すべき考え方が示されましたが、後者については、民族を超えた「東亜文化」に関する具体的な思想像を描くまでには至らずに終わったと言わざるを得ません。

一方、東亜協同体論をとおして、後者とくに中国の民族主義の超克という側面を主要な課題として追求したのは、昭和研究会グループのなかでは蠟山政道でした。前に述べたように彼は、中国の抗日救国統一運動という形をとった民族主義運動に対しては否定的な立場に終始しました。彼は、三民主義の民族の概念を中国国民党がもっぱら政治上の実際運動に引きつけて理解し適用した結果、「今日の如き日支衝突の最大原因たる抗日思想に堕落し、人民戦線論の袋小路に陥入するの止むなきに至つた」（前掲「北支政治工作の文化的基礎」）とし、日中の軍事衝突の最大原因を中国の民族主義が抗日運動に走った点に求めていました。

このように蠟山が中国の民族主義に批判的な立場をとったのは、彼が民族自決主義そのものをヨーロッパの世界支配を支える秩序原理の一つとみなして、これに否定的な見解を抱いていたことがその理由の一つとして指摘できるでしょう。したがって彼は、日中間の戦争を解決するにあたっても、とるべき方向は中国における主権的統一国家の形成という「一民族一国家」の原理に沿う形ではなく、「生活共同態の地域的再編成」という地域主義的な協同体的秩序形成をめざすべきものと考えていました。彼が東亜協同体という概念を「日本の大陸発展の内在的原理」と意義づけ、日本の大陸進出について東アジア地域の経済的開発を中心とした観点から、あらたに政策としての理念や制度構想などを提示することによりその方向づけを行ったのもそのためでした。また彼が中国の民族主義に批判的な立場をとったもう一つの理由としては、彼が日本の中国政策を帝国主義とする見解に与《くみ》しなかったということが挙げられるでしょう。たとえば彼は日本の大陸進出を、「本来西欧的な帝国主義ではなくして、防衛又は開発の為めの地域主義なのである」（前掲「東亜協同体の理論」）としていました。したがって彼は、日本の帝国主義を排除するという中国の

「抗日」運動を理由あるものとして受け入れることができなかったと考えられます。

以上のように蠟山は、中国の民族主義についてはこれを否定する立場をとりましたが、抗日の問題については、単なる抑圧によるのではなく、地域的開発主義の観点に立って合理的に解決すべきものと考えました。すなわち近代的な科学技術の導入などをとおして中国経済の発展を促し、民生の向上をはかることによって抗日運動を沈静化し、日本の中国政策に対する中国民衆の支持の拡大につなげる方策がそれでした。したがって蠟山の東亜協同体論は、中国の抗日的民族主義の克服に重点がおかれたものではありましたが、それは彼の地域主義・開発主義にもとづく帰結であって、必ずしも民族主義運動に結集した中国民衆の力を軽視したり無視したりすることを意味するものではありませんでした。その意味では彼の中国認識も、「軽蔑する方法」から自由な中国「理解」をめざした一つの例ということができるでしょう。

Ⅲ　ヨーロッパ的世界との対決

近代日本における中国についての認識は、ほとんどの場合、西欧列強の存在が何らかの形でそれを規定する要因としての意味を持っていました。いうまでもなく、明治の前半期、中国を「固陋」の国として蔑視したのも、西洋近代文明がもたらした新しい価値観をグローバル・スタンダードと前提にしたうえでのことであり、一方、中国を連帯の対象として期待する発想も、西欧列強の東アジアでの勢力増大を阻止しようとする意図から発していました。また中国を軽蔑の眼で見るにせよ、提携の相手としてその国力強化に期待するにせよ、この時期の日本の中国認識には、西欧先進諸国を中心とする国際秩序のなかで何とか日本の独立を確かなものにしたいという願望が、その根本的な動機として存在し、その中国認識に現実的な意味を与えていました。

たしかに明治前半期の日本は、一方では、欧米諸国との不平等条約下におかれた後発的な国家の苦境を脱しようと、明治政府の開国和親と文明開化の政策に代表されるように、西洋近代の文明を新しい時代の普遍的原理としていち早く受け入れることとなりました。それは、欧化心酔主義という批判の声があがるほどでした。しかし他方、日本を悩ましたこの対外的不平等という国家的体験は、その原因となった幕末の外圧の苦い思い出とともに、明治の日本に西欧先進諸国に対する密かな不満と不信の感情をナショナリズムの形で抱かせたのでした。たとえば西洋文明の説く「天理公道」や「自由・平等・博愛」は、たしかに人類の普遍的理念とするにふさわしいものであるけれども、少なくとも西欧先進諸国のアジア進出について見るかぎり、それらの理念ははたしてどれだけ彼らの行動を律する実効的な規範原理となっているだろうかという疑念を抱かざるをえませんでした。それは当時の新聞論説で、「泰西ノ政治家動《やや》モスレバ則チ曰ク、万国公法曰ク公道正理ト。而シテ彼等亜細亜地方ノ諸国ニ対スルニ至リテハ、公法モ道理モ顧ル所ナキガ如シ。故ニ彼輩ガ言フ所ノ万国公法ナル者ハ欧米二洲ノ万国公法ナリ、彼輩ガ言フ所ノ道理ナル者ハ欧米二洲ニ通用スル道理ナリ……」（前掲「東洋諸国ハ万国公法ノ利益ヲ分取セズ」）と述べていることにも示されていました。こうした先進諸国に対する不信の念は、既述のように在朝在野を問わず、政府の当局者のあいだにも見られたところでした。

しかし西欧先進諸国による近代文明の普遍的理念や原理のこうした形骸化に対して、その再生を図るとともに西欧帝国主義への規制原理として復活させようとする試みが、中国認識との関連で見られたことは注目すべきことと思います。それは、西欧的理念に儒教の規範的普遍主義を接合することによって、普遍的理念としての規範力を回復させようとするもので、中江兆民らの事例がそれでした。つまり兆民は、孟子の「理義」の観念——それは万人が善と納得するものを意味したのですが——を借用してきて、「文明の原質なる理義の心」（前掲『三酔人経綸問答』）というように、これを近代文明の根源的な精神に置きかえ、自由平等の原理に普遍的な価値と規範としての力を取りもどさせようとしたのでした。「民権是れ至理《しり》也、自由平等是れ大義也、此等理義に反する者は竟《つい》に之れが罰を受けざる能はず、百の帝国主義有りと雖《いえど》も此理義を滅没することは終《つい》に得可らず、帝王尊しと雖も、此理義を敬重して茲《ここ》に以て其尊を保つを得可し、此理や漢土に在ても孟軻、柳宗元早く之を覰破《しょは》せり、欧米の専有に非ざる也」（前掲『一年有半』）という彼のことばは、そのことをよく示していました。

このように兆民においては、西欧近代の自由平等の理念を「理義」という儒教の観念と重ね合わせることによって、この理念に普遍的規範としての価値と力とをあらためて吹き込むことがなされたのです。そしてそのことによって東アジアの国々は、文字どおり洋の東西を問わない普遍的な規範原理としての自由平等の理念をみずからのものとすることができたし、何よりもまたそれを武器に欧米の帝国主義に対して道義的に優位した地歩を保持するかたちで、これと対峙することが可能になるものと考えたわけです。

同じような考え方は、宮崎滔天にも見られました。既述のように滔天が中国問題に関心を持つようになるきっかけを与えたのは兄の弥蔵でした。弥蔵は中国国民が尊崇してやまない古代聖人の統治＝「三代の治」の理想こそ中国進歩の源泉であるとの信念を固く持し、それを彼の中国経綸の原点に据えていました。そしてこの理想にもとづいて中国の復興をなし遂げ、アジア諸民族の解放を図ることこそが、結果的には「遍く人権を恢復して、宇宙に新紀元を建立する」道につながるというのが彼の主張でした（『三十三年之夢』、前掲『全集』第一巻、五四―五五頁）。すなわちここでも中国古代の「三代の治」の理想は、アジアにおける自由と人権の回復、さらには欧米列強の帝国主義下にある世界秩序の変革に道をひらく運動のエトスとしての意味を持つものとされたのでした。

ところで滔天が革命の同志として物心両面の援助を惜しまなかった孫文は、周知のように辛亥《しんがい》革命の精神を共和主義に求めていましたが、その共和主義も中国の伝統と無縁ではありませんでした。たとえば孫文が初対面の滔天に語ったことばのなかに、「抑も共和なるものは、我国治世の神髄にして先哲の遺業なり、則ち我国民の古を思ふ所以のものは、偏へに三代の治を慕ふに因る、而して三代の治なるものは、実に能く共和の神髄を捉へ得たるものなり」(前掲『三十三年之夢』)とあるのがそれを示していました。そして孫文によれば、この中国伝統の共和の理想も中国革命を推進する力となるだけでなく、「支那四億万の蒼生《そうせい》を救ひ、亜東黄種の屈辱を雪《そそ》ぎ、宇内《うだい》の人道を恢復し擁護するの道」(同上)にも結びつくと確信していたのでした。

また孫文は、「大亜細亜主義」と題した神戸での演説(一九二四年一一月二八日)で、ヨーロッパの文化は「武力を用ひて人を圧迫する文化」つまり一種の「武力的文化」であって、中国の古語にならって言えば「覇道」の文化である。これに対してアジアの文化は、「人を感化し人を圧迫せず、人に徳を思はせるが、人に脅威を感ぜしめない」ことを重んずる「仁義道徳的文化」つまり「王道」の文化であるとしたうえで、日本の国民に向かい、今後は「西方覇道の鷹犬《ようけん》[手先の意]となるか、或は東方王道の干城《かんじょう》となるか」と、選ぶべき道を慎重に考慮するよう求めたことはよく知られています。そしてここでも注目されることは、孫文が「王道」と言うときその意味するところは、ただ単に儒教本来の「仁義道徳」という文字どおりの観念に止まることなく、たとえば「私の言ふ大亜細亜主義は王道を以て基礎とし、不平等を打破するもの」とか、「私は現在の不平等を打破する文化を唱へて覇道的文化に反逆し、すべての民衆の平等的解放的文化を要求する」（孫中山著、金井寛三訳『三民主義続篇』〔改造文庫〕七六、八三頁）と述べているように、民族や民衆の自由・平等・独立という近代の理念をそのなかに含意するものとして用いていることです。

このように滔天が中国の革命運動に深く関与する上に大きな影響をおよぼした兄弥蔵にせよ孫文にせよ、いずれも人権や自由や共和の精神を決して欧米の専有とは考えず、中国に伝統的な政治理想の文脈のなかで捉えていたことは注目に値する点と思います。したがって滔天自身にも同じような考え方が見られました。たとえば孟子の易姓《えきせい》革命の思想、つまり君主もその徳が衰えて虐政を恣《ほしいまま》にし民意を失うに至るならば、天命にもとづいて新しい有徳者に君主の地位を取って代わられるのは道理であるとする考えを、滔天は、「実《じつに》是純乎たる民主主義の神髄を喝破したるもの也。革命の真意義を発揮したるもの也」（前掲「支那立憲問題」）と称揚していました。すなわち彼は、孟子のいわゆる民本主義——「民を貴しと為し、社稷《しゃしょく》之れに次ぎ、君を軽しと為す」（「尽心章句篇」下）——という儒教的な枠組みを受け皿にして民主主義の精神を理解し、これをアジアに根づかせようと考えていたのでした。

このように兆民や滔天においては、儒教的な概念枠組みを借りることによって、近代文明の諸原理を先進諸国による空洞化から再生させ、欧米の帝国主義と対決しうる普遍的な規範としての力を回復させようとする試みが見られました。こうした考え方は、文明発達の水準において後進とされたアジアの日本が、まさにその文明の原理の本質的理解において、帝国主義化した欧米先進諸国より優位に立つことをめざしたものでした。それだけではありません。同時にそれは、国家を超える普遍的価値と理念を前提としている点で、日本のように政治的価値の優位が支配し、ただ国家のみが「自存の価値を有し自己目的性を有する」とされた「日本独特の国家主義」(河上肇)を乗り越える可能性をも示すものでありました。

ところで日清・日露の戦争における日本の勝利は、日本を後進の弱小国という立場から先進諸国と並ぶ強国の地位にまで、一挙に押し上げることとなります。このような日本の国際的地位の上昇は、すでに日清戦争以後、国際認識の点でいくつかの新しい傾向を生むこととなります。

その一つは、いわゆる中国保全論をめぐってです。この議論は、日清戦争後における欧米列強の中国分割の危機を阻止するために、日本が中国と提携してその独立を維持し、中国の国力強化と統一国家の形成をめざすというものですが、基本的には「西力東漸」を阻止するために中国との提携の必要を説く、維新いらい存在した連帯論の延長線上にあるものと考えてよいでしょう。ただ保全論は、これまでの連帯論とはちがって、広く朝野《ちょうや》の注目を浴び、やがて日本政府の中国政策を推進する大義として受けつがれることとなります。

既述（第三章Ⅲ）のように、この保全論には、その中心的な存在であった近衛篤麿がその初期に、「東洋は東洋の東洋なり。東洋人独り東洋問題を決するの権利なかるべからず」という「亜細亜のモンロー主義」（前掲『近衛篤麿日記』第二巻）に同調的な立場を示し、また一時は黄白両人種の対立・競争を説くというような、欧州列強との対決的な傾向も見られました。また近衛とならんで中国保全論の有力な担い手であった陸羯南も、西欧先進諸国の中国蚕食を「獣力」にものをいわせる「野蛮的行動」ときびしく批判する姿勢を示していました。このように中国の保全をめぐって西欧列強との対決姿勢を闡明《せんめい》にしたのも、アジア唯一の強国という日本の自負があったればこそと言えるでしょう。

しかしこの中国保全論は、かつての連帯論の書生論的段階を脱して、当時の日本の有力な政治家や言論人たちによって担われ、中国政策として主張されるという状況の下では、もはや単なる理想論やタテマエ論ではすませられません。したがって北清事変の勃発など状況の推移とともに、保全論も現実的ないし妥協的な姿勢を強くし、列強に対しても協調的な方向に転じていったことは本書でも指摘したところです。こうした列強との協調のなかで中国の安定した秩序形成をはかろうという方向は、単に現実主義的な政治的配慮のみならず、同時につぎに取り上げる問題、すなわち日清戦争後あらたに台頭した「世界の日本」という風潮とも無関係ではないように思われます。

そこで第二として、「世界の日本」という思想傾向についてふれておきたいと思います。

これは、日本も自国のことのみに心を奪われることなく、国際社会のあり方についてみずから考え、世界に向けてすすんで意見を発信することが、世界に新しい地位を得た日本の使命であり、また責任でもあるとする思考態度を指します。すなわち日清戦争後まもない時点で、竹越三叉《たけこしさんさ》（本名・与三郎、一八六五―一九五〇）は、『世界之日本』と題する雑誌をみずから創刊しています。そしてその創刊号の論説で彼は、過去十年間の国民思想の推移について概括し、「過来八九年日本国民の間に最も高く聞たる叫は「日本人の日本」にてありしが、三四年来此声一変して「東洋の日本」となり、今や将《ま》さに再変して「世界之日本」とならんとす」（「世界の日本」一八九六年七月、『竹越三叉集』〔民友社思想文学叢書 第四巻〕三三九頁）と述べ、またつぎのように説いています。「東洋の日本より進んで、世界の日本を自覚し、世界の舞台に上り、世界的見地より経綸を案出し、世界的胸宇《きょうう》〔胸のうち〕を以て列国の間に周旋せざる可らず」（同上、三四〇頁）と。こうして、これからの日本は、世界に向かって開かれた視野と、「世界の大勢」に対応した国家のあり方を考えることが大切であると主張するのでした。このような「世界の日本」という自覚ないし自負は、日露戦争を経てさらに強まります。三宅雪嶺《せつれい》（本名・雄二郎、一八六〇―一九四五）も日露戦争後の日本の思想状況について、「戦役の為に国威が揚り、強国の仲間入りし国家として大に誇るべき位置に上つたと同時に一国を標準とせず、世界を標準とし、世界に於ける人類として如何にするが最も幸福なるかを考ふる傾向を生じた」（『明治思想小史』一九一三年、『三宅雪嶺集』〔近代日本思想大系5〕二二八頁）と記しています。つまり日露戦争による日本の国威発揚は、思想の面でも世界を視野に入れ、世界を基準に考える傾向を生むことになったということです。

第三に指摘しておきたいのは、西欧列強との対決にあたって日本あるいはアジアの道義的・精神的な優越を主張する動向についてです。たとえば陸羯南は、日清戦争後に西欧列強が競って中国に進出し利権の獲得に走る実状を目の当たりにして、国際的正義が地に堕ちたことに憤慨し、中国の自立に思いをめぐらすのでした。彼が中国保全論に積極的にコミットしたのもそのためです。そのような状況のなかで彼は、西洋の諸国を文明国としてひたすら崇拝する日本の「自称文明家」に問いかける形でこう述べていました。「今や彼等の崇拝する文明国は、正義自由博愛及び平和の大道を無視して、敢て獣力を我が東亜に逞うす。真正の文明思想を有する国民は之れに抗敵せずして可ならんや」（前掲「真正の文明国」）と。ここでは、かつて文明国と称した西欧先進諸国は、今や「獣力」を振るって中国に侵出する「野蛮的行動」の担い手と捉えられ、逆に正義や自由や平和という「大道」に則って列強のアジア進出を阻止しようとする日本こそ「真正の文明国」と言うべきだと主張されています。

このようにヨーロッパに対するアジアの道義的な優越性の主張を、同じくこの時期に熱情をこめて説いたのは、ほかならぬ岡倉天心でした。彼によれば「東洋的生活」の根底には、近代の西洋人と比較してこれにまさる精神や生活態度の存在を見出すことができるとしています。たとえば儒教の仁の観念に含まれた慈悲のこころ、仏教における「一切衆《しゅ》生《じょう》」の精神などが、彼により代表的なものとして上げられています。さらにまた、西洋が自負する自由の観念においても、相互の対立と競争のなかで保たれる西洋の「個人の権利といふ、あの生硬な観念」——天心はそれを「あの雑踏の中をいつも肩で押しわけるやうなこと」と評しましたが——に対して、「東洋的生活」では一人ひとりの内面的な力によって自らの思想を完成させる、すぐれて内面的な自由が尊重されると述べています。そしてそれは西洋にくらべて「遥かに高いもの」とされるのでした（前掲『東洋の覚醒』）。しかし天心は、同時に、これら東洋のすぐれた精神的特質が、皮肉にも西洋列強の進入を阻止することへの無関心を生む結果になったと警告しています。そして、今こそアジアの諸民族はこのすぐれた自己自身の内的な力を自覚して共通の理想の下に団結し、西洋列強の帝国主義と対決することが必要であると呼びかけたのです。

このように日清戦争以後、日本の中国認識を形づくる思考枠組みは、中国の自立保全という大義の下での西欧列強との対決という第一の型と、世界のあり方についての日本の主体的なかかわり＝「世界の日本」という第二の型、およびその二つの複合ともいうべき第三の型として、文明や正義や人道という世界的な視点からする日本の西欧列強との対立の意味づけという三つに整理することができると思います。このなかで、とくに注目されるのは第三の型でしょう。それは、日中戦争の下で登場する東亜新秩序論のように、ヨーロッパ中心の世界秩序または世界史に代わる新しい「真の」世界秩序または世界史の形成を掲げる中国認識が、基本的にはこの第三の型につながると考えられるからです。

ところで興味深いことに、日露開戦後まもない時点で発表された若き日の吉野作造の文章には、この第三の型に近い世界認識が見られました。当時の吉野は、まだ大学卒業直後の大学院生でしたが、日露戦争初頭における日本軍の優勢な戦いを見つめながら世界政治の将来に思いを馳せ、その見解を雑誌『新人』の「時評」欄に寄せたときの文章がそれです。彼は、現在の国際法にせよ世界史にせよ、その実態はヨーロッパに偏った一方的なものであることを批判してつぎのように述べています。「彼等は自ら世界の主人公を以て居り、欧洲以外の土地人民は全然欧洲及欧人のためにあるものとなす。彼等は自己の定めたる規則におこがましくも万国公法の名を与へ、自己の歴史を僭称《せんしょう》して世界歴史といへり。欧洲の利害は即ち世界の利害にして人道とは欧洲的同情以外に出でざるものと誣《し》うるに至る。ア、此思想は如何に高遠なる人道の発達を妨げたるぞ」(「豪洲人の日露戦争観を読みて」、『新人』一九〇四年一〇月)と。

このように吉野は、これまでの世界の観念がじつはヨーロッパの視点から捉えられた世界であり、そこにはアジアのような非ヨーロッパは存在する場を与えられていないことを訴えています。また人道の観念にしても、それはヨーロッパ的な立場からの同情というものにすぎず、かえって正しい真に人類的な人道の発達を妨げるものであると、このヨーロッパ中心の考え方を人道の立場から批判するのでした。したがって日露戦争に日本が勝利すれば、日本も新しい強国として世界政治の舞台で発言の場を与えられるであろうから、「茲《ここ》に於て世界政治の畛域《しんいき》は東洋にも跨《また》がり、稍《やや》世界政治の理想に一歩を進むることを得べきなり」(「日露戦争と世界政治」、『新人』一九〇四年八月)と、ヨーロッパ中心の偏った世界政治も、その担い手にアジアの日本が加わることによって、正しい姿に一歩近づくことになろうと彼は考えます。ヨーロッパによるアジアの疎外を是正し、新しい世界史を形成しようとするこの願いは、のちの東亜新秩序論の課題として引き継がれることになるのです。

日清戦争後の三国干渉にあたりドイツ皇帝ヴィルヘルム二世を主唱者として唱えられた黄禍論《こうかろん》は、アジアの強国としての日本の登場を契機にアジア人種に対する偏見と恐怖をかき立てることを意図したものですが、日露戦争の勝利によって日本がその強国としての地位をより強固にすると、黄禍論は人種的競争や対立を煽るかたちで欧米においてふたたび強調されるようになります。*そのような風潮のなかで、アメリカにおける日本人移民の排斥という、当時の日本に大きな衝撃を与えた問題が発生します。すなわち、日本の移民問題をめぐる日米間の対立は日露戦争後から表面化しますが、辛亥革命後には中国進出の問題も加わって対立は激化し、一九一三(大正二)年五月にカリフォルニア州議会が外国人土地所有禁止法案を可決すると、両国の関係はきわめて深刻な状態にまで達するのでした。

＊ 日露戦争後、日本を中心としたアジアの動向にかんする欧米の関心の高まりや議論の情況については、平石直昭「近代日本の「アジア主義」――明治期の諸理念を中心に」（溝口雄三・浜下武志・平石直昭・宮嶋博史編『近代化像』〔アジアから考える［5］〕、東京大学出版会、二八三頁以下）を参照。

東京の国技館では、カリフォルニアの外国人土地所有禁止法案の成立を目前にして、対米問題国民大会が一万を超える聴衆を集めて開かれるなど、国民の対米感情も悪化の一途をたどることとなります。また言論界においても、徳富蘇峰が「白閥」と題する論説を新聞に掲げ、「吾人は単に大和民族の為めと云はず、世界の為め、人道の為めに、白閥を退治するの必要を感せすんはあらず。白閥とは申す迄もなく、白皙《はくせき》人種の世界に於ける跋扈是れ也」（「白閥」一九一三年五月、前掲『蘇峰文選』一三〇三頁）と述べて、「白閥打破」を訴えるのはこのときです。

この日本人移民排斥問題については、一九一九（大正八）年一月に開催された第一次世界大戦後のパリ講和会議において、人種差別撤廃のための人種平等条項を国際連盟規約に加えるという案を日本が提示し、その解決をはかろうと試みます。近衛文麿は日本全権の随員としてこの会議に参加しましたが、彼はパリに向けて出発する二カ月ほど前、前述のように「英米本位の平和主義を排す」と題する論説を執筆し、雑誌『日本及日本人』に発表しています。このなかで彼は、「英米人の平和は自己に都合よき現状維持にして之に人道の美名を冠したるもの」(『近衛公清談録』一九三七年、二三四頁)ときびしく英米を批判し、現状打破の必要を主張するのです。つまり近衛によれば、欧米先進諸国は早くより世界各地を占領して植民地となし、その利益を独占しているため、「凡《すべ》ての後進国は獲得すべき土地なく膨脹発展すべき余地を見出す能はざる状態」であり、それは「実に人類機会均等の原則に悖《もと》り、各国民の平等生存権を脅《おびや》かすものにして正義人道に背反するの甚だしきもの」（同上、二三六―三七頁）と、先進国による帝国主義的世界支配の現状に強い憤りを吐露しています。

こうして彼は国際連盟についても、現状維持を便利とする「英米本位の平和主義」にもとづいた機構と捉え、「動《や》もすれば大国をして経済的に小国を併呑せしめ、後進国をして永遠に先進国の後塵を拝せしむるの事態を呈する恐なしとせず」（同上、二三八頁）と、その役割に強い不信を投げかけるのでした。そうした立場から彼は、パリ講和会議に臨むに際し、つぎのようにその立場を明らかにしています。「来るべき媾和《こうわ》会議に於て国際平和聯盟に加入するに当り少くとも日本として主張せざる可らざる先決問題は、経済的帝国主義の排斥と黄白人の無差別的待遇是なり」（同上）と。

しかし近衛のこの固い決意にもかかわらず、講和会議での日本の人種差別撤廃にかんする提案は、イギリスを中心とする反対によって葬り去られ失敗に終わりました。その間、日本の国内では貴族院や政友会その他各団体有志から成る人種差別撤廃期成同盟が決議文をパリの日本全権団および講和会議議長に送るなど、会議の結果に寄せる期待も少なくありませんでした。それだけに、実現をみるに至らなかったことへの失望と、欧米先進国主導の国際社会の現状に対する不満は抑えがたいものがありました。近衛が前記の論説で展開した英米中心の国際社会の現状に対する不満と現状打破への強い思いは、その後まもなく昭和初期に至って台頭する新秩序論によって引き継がれることとなります。

すなわち本書の第五章で取り上げた東亜協同体論に代表される新秩序論は、内閣首班の地位についた近衛の政策課題に対応するかたちで、基本的にはかつての近衛のいう「英米本位の平和主義」の問題性とその打破という課題を継承するものでした。したがってこの東亜協同体論は、日中戦争の解決というきわめて現実的で政治的な要請と結びついて登場したにもかかわらず、当時のすぐれた知性の参加を得たこととも相まって、思想の面でも注目すべき問題を提示するものとなりました。まず東亜協同体論が提唱された思想的な根底には、中国における民族主義の問題、その前提にある日本および西欧帝国主義の問題、ならびにヨーロッパ中心の近代世界ないし世界史の問題などが、解決すべき思想的課題として横たわっていました。なかでも従来のヨーロッパ中心の近代世界ないし世界史は、ヨーロッパの覇権とアジアの疎外という問題を内包する点でも克服されるべきものと考えられ、非ヨーロッパとしてのアジアをも包含する新しい世界理念の形成が求められたのでした。

東亜協同体論の理論構築について大きな役割を果たした三木清も、ヨーロッパの歴史を世界史と捉え、ヨーロッパの文化を世界文化と考えるヨーロッパ中心主義的考え方は、第一次大戦を契機にその誤りが西洋の思想家たちによっても自覚されるようになったとし、「かやうなヨーロッパ主義の自己批判の後を承《う》けて積極的に東亜の統一を実現することによつて真の世界の統一を可能ならしめ、世界史の新しい理念を明かにするといふことが支那事変の有すべき意義でなければならぬ」（前掲『新日本の思想原理』）と語っています。ここで三木が「東亜の統一」と言うとき、東亜協同体という形をとった東アジア諸民族の統一を意味することは言うまでもないところですが、この諸民族の地域的な協同体という新しい秩序構想のなかにこそ、「真の世界の統一」を可能にし「世界史の新しい理念」を明示する考え方が存在する、というのが彼のまさに言わんとする主意でした。

そして三木は、これまでのヨーロッパ中心主義的世界を「抽象的」な世界主義と規定し、東亜協同体の実現を通して形成される新しい統一された世界を「具体的」な世界主義と呼びました。そして東亜協同体こそが、「真の世界の統一」に道を開くための「動力」となるものと意味づけたのです。そのことを彼は、つぎのようなことばで語っています。「抽象的な近代的世界主義は世界の諸地域における、例へば東亜協同体の如き種々の独自な新しい全体社会へ分裂すると考へられるであらう。けれどもこの分裂は単なる分裂であるのでなく、却つて新たな統一のためのものであり、一層具体的な世界主義へ道を開くものでなければならぬ。かくの如くにして東亜協同体は新しい世界秩序に対する普遍的原理を内在せしめてゐるのでなければならず、世界の新秩序の形成にとつて動力となるものでなければならない」(「東亜思想の根拠」、前掲『全集』第一五巻、三一七頁)と。

この「抽象的」世界から「具体的」世界へという概念枠組みは、三木のみでなく西田幾《き》多《た》郎《ろう》(一八七〇―一九四五)によっても用いられています。たとえばいわゆる世界新秩序の問題について論ずるなかで、西田はつぎのように言っています。「各国家民族を否定した抽象的世界と云ふのは、実在的なものではない。従つてそれは世界と云ふものではない。故に私は特に世界的世界と云ふのである。従来は世界は抽象的であり、非実在的であつた。併《しか》し今日は世界は具体的であり、実在的であるのである」(「世界新秩序の原理」一九四三年五月、『西田幾多郎全集』第一二巻、四三一―三二頁)と。ここで西田は、各国家民族が「それぞれの地域伝統に従つて、先づ一つの特殊的世界を構成すること」が必要であり、そのうえで「斯《か》く歴史的地盤から構成せられた特殊的世界が結合して、全世界が一つの世界的世界に構成せられる」(同上、四二八頁。傍点ママ)という世界構成のあり方を説いているのです。すなわち「国家民族」―「特殊的世界」(国家民族の地域的な結合体)―「世界的世界」という階層的な構成が、「具体的」な世界のあり方であるとしているわけです。その場合に彼が強調するのは、それぞれの国家および民族の独自性の尊重でした。「世界が具体的に一となると云ふことは各国家民族が何処までもそれぞれの歴史的生命に生きることでなければならない」(同上、四三〇頁)と彼が述べるのは、そのためです。これに対して、世界を独立した主権国家から成る国際社会と捉える考え方、あるいはまた「単に各民族を平等に、その独立を認めるといふ如き所謂民族自決主義」にもとづく世界の捉え方は、まさに「十八世紀的な抽象的世界理念」(同上、四二八頁)にすぎないと西田は考えたのでした。このような西田の「抽象的」から「具体的」への世界理念の転換という考え方は、基本的な部分において三木と重なるものを持っていたと見てよいと思います。

ただ三木の場合、世界史の転換を「抽象的」な世界主義から「具体的」なそれへと捉えたことには、近代の個人主義的合理主義の問題を考えるうえで重要な視点ないし意味が含まれていたように思われます。彼がヨーロッパ近代の世界主義を「抽象的」としたのは、言うまでもなくその基本原理である個人主義・自由主義の考え方を指していました。つまりそこでは、人間は「個人」として、その生まれや信条や社会的・経済的な環境などの違いに関係なく、すべて平等な人格あるいは権利の主体と捉えられることとなります。そしてそのような個人は社会に先んじて存在し、社会は個人の立場から取り結ばれた関係としてはじめて登場するものと考えられていました。近代個人主義において、しばしばアトム的個人という言い方がされるのは、個人が等質で独立した透明な存在であり、しかもすべての社会に先んじて存在するものであることを、巧みに言い当てているように思います。たとえば近代的な世界主義がなぜ「抽象的」と言われるかについて三木は、つぎのように述べていました。

それは各々の民族の有する固有性や特殊性に対する深い認識を有しない点において抽象的であると云はれるのがつねである。それは実に近代的原理の上に、言ひ換へれば自由主義の上に立つてゐるが故に抽象的であるのである。近代的自由主義は個人主義である。即ちそれにとつては個人が先であつて社会の［はヵ］後のものである。アトムの如く独立な個人が先づ考へられ、社会はしかる後にかやうな個人が本質的には個人的立場から取結ぶ関係として出来てくるものの如く考へられる。あの社会契約説は近代的社会観の典型的なものである。（前掲「東亜思想の根拠」）

この三木のことばが語っているように、「抽象的」な世界主義に対する「具体的」なそれは、民族という固有の歴史と文化を共有し、地域の特性と結びついた生活共同体を主要な担い手とするものでした。そして「如何なる世界的なものも抽象的に世界的に実現されるのでなく、一定の地域において特殊的なもののうちに初めて実現されるといふ意味において、抽象的な世界主義に対する地域的な考へ方の具体性を認めなければならぬ……」（同上、前掲『全集』第一五巻、三二四頁）と述べるように彼は、「抽象的」なものでなく「具体的」なもののなかにこそ、新しい時代の真実と新しい世界を創造する力を見出したのです。彼にとってそれは民族であり、民族主義でした。ふたたび彼のことばを紹介すれば、「どのやうな世界的意義を有する事柄も、抽象的に普遍的に実現されるものでなく、却つてつねに一定の民族において最初に実現されるといふ意味において、言ひ換へれば、どのやうな世界史的な出来事もつねに一定の民族の行動として開始されるといふ意味において、民族主義には正しい見方が含まれてゐるのである」(前掲「東亜思想の根拠」)。

近代的世界主義が想定するアトム的で「抽象的」な個人は、普遍的な理性を有する合理的な存在であるのに対して、多様な民族にそれぞれ帰属する「具体的」な個人は、民族感情、民族の歴史という集団的な記憶、共通の生活様式や文化的伝統、またそのなかで形づくられる世界観など、むしろ非合理的要素あるいは無意識の蓄積を多く有する存在です。そして三木は近代個人主義の個人の合理性よりも、民族に帰属する個人の非合理性に期待するところ大きいものがありました。彼は「新世界観への要求」と題した文章(『福岡日日新聞』一九三八年一月)のなかで、科学と世界観とを対比しながらこう述べています。「科学が客観的な知識であるに反して、世界観は主体的な認識であると云はれる。世界観はつねに主体的に拘束されてゐる。それは個々の人間によつて、とりわけ民族によつて、それぞれ異つてゐる。それはロゴス的(理性的)なものであるよりもパトス的(情意的)なものである。世界観がかやうに主体的に拘束されてゐるといふことは、それにとつて欠点であるどころか却つて力であると考へられる。世界観は主体的な決意と信仰とを含み、それ故に実践的な知識であると云はれるのである」（前掲『全集』第一四巻、六九頁）と。

このように三木の考える「抽象的」から「具体的」への転換は、思考様式の問題として捉えれば、ロゴス的からパトス的へ、つまり科学的・客観的・合理的な思考を重視するものから世界観的・主体的・情意的なものを重視する実践的な知への転換ということができるでしょう。

既述のとおり三木は、哲学的には近代個人主義を否定して、東亜協同体論に見られるように民族の共同体という全体主義の立場をとりましたが、その場合でも、民族のなかの個人について、あるいは世界のなかの民族について、自由や自立性や自発性のもつ重要性をたえず強調していました。また現代科学についても、「いはゆる全体主義を現代諸科学の共通の特色に属する全体観に含まれる論理の正しい把握によつて修正することが必要であり、その点から全体主義の発展が企てられなければならない」（「知性の改造」、同上、二〇〇頁）と述べるように、彼の「協同主義」と呼ぶ全体主義哲学は科学をも包摂するものでした。したがって彼における「具体的」なものの重視は、彼の全体主義もそうであるように、単に非合理的・パトス的なものの重視ではなく、人間のもつ合理性と非合理性、ロゴスとパトスの両面を、二者択一的にでなく総体的＝全体的に把握する必要を説く立場として理解すべきものと考えます。この三木の方法的態度と、彼が追求した問題とは、なお今日的な状況においても生きた課題として検討に値するものを含んでいると言ってよいでしよう。

以上、「蔑視の思想」「正しい中国認識に向けて」「ヨーロッパ的世界との対決」という三つの問題を設定し、それぞれの視点からあらためて本書の叙述について要点の整理をおこなってみました。それは、これらの問題に沿った整理を加えることによって、いくつかの章にまたがった思想の連環や流れを明らかにすることもできるだろうし、また本書ではふれることができなかった事項について、多少補足することもできるかと考えたからです。中国認識という問題をたどる日本思想の長い旅を、これで終わることとします。

参考文献

全般にかかわるもの

古屋哲夫編『近代日本のアジア認識』緑蔭書房、一九九六年。

岡本幸治編著『近代日本のアジア観』ミネルヴァ書房、一九九八年。

日本政治学会編『日本外交におけるアジア主義』（年報 政治学1998）岩波書店、一九九九年。

山室信一『思想課題としてのアジア　基軸・連鎖・投企』岩波書店、二〇〇一年。

子安宣邦『「アジア」はどう語られてきたか　近代日本のオリエンタリズム』藤原書店、二〇〇三年。

小島晋治『近代日中関係史断章』（岩波現代文庫）岩波書店、二〇〇八年。

第一章

竹内　好「方法としてのアジア」（『竹内好全集』第五巻、筑摩書房、一九八一年）。

平石直昭『日本政治思想史』（放送大学教材）放送大学教育振興会、一九九七年。

子安宣邦『江戸思想史講義』岩波書店、一九九八年。

第二章

橋川文三『順逆の思想――脱亜論以後』勁草書房、一九七三年。

坂野潤治『明治・思想の実像』創文社、一九七七年。

松本三之介『明治思想における伝統と近代』東京大学出版会、一九九六年。

第三章

酒田正敏『近代日本における対外硬運動の研究』東京大学出版会、一九七八年。
厳　安生『日本留学精神史――近代中国知識人の軌跡』岩波書店、一九九一年。
山本茂樹『近衛篤麿―その明治国家観とアジア観―』ミネルヴァ書房、二〇〇一年。

第四章

野村浩一『近代日本の中国認識　アジアへの航跡』研文出版、一九八一年。
松尾尊兊『民本主義と帝国主義』みすず書房、一九九八年。

第五章

酒井三郎『昭和研究会　ある知識人集団の軌跡』〔講談社文庫〕講談社、一九八五年。
廣松　渉『〈近代の超克〉論　昭和思想史への一視角』〔講談社学術文庫〕講談社、一九八九年。

〔注記〕本文のなかの引用文について
旧字体は原則として新字体に改めましたが、仮名づかいは原文のままとし、ルビは適宜取捨して補いました。また傍点や圏点は、とくに断らないかぎり省きました。文中の［　］のなかは引用者による注記であることを示します。

あとがき

本書は、二〇〇三年の九月から翌年の一月にかけて、同じ主題で川崎市の「かわさき市民アカデミー」でおこなった講義を原型としています。全体を話しことばのスタイルで通したのもそのためです。しかし原型といっても、基本的な骨組みや論旨の展開はその講義と大きく変わるところはありませんが、叙述の内容については新しく付け加えた部分もかなり多く、ほとんど書き下ろしに近いかたちになりました。

「近代日本の中国認識」というこの本のテーマは、私自身のこれまでの研究生活の道筋を振り返って見ると、じつはいくつかの関連する研究課題を取り扱う過程で、間接的あるいは個別的なかたちで取り上げ論じてきた問題であったことに改めて気づかされます。たとえば五〇年もさかのぼる時期のものですが、「国民的使命観の歴史的変遷」(『世界のなかの日本』〔近代日本思想史講座 8〕筑摩書房、一九六一年)という論文があります。そこでは、近代日本のいわゆるアジア連帯なるものが、もっぱら日本国家の自衛という内向きの姿勢によって支えられ、日本とアジア諸国を共通に基礎づける普遍的な理念の欠如が一つの特徴的な問題として取り上げられています。ただ、このようなアジア連帯論のなかで、岡倉天心の場合には、アジアの「復興」は何よりもアジア諸国が自己自身にめざめること＝「自己への回帰」が大切な要件とされ、アジアの連帯には各民族共通の精神によって結ばれた魂と魂のふれあいこそが重要とされていたことが、この論文においても注目すべき点とされていました。このような近代日本のアジア連帯論の特質や岡倉天心のアジア認識の意義をめぐる当時の問題関心は、そのまま今回の中国認識にかんする問題にも引き継がれているると言ってよいと思います。

またその数年後には、『胎動するアジア』（『思想の歴史 11』平凡社、一九六六年）の編集を受け持ち、そのなかで私自身も収録論文の一つとして幕末から明治期にかけてのアジア観につき素描を試みています。この論文は、その後さらに加筆され、「アジア観の形成とその特質」というタイトルで『近代日本の知的状況』（中公叢書）中央公論社、一九七四年）に収録しましたが、いま読み返してみると、本書につながる筋書きが、ここでもすでに荒削りなかたちでではありますが示されていることが分かります。

しかしその後しばらくは、中国認識の問題を直接取り扱うような機会はありませんでした。その間私の関心は、論文「天賦人権論と天の観念――思想史的整理のためのひとつの試み――」（一九七九年、『近世日本の思想像　歴史的考察』研文出版、一九八四年、所収）や、『明治思想における伝統と近代』（東京大学出版会、一九九六年）に収録された二つの論文「中江兆民における伝統と近代――その思想構築と儒学の役割」（一九八三年）および「新しい学問の形成と知識人――阪谷素・中村敬宇・福沢諭吉を中心に――」（一九八八年）などに見られるように、明治の思想家が西洋近代思想の摂取にあたって儒学をどのように受けとめていたかというかたちで、いわば彼らの中国との向き合い方を問題とすることに向けられていたのでした。これらの論文のうちとくに「中江兆民における伝統と近代」で論じた趣旨は、本書での兆民論にも活かされることとなりました。またその後のものでは、「勝海舟と明治日本のアジア観」（佐藤秀夫・山本武利編著『日本の近・現代史と歴史教育』築地書館、一九九六年、所収）も、本書で海舟をどう取り上げ、彼の中国認識を全体の構図のなかにどう位置づけるかにあたって、大いに役立ちました。

近代日本の中国認識を、本書で試みたように、個々の代表的な人物を中心としながらも、同時にできるだけ近代日本の思想の流れと関連させて描くという方法に関心が向くようになったのは、一九九九年三月に立教大学の主催で「アジア太平洋地域の「新秩序」形成：その現状と将来および歴史的経験」という主題のもとに開かれた国際ワークショップに参加を求められたのがきっかけでした。このワークショップで、私は「近代日本の中国認識――ひとつの思想史的整理」と題するペーパーを提出しましたが、そこでは日清戦争前と戦争後の日本の中国観のほかアジア連帯論の問題性、さらに日中戦争下の新秩序論を中心に蠟山政道や尾崎秀実の東亜協同体論などを取り上げています。そして日本のアジア連帯論とくに当時の日中提携論については、尾崎のような少数の例外を除いて、多くの場合、中国のみならず日本の国家行動をも規律する、国家を超えた普遍的な理念や原理に支えられた思考がほとんど見られないこと、また中国の民族問題に対する理解もきわめて乏しいことを問題として指摘している点が眼にとまります。そのうえでここでは、このような問題を克服する方向性を示す示唆的な事例として宮崎滔天と吉野作造の中国観を挙げ、このペーパーを結んでいます。このペーパーは短いものですが、実質的には本書を書き上げるうえで重要なステップとしての意味を持ったと言ってもよいと思います。

また、二〇〇四年三月に同じく立教大学の主催で「広がりゆくグローバリゼーションの歴史」という主題でワークショップが開かれたときには、「グローバリゼーションと近代日本の歴史経験——思想史の視点から」と題したペーパーを提出しています。このペーパーでも東亜協同体論を取り扱っていますが、ここでは蠟山・尾崎のほか三木清にもふれ、高山岩男の『世界史の哲学』も対象にしました。このペーパーは加筆のうえ、マーク・カプリオ編・中西恭子訳『近代東アジアのグローバリゼーション』（明石書店、二〇〇六年）に収録されていますが、このワークショップへの参加も、また本書における東亜協同体論のための有益な準備作業の意味を持つこととなりました。

このようにこれまでの経過をたどってみると、本書は、近代日本の思想史に映し出された中国像について、私がさまざまな機会にそれぞれの課題との関連で取り上げてきたことを、あらためて総括すると同時に、それをいわばパン種として膨らませながら構成した産物と言うこともできましょう。本書は、私の年齢を考えれば、あるいは書き下ろしというかたちでは最後の著書となるかもしれません。それを思えば、こうした総括的な意味合いの書物を今回——しかも辛亥革命一〇〇年という節目の年に——出版することができるのは、まさに望外の喜びです。

出版事情がきわめて厳しいなかで、幸いにも本書公刊の機会がえられたのは、ひとえに以文社社長勝股光政氏のご厚意によるものです。同氏には、長年にわたる私の仕事のよき理解者として、これまでもいろいろお世話になってきましたが、今回も行き届いたご配慮の下、企画から出版にいたるまで万事万端を滞りなく進めて下さいました。あらためて深く感謝申し上げる次第です。

二〇一一年五月　　松本三之介

文庫版あとがき

この学芸文庫版のもとになった同名の著書『近代日本の中国認識』が以文社より出版されたのは、二〇一一年八月ですから一〇年余り前のこととなります。当時、日本と中国とのあいだでは尖閣諸島の領有権をめぐって緊張関係が高まる傾向にあったことも影響したのでしょうか、旧著は研究者のあいだだけでなく複数の新聞紙が書評で取り上げるなど、広く読書界に紹介される機会を得たことは私にとって望外の幸いでした。

周知のように日中両国の関係は、遺憾ながらその後も緊張の度を強めております。たとえば、声高に語られる「台湾有事」などの言葉が物語るように、やがて中国と台湾をめぐる問題がもたらすであろう国際的な軍事紛争に日本もまた巻き込まれるリスクが現実化したと主張し、日本の軍事的な防衛力強化を急務とする風潮が高まり始めるという状況にまで立ち至っています。日本の安全保障をめぐる「国際的環境の変化」に対応して国家の防衛力を強化しなければならないという主張を頭から否定するものではありませんが、その際に注意すべきことは国家的防衛における軍事力の効果ないし評価についての過剰な期待や風潮です。というのは、科学技術が高度に進化した今日にあっては、紛争解決手段としての軍事力の行使は、その根拠を自国民の安全や利益の保持に求めるにせよ、また相手側の攻撃に対する報復と意味づけるにせよ、その掲げる「大義」とは裏腹に、膨大な人命の喪失と大規模な社会生活の破壊という悲惨な結果を不可避的に招くこととなるからです。しかもそのような事態は、勝者と敗者の区別を超えて、まさに非人道的な物理的力の行使という事実そのものがもたらす結果であり悲劇であることを理解すべきでしょう。現在、中東地域やその他で進行している軍事紛争などは、そうした問題の切実さを遺憾なく私たちに示しているように思います。この問題は「台湾有事」が語られるような今日の危うい日中関係についても決して例外ではないと考えます。

こうした視点からするならば、私たちに与えられた課題は、日本の軍事的な防衛力の強化に意を注ぐ前に、むしろ軍事的紛争そのものの発生を避けることをめざして国家や国民が持っている非軍事的な力の有効利用に一層の尽力をする必要があるということではないでしょうか。たとえば国家の外交力や資産の動員と同時に、国民的レベルでの経済や学問・芸術その他生活文化の交流など国民各層での人間的な触れ合いの積み重ねと相互理解の努力がそれにあたるものでしょう。そしてその場合の相互理解には、冷静にまず自己を他者の立場に置き換えて思考し理解するという、強力で豊かな想像力＝いわゆる他者感覚を必要とします。

この文庫版の原著『近代日本の中国認識』は、思想史という視点から近代日本の中国観の歴史的推移や思考の方法および構造などの解明を試みた著作であり、対象的には限られたものですが、上述のような問題関心はたえず基底に流れる一つの主要な方向性として私の念頭を離れることはありませんでした。その意味で、このたびの新しい装いによる公刊が、緊張を高めつつある日中関係の現状改善に必要な他者理解の前進に、少しでも資するところがあれば幸いと思っています。この文庫版の公刊に際してはちくま学芸文庫編集長の北村善洋氏に大変お世話になりました。行き届いたこれまでのお心遣いに対し厚く御礼申し上げます。

また以文社版の「あとがき」で記しました同社社長の勝股光政氏には、その後も引きつづき私の研究活動にご理解をお寄せいただき、同社からさらに二冊の著書を上梓することもできました。しかし思いもしない残念なことに、同氏はこの私の二冊目の著書『増補明治思想史』(二〇一八年一〇月)の刊行を見届けられた直後に病状が急変しこの世を去られました。今はただ生前の同氏から頂戴したご厚意に感謝の念を深くするばかりですが、改めて心からの哀悼の意をここに表する次第です。

二〇二四年一〇月

松本三之介

本書は、二〇一一年八月一日、以文社より刊行された。

文庫化にあたっては、誤字・脱字の訂正のほか、注やルビの追加および語句の修正など若干の加筆を行った。

増補 文明史のなかの明治憲法　瀧井一博

木戸孝允、大久保利通、伊藤博文、山県有朋らの西洋体験をもとに、立憲国家誕生のドラマを描く。角川財団学芸賞、大佛次郎論壇賞W受賞作の完全版。

朝鮮銀行　多田井喜生

植民地政策のもと設立された朝鮮銀行。その銀行券等の発行により、日本は内地経済破綻を防ぎつつ軍費調達ができた。隠れた実態を描く。（板谷敏彦）

百姓の江戸時代　田中圭一

百姓たちは自らの土地を所有し、織物や酒を生産・販売していた——庶民の活力にみちた前期資本主義社会として、江戸時代を読み直す。（荒木田岳）

近代日本とアジア　坂野潤治

近代日本外交は、脱亜論とアジア主義の対立構図により描かれてきた。そうした理解が虚像であることを精緻な史料読解で暴いた記念碑的論考。（苅部直）

日本大空襲　原田良次

帝都防衛を担った兵士がひそかに綴った日記。各地の空爆被害、斃れゆく戦友への思い、そして国への疑念……空襲の実像を示す第一級資料。（吉田裕）

平賀源内　芳賀徹

物産学、戯作、エレキテル復元など多彩に活躍した平賀源内。豊かなヴィジョンと試行錯誤、そして失意からなる「非常の人」の生涯を描く。（稲賀繁美）

陸軍将校の教育社会史(上)　広田照幸

戦時体制を支えた精神構造は、「滅私奉公」ではなく「活私奉公」だった。第19回サントリー学芸賞を受賞した歴史社会学の金字塔、待望の文庫化！

陸軍将校の教育社会史(下)　広田照幸

陸軍将校とは、いったいいかなる人びとだったのか。前提とされていた「内面化」の図式を覆し、「教育社会史」という研究領域を切り拓いた傑作。

餓死《うえじに》した英霊たち　藤原彰

第二次大戦で死没した日本兵の大半は飢餓や栄養失調によるものだった。彼らのあまりに悲惨な最期を詳述し、その責任を問う告発の書。（一ノ瀬俊也）

ハプスブルク帝国1809–1918　A・J・P・テイラー　倉田稔訳
ヨーロッパ最大の覇権を握るハプスブルク帝国。その19世紀初頭から解体までを追う。多民族を抱えつつ外交問題に苦悩した巨大国家の足跡。（大津留厚）

歴史（上）　トゥキュディデス　小西晴雄訳
野望、虚栄、裏切り——古代ギリシアを殺戮の嵐に陥れたペロポネソス戦争とは何だったのか。その全貌を克明に記した、人類最古の本格的「歴史書」。

歴史（下）　トゥキュディデス　小西晴雄訳
多くの「力」のせめぎあいを通して、どのように諸々の政治制度が確立されてきたのか？　透徹した眼差しで激動の古代ギリシア世界を描いた名著。

日本陸軍と中国　戸部良一
中国スペシャリストとして活躍し、日中提携を夢見た男たち。なぜ彼らが、泥沼の戦争へと日本を導くことになったのか。真相を追う。（五百旗頭真）

世界をつくった貿易商人　フランチェスカ・トリヴェッラート　玉木俊明訳
東西インド会社に先立ち新世界に砂糖をもたらし西欧にインドの捺染技術を伝えたディアスポラの民。その商業組織の全貌に迫る。文庫オリジナル。

カニバリズム論　中野美代子
根源的タブーの人肉嗜食や纏足、宦官……。目を背けたくなるものを冷静に論ずることで逆説的に人間の真実に迫る血の滴る異色の人間史。（山田仁史）

インド大反乱一八五七年　長崎暢子
東インド会社の傭兵シパーヒーの蜂起からインド各地へ広がった大反乱。民族独立運動の出発点ともいえるこの反乱は何が支えていたのか。（井坂理穂）

帝国の陰謀　蓮實重彦
一組の義兄弟による陰謀から生まれたフランス第二帝政。「私生児」の義弟が遺した二つのテクストを読解し、近代的現象の本質に迫る。（入江哲朗）

増補　モスクが語るイスラム史　羽田正
モスクの変容——そこには宗教、政治、経済、美術、人々の生活をはじめ、イスラム世界の全歴史が刻み込まれている。その軌跡を色鮮やかに描き出す。

ちくま学芸文庫

近代《きんだい》日本《にほん》の中国認識《ちゅうごくにんしき》　徳川期《とくがわき》儒学《じゅがく》から東亜協同体論《とうあきょうどうたいろん》まで

二〇二五年一月十日　第一刷発行

著　者　松本三之介（まつもと・さんのすけ）
発行者　増田健史
発行所　株式会社　筑摩書房
　　　　東京都台東区蔵前二―五―三　〒一一一―八七五五
　　　　電話番号　〇三―五六八七―二六〇一（代表）
装幀者　安野光雅
印刷所　信毎書籍印刷株式会社
製本所　株式会社積信堂

ISBN978-4-480-51285-7 C0121